GW01018964

Contes & Légendes populaires du Maroc

édition originale Éditions Ernest Leroux
(Presses Universitaires de France), 1926

© Editions du Sirocco, Casablanca, 2016,
pour la présente édition
3ème tirage
ISBN 9954-8851-0-2

Contes & Légendes populaires du Maroc

recueillis à Marrakech
et traduits
par la

Doctoresse Légey

Editions
du Sirocco

Avant-propos de l'éditeur

Le Conte est un récit de tradition orale. Pendant des siècles, les contes, ceux dits populaires parce qu'ils « émanent du peuple », le plus souvent anonymes, d'origine impossible à préciser, mais qui présentent de grandes ressemblances d'un pays à l'autre, voire d'un continent à l'autre[1], ont été transmis oralement.

Leur passage de l'oralité à l'écriture, qui pourrait prétendre leur donner une légitimité littéraire et les faire passer de la culture populaire à celle dite savante, fait l'objet de vifs débats entre spécialistes du genre. Le propos n'est pas ici de reprendre les arguments des uns et des autres, mais, néanmoins, de se poser la question de ce que le lecteur gagne, ou perd, dans cette transposition.

Lire, activité solitaire, versus écouter la parole du conteur, au sein d'un groupe de personnes réunies pour cela (la Halqua, au Maroc, « théâtre en rond -théâtre de rue[2]») ; si le mode de transmission n'est pas le même, le désir, lui, est commun : celui d'être transporté, pendant un moment, dans un ailleurs imaginaire.

Le lecteur, qui pourra recevoir le récit sélectionné à son rythme, décider de relire certains passages ou d'en sauter d'autres, interrompre sa lecture pour la continuer au moment voulu, dans un lieu choisi, perdra cependant ce qui est au-delà des mots : il ne vivra

---

1. D'où la notion de contes types et l'existence d'une classification internationale depuis les années vingt (Aarne-Thompson, à laquelle a sacrifié l'auteur, ou son premier éditeur, et qui a été conservée telle quelle dans cette édition) ; les folkloristes la considèrent relativement arbitraire et montrant ses limites, notamment tant qu'il existera une section « contes non classés ».

2. Traduction de Tayeb Saddiki, conteur, écrivain, homme de théâtre ; voir Bibliographie en fin de volume.

pas la complicité créée avec son auditoire par le conteur.

En effet, celui-ci ne se contente pas de livrer simplement son récit ; il le rythme de répétitions qui vont permettre la mémorisation, il l'agrémente de quantité d'adjectifs, l'interrompt soudainement pour solliciter une attention accrue, taquiner un auditeur ou attendre une question qu'il aura suggérée. Puis il le reprend, peut-être pour installer alors un climat d'appréhension ou bien chanter une mélopée poétique.

L'histoire contée, même connue de ceux qui l'écoutent, ne sera jamais tout à fait la même : l'art du conteur est aussi d'y introduire des variantes, improvisées, par exemple en développant l'action d'un personnage secondaire, de recréer chaque fois le récit et ainsi le faire sien.

L'écriture du conte populaire lui fait quitter « sa terre d'oralité[3] » pour en figer l'histoire qui, jusqu'à sa transposition sur un support de papier, avait évolué au gré de la fantaisie des conteurs qui s'en étaient emparée pour la transmettre.

On pourra rétorquer que la Halqua existe toujours et que les contes continuent d'y être narrés, recréés, vivants.

Outre le fait de figer, en la transposant à l'écrit, une histoire transmise jusque là oralement, on pourra, quand elle est, en sus, traduite dans une autre langue, comme ici de l'arabe au français, se demander quel a été le degré d'interprétation, d'adaptation, de restitution « vraie » d'un monde ancien et mythique. On pourra critiquer le choix du lexique de la traductrice, lui reprocher d'avoir voulu « faire exotique » en truffant sa traduction de dialectalismes, ou d'avoir employé là un mot trop « moderne ».

Il est connu que la réceptivité d'un texte est toujours différente d'une personne à l'autre et qu'une traduction, œuvre à part entière, est toujours, forcément, subjective.

Madame Légey, dans la préface qu'elle a écrite à son recueil de contes et légendes (voir ci-après), si elle n'explique pas ce qui a motivé son entreprise de cette collecte et la traduction de ces récits en vue de leur publication, en 1926, a tenu cependant à informer ses futurs lecteurs de l'authenticité indéniable de ses sources et à préciser comment elle a procédé pour que « *la version que [qu'elle] je*

---

3. Expression de P-J. Catinchi – *Les contes populaires sur un plateau*, Le Monde du 05.09.03

donne [soit] est aussi près que possible du conte entendu ».

Ses conteurs d'alors, la voyant faire, traduire en français au fur et à mesure qu'ils racontaient leur histoire, écrire puis retraduire en arabe pour s'assurer de sa bonne compréhension, ont, sans aucun doute, compris son but et, en l'agréant, l'ont partagé.

Transmettre, s'ouvrir à d'autres cultures, diffuser plus largement les paroles, perpétuer, préserver ce patrimoine oral traditionnel marocain, on peut se permettre de penser que tels ont été les desseins de Mme Légey et des conteurs qui l'ont accompagnée, bien avant que l'Unesco ne proclame, en 2001, « chef-d'œuvre du patrimoine oral et immatériel de l'humanité », l'espace culturel de la place Jemaa el-Fna de Marrakech, haut lieu de la Halqua.

Cette réédition souhaite prolonger leur démarche.

Nous avons choisi de respecter l'intégrité de l'œuvre de Mme Légey, y compris sa préface, qui pourrait cependant heurter des sensibilités encore aujourd'hui, en mentionnant le « ralliement à la cause française » de l'un de ses conteurs, et en évoquant « les grands avantages procurés par le Protectorat français aux populations indigènes ».

On ne peut nier l'histoire, même douloureuse, mais on peut, on doit, replacer des propos dans leur contexte (1926) et ainsi dépasser les passions d'une période révolue ; le Maroc a fêté le 50ème anniversaire de son indépendance en 2006.

La traduction de l'auteur a été conservée intégralement, de même la graphie de l'édition originale de son recueil. Un glossaire des mots arabes est donné en fin de volume, ainsi qu'une bibliographie, succincte et à titre uniquement indicatif, pour les lecteurs désireux de mieux connaître ce véritable univers qu'est le Conte.

PRÉFACE

J'ai recueilli tous ces contes à Marrakech.

Plus heureuse que nombre de folkloristes qui ont dû s'adresser à des intermédiaires, j'ai fait ma récolte directement dans les principaux harems de Marrakech, sur la place de Jâma 'el-fna', auprès des conteurs publics ou dans mon cabinet, où venaient s'asseoir et causer Si El-Ḥasan ou Lalla 'Abbouch.

Je transcrivais ces contes en français, au fur et à mesure qu'ils m'étaient contés et, ensuite, pour être bien sûre de n'avoir fait aucune erreur d'interprétation, oublié aucune expression particulière, je les redisais à mon tour en arabe à mes conteurs.

Je puis donc affirmer que la version que je donne est aussi près que possible du conte entendu.

Parmi les conteuses que j'ai écoutées avec tant de plaisir, je dois une reconnaissance particulière à la chérîfa Lalla Ourqiya.

La chérîfa Lalla Ourqiya est une conteuse exquise. Elle vit en temps ordinaire dans la maison ou couvent des chérîfat de la zâwiya de Sidi Bel 'Abbès, où sont recueillies toutes les femmes de noblesse impériale pauvres et sans mari. Mais, étant donné son âge avancé, Lalla Ourqiya n'est pas cloîtrée et elle profite de sa liberté pour visiter les grands harems, où son talent de conteuse la fait accueillir avec joie.

Cette femme est douée d'une mémoire extraordinaire. Elle est infatigable et, dès que l'heure de l' 'achâ a sonné, elle commence à débiter à ses auditrices extasiées les récits merveilleux qui charmèrent, dans le passé des âges, les vieilles aïeules berbères ou arabes.

Elle dit ses contes avec grâce, intelligence, finesse, et l'on raffole d'elle partout où elle va.

Quand la soirée s'avance et que, malgré l'intérêt du conte, l'auditoire est défaillant, la chérîfa se lève discrètement et va dans les cuisines porter le charme de ses récits aux esclaves les moins favorisées du harem. Elle sait qu'en échange d'un peu de rêve elle recevra le meilleur morceau, le pain chaud le plus appétissant, le beurre le plus frais. Elle termine ainsi sa nuit, tenant en éveil les esclaves qui préparent le premier repas de la maison, ou qui pétrissent le pain, puis, satisfaite d'elle-même, elle va se coucher dans quelque pièce obscure d'où on ne la verra sortir à nouveau que le soir venu.

Elle passe ainsi quelques jours dans chaque maison amie et s'en retourne ensuite au dâr ech-Chérîfât, toujours comblée de présents.

Je suis aussi redevable de nombreux contes à deux anciennes esclaves du sultan Moulay Ḥasan, Jema 'a et Zahra. Toutes deux étant enfants les ont appris d'une vieille esclave du dâr el-Makhzen qui les contait elle-même au Sultan.

Moulay Ḥasan, en effet, aimait à se faire raconter des contes. Le soir, il réunissait ses favorites et ses esclaves dans ce grandiose palais de l'Aguedal de Marrakech, qui est aujourd'hui l'hôpital Maisonnave.

Mollement étendu sur de beaux tapis, entouré de ses femmes, il écoutait sa conteuse préférée, ancienne jâriya (concubine) de son père.

Cette esclave, originaire de Larache, avait un répertoire immense. Les deux petites esclaves attentives l'écoutaient et, à leur tour, répétaient les contes ainsi entendus à celles qui n'avaient pas été admises auprès du Maître.

Et ainsi elles apprirent un très grand nombre de contes qu'elles m'ont racontés et parmi lesquels j'ai choisi ceux que je donne.

Un des mouéddin de Sidi Abd-el-'Azîz, croyant fervent qui chaque soir chante sur le minaret l'appel à la prière, Si El-Ḥasan, m'en a aussi conté beaucoup, et des meilleurs.

Si El-Ḥasan est rallié à la cause française depuis peu. C'était un partisan d'El-Hiba, l'agitateur du Sous qui, dans une folle équipée, occupa Marrakech pendant quelques jours.

Aussi prit-il le deuil lorsque le drapeau français flotta sur la ville à côté du drapeau du Sultan.

Pendant deux années, il laissa pousser sa barbe, ses cheveux, ne tailla pas ses ongles, porta de vieux vêtements et mena une vie d'ascétisme, de jeûne et de prière.

Puis il se rendit compte que le Protectorat français n'était pas sans procurer de grands avantages aux populations indigènes et entra en confiance avec nous. Comme, grâce à ma profession, je pénètre un peu dans tous les milieux, j'eus l'occasion de le connaître et je le mis largement à contribution lorsqu'il fut devenu un familier de ma maison.

Je me suis dispensée de dire, à la fin et au commencement de chaque conte, les formules traditionnelles, pour ne pas fatiguer le lecteur. Ces formules ressemblent beaucoup à celles qui commencent et terminent les contes populaires de Turquie, et cela n'a rien d'étonnant, l'importation de bien des contes ayant dû se faire par l'Islam.

On dit donc ici, comme en Turquie, en commençant un conte : « Il y avait comme il n'y avait pas ; comme il n'y a que Dieu qui soit présent en tous lieux » ; ou bien : « A l'époque où les aveugles cousaient et où les paralytiques sautaient par-dessus les murailles… », et, en terminant : « Il est sorti un panier de pommes du paradis, que chacun m'en donne une » ; ou bien, et le plus souvent : « Mon histoire est partie au fil de l'eau et je reste avec les nobles personnes qui m'ont écoutée ».

Les conteurs populaires qui réunissent un auditoire sur les places publiques ont certains moyens pour attirer les gros sous sur leur tapis ; si, par exemple, la première monnaie qui tombe est jetée par un chrétien, ils se mettent à crier aussitôt : « ala 'ar el-meselmîn » (sous la honte des Musulmans), obligeant, par cette formule du 'ar, leurs coreligionnaires à être au moins aussi généreux que l'a été le chrétien.

Si, malgré cela, les sous ne tombent pas en abondance, ils emploient les grands moyens et crient : « 'ala 'ar Sidi Bel 'Abbès, Sidi Belliout, ou Moulay Idrîs ! » saints patrons des villes de Marrakech, Casablanca, Fès, suivant la ville où ils se trouvent. Le saint est obligé de les protéger et de leur faire faire recette.

Si, au cours de leur récit, ils s'aperçoivent que les rangs de leurs auditeurs s'éclaircissent tout à coup, parce que ceux-ci sont attirés par les acrobaties du bateleur voisin, ils s'écrient : « Khorjoû a el-waldîn meṣkhoût ! » (Que sortent tous les mauvais fils !)

La crainte de passer pour un mauvais fils arrête la défection : ceux qui partaient se rassoient aussitôt, ceux qui sont encore assis restent immobiles à leur place, et l'auditoire est ainsi conquis de haute lutte.

Il est extrêmement difficile de recueillir un conte sur la place publique ; les conteurs, en effet, par des répétitions, des accompagnements sur le gembri ou le tambourin, des chants intercalés, une mimique expressive, des interpellations et des invectives directes pour tenir l'auditoire en suspens, transforment le conte en un véritable scénario où le public joue son rôle.

Il faudrait un appareil enregistreur pour recueillir le récit, dont le sens est presque perdu au milieu d'incidents de toute sorte.

J'ai pu, cependant, recueillir quelques-uns de ces contes. Mais ils étaient contés par un gamin de douze à treize ans, le matin, de bonne heure, devant un auditoire des plus restreints. C'était un apprenti conteur et, bien que déjà fort roué, il n'avait pas à sa disposition l'arsenal de bataille des vieux routiers, ni leur loquacité, de sorte que le conte, ayant conservé son allure de conte, pouvait être transcrit en français d'une manière compréhensible.

La plupart des autres contes de ce recueil ont été dits devant moi, dans des harems, par des esclaves qui n'avaient aucune instruction et n'avaient jamais eu de contact avec l'élément européen. Ils apparaissent, quelle que puisse être leur origine, importés ou produits du folklore local, comme adaptés depuis longtemps à la mentalité marocaine.

Je laisse à de plus savants le soin de discuter de leur origine et de leurs migrations.

PREMIÈRE PARTIE

CONTES MERVEILLEUX

I

HISTOIRE DU PÈLERIN,
DE SES SEPT FILLES, DE LA BONNE ʿAFRÎTA
ET DU FILS DU SULTAN

Un jour, un homme qui vivait heureux chez lui et qui avait sept filles se décida à partir pour son pèlerinage de La Mekke. Il réunit ses filles, leur annonça sa résolution et leur dit : « Laquelle d'entre vous va garder ma maison, faire les commissions, veiller à ce que rien ne manque à ses sœurs et à ce que rien de honteux ne m'arrive pendant mon absence ? » Et la fille la plus petite répondit : « C'est moi, mon père, qui garderai la maison et ferai les commissions. » Alors ce futur Ḥâjj lui répondit : « Demain, avant mon départ, je te donnerai mes instructions. » Et il souhaita une bonne nuit à ses filles et alla se coucher. A peine était-il dans sa chambre, qu'une jolie chatte noire, gracieuse et souple, sauta sur son oreiller. Cette petite chatte était une ʿAfrîta qui, chaque soir, venait par le chemin du puits, de sa demeure souterraine, lui rendre visite. Elle entrait ainsi tout doucement, traversait la chambre des filles qui la connaissaient bien et sautait auprès de lui en ronronnant.

Puis lorsque tout dormait, que l'on était sûr que personne ne viendrait dans la chambre, elle abandonnait sa robe de chatte et se muait en la plus adorable des adolescentes aux yeux noirs et amoureux, au corps onduleux, aux longs cheveux. Et la nuit des amants se passait en fête. Et lorsque l'aube arrivait, un peu avant la prière du fejer la jolie fille frissonnait et reprenait sa douce fourrure de chatte noire pour regagner rapidement son domaine souterrain, non sans laisser comme souvenir de sa nuit d'amour de nombreuses richesses à son amant, le fils d'Adam.

Or, ce soir qui précédait le départ, ils furent bien tristes tous les deux. Mais le Pèlerin, qui appréciait la générosité de son amie, lui dit : « Pendant mon absence, ô belle, visiteras-tu ma maison ? » Et l' 'Afrîta répondit : « Je viendrai chaque jour sous ma forme de chatte que je ne quitterai pas jusqu'à ton retour, car je veux te rester fidèle, et je pourvoirai aux besoins des tiens. Mais tu avertiras ta fille la plus petite que je compte sur sa discrétion, car il faut que personne ici ne sache jamais qui je suis pour que je puisse continuer à y revenir. »

Le Pèlerin fit le serment solennel et promit la discrétion absolue de sa fille.

Le matin venu, il appela en effet sa plus jeune fille, lui remit ses clefs et lui dit : « Pour ce qui est de l'argent, tu trouveras tous les matins sous ton oreiller la somme nécessaire à tes besoins du jour. Sache être discrète pour telle et telle raison », et il partit.

Aussitôt les six filles aînées se concertèrent et dirent : « Nous allons monter sur la terrasse respirer un peu l'air lumineux et voir ce qui se passe dans la rue. » Et elles montèrent sur la terrasse et, pour pouvoir se pencher au-dessus et voir dans la rue, elles firent semblant d'arroser des pieds de basilic. Quelques gouttes d'eau tombèrent sur un beau jeune homme qui passait, il leva la tête et fut ébloui, car elles étaient toutes belles comme des lunes, et pour entrer en conversation il leur dit : « O arroseuses de basilic, pouvez-vous me dire combien il y a de feuilles à chaque pied de basilic ? » Mais, rougissantes et honteuses, elles baissèrent les yeux et ne répondirent point ; au contraire, pour cette fois, elles se retirèrent de la terrasse et, de quelques jours, elles n'osèrent plus y remonter.

Alors le fils du Sultan, car c'était lui, revint tous les jours et il se mit à dépérir et à jaunir, car il mourait d'amour.

Voyant qu'il n'arriverait pas tout seul à ses fins, il alla trouver une vieille entremetteuse et lui dit : « O grand'mère, il m'arrive telle et telle chose et je veux entrer dans cette maison et posséder ces six belles adolescentes. Débrouille-toi pour m'y faire entrer. » Et la vieille lui dit : « Mon fils, l'entreprise est difficile, car ce sont les filles du Ḥâjj et c'est la plus petite sœur qui a les clefs, mais je vais essayer. »

Le fils du Sultan lui mit dans la main une grosse poignée d'or et ils se séparèrent.

Le lendemain, toutes les sept sœurs étaient assises sur des tapis, dans la cour intérieure de la maison, et prenaient le thé quand on frappa un coup à la porte.

La petite se leva et, sans ouvrir, demanda : « Qui est là ? – C'est moi, répondit une vieille voix. – Qui toi ? – Moi, votre vieille tante, la sœur de votre père. – Comment se fait-il que tu viennes pour la première fois de notre vie quand mon père est à son pèlerinage ? – C'est, ma chérie, que je suis bien vieille et remplie de rhumatismes et que je me remue difficilement. J'ai même dû louer, pour venir, une petite fille sur laquelle je m'appuie pour marcher. – Eh bien retourne-t'en avec cette petite fille. Tu reviendras quand notre père sera de retour. »

Alors toutes les six sœurs à la fois se levèrent, querellèrent la petite et lui reprochèrent de refuser d'ouvrir à une vieille parente de leur sang et malheureuse.

La dispute devint vite grave, elles se battirent et la plus grande, se saisissant des clefs, ouvrit la porte à la vieille. Celle-ci, qui avait écouté la dispute de l'autre côté de la porte, entra bien vite, embrassa toutes les sœurs qui se calmèrent pour lui faire bon accueil et lui offrirent une tasse de thé.

Alors la vieille perfide leur dit : « O mes chéries, filles de mon frère bien-aimé, je deviens vieille et je sens la mort venir. Or, j'ai chez moi une grande caisse remplie de bijoux et d'objets de valeur que j'ai toujours réservée pour vous. Je voudrais vous l'apporter et vous partager les richesses qu'elle contient. » Et les six sœurs répondirent : « O notre grand'mère, va chercher un portefaix et apporte-nous la caisse. » Mais la plus petite leur dit : « Rappelez-vous, ô mes sœurs, que celui qui creuse un trou tombe dedans. Je ne creuse pas le trou avec vous et n'y tomberai pas. »

La vieille fit semblant de ne pas entendre la réflexion de la plus jeune des sœurs et s'en alla chercher la caisse. Elle revint à la nuit tombante, et les six grandes, qui avaient gardé les clefs de la maison, firent monter la caisse dans la chambre de l'aînée.

La vieille leur recommanda de ne l'ouvrir qu'au milieu de la nuit et elle partit.

Lorsque vint le milieu de la nuit, elles ouvrirent vite la caisse et furent émerveillées de la trouver remplie par le beau jeune homme qu'elles avaient arrosé en même temps que le basilic. Et celui-ci leur dit : « Je vous veux toutes depuis que je vous ai vues et j'ai usé de ce stratagème pour venir chez vous ; maintenant la vieille est loin et nous allons ensemble passer une bonne semaine d'amour et, chaque nuit, je la passerai avec l'une de vous. Cette nuit, je vais la passer avec l'aînée », et les autres sœurs se retirèrent. Lui et l'aînée s'enlacèrent jusqu'au matin. Si bien qu'il la rendit enceinte, et ainsi de suite pour la deuxième, la troisième et, toutes les nuits, jusqu'à la sixième. Et il les mit toutes enceintes également.

Enfin vint le tour de la septième sœur, la plus petite ; mais celle-ci, la sixième nuit, ne dormit pas, elle attendit la chatte noire qui venait chaque nuit la visiter, comme elle l'avait promis à son ami le Ḥâjj, et lui dit tout ce qui s'était passé et lui demanda de la protéger.

Alors la chatte lui répondit : « Quand viendra l'heure de rejoindre le fils du Sultan, je serai là. »

En effet, à l'heure dite, le lendemain, l' 'Afrîta arriva comme elle l'avait promis. Elle prit la jeune fille par la main, lui recommanda de fermer les yeux et, par le chemin du puits, l'emmena dans son palais souterrain, où elle la combla de présents, la fit dîner avec elle et, un peu avant l'aube, la ramena tranquillement dans sa chambre, car, las d'attendre, le fils du Sultan s'était profondément endormi.

Le matin, les six grandes sœurs arrivèrent pour se moquer de leur jeune sœur. Mais elles trouvèrent le bel adolescent tout seul et encore endormi, et le réveillèrent.

Et celui-ci était furieux de sa mésaventure ; soudain, on entendit le crieur public qui criait dans la rue et qui disait : « A celui qui fera retrouver le fils du Sultan disparu depuis une semaine, notre Sultan bien-aimé promet la moitié de son royaume. »

Entendant cela, le jeune homme qui, dans cette semaine d'amour et de plaisir, avait tout oublié dans les embrassements des jolies arroseuses de basilic, retrouva sa raison et s'enfuit à toutes jambes vers le palais de son père et, à tous ceux qui le voyant courir lui demandaient : « Que t'est-il arrivé, ô fils de notre Sultan glorieux ? » il répondait : « Peu de choses. Je m'étais enivré avec des amis et je me suis endormi dans le fond d'une impasse. »

Voilà pour lui ; quant aux six jeunes filles, elles vécurent tristement jusqu'au jour de leur délivrance et toutes les six accouchèrent la même semaine, puisqu'elles étaient toutes devenues enceintes la même semaine, et mirent au monde chacune une fille.

Alors la petite sœur leur dit : « Mes sœurs, le temps du pèlerinage est terminé et notre père va rentrer. Qu'allons-nous devenir ? – Il faut, dit l'aînée, que toi qui peux sortir, tu ailles exposer ces six filles dans un Seyid où une âme généreuse les prendra en pitié et les élèvera. – Pas du tout, dit la petite, je les apporterai à celui qui les a faites. » Elle alla donc chez le vannier et lui dit : « Fais-moi une grande corbeille comme ça et comme ça avec une anse. » Et, quand la corbeille fut faite, elle y mit les six petites filles.

Elle les recouvrit de vieux linge déchiré à raccommoder, mit une bobine de fil, des grands ciseaux, s'habilla en juive du mellâḥ et s'en alla, son panier au bras, se promener sous les fenêtres du Sultan en criant : « Couturière ! Qui a besoin de la couturière ! »

Justement le fils du Sultan avait une jellâba trop longue et qui lui traînait sur les pieds. En entendant le cri de la couturière, il appela son esclave et lui donna l'ordre de lui amener de suite cette couturière.

La fausse juive monta avec son panier au bras, elle embrassa le bas du manteau du fils du Sultan et lui dit : « Me voilà à ton service, que veux-tu que je couse. » Celui-ci lui donna sa jellâba à raccourcir.

Elle posa son panier plein de hardes devant lui et se mit à tailler tout de travers, car elle ne savait pas coudre du tout, et soudain elle s'écria : « Mon dé, j'ai oublié mon dé. Je vais tout de suite chercher mon dé, car je ne peux pas travailler avec un autre dé. » Alors, courroucé, le fils du Sultan lui dit : « Et qui m'assure que tu reviendras ; maintenant que tu as coupé ma jellâba, il faut la recoudre. – Mais oui, ô mon Seigneur, et pour te tranquilliser je laisse vers toi mon panier d'ouvrage à raccommoder. Je cours au mellâḥ chercher mon dé et je reviens dans un moment. » Et, légère, elle s'en fut en courant.

Au bout d'un moment, le jeune homme, inquiet, ne la voyant pas revenir, fouilla dans le panier et y trouva les six petites filles.

Il se mit à pousser des cris affreux, appela la 'Arifa et lui demanda d'amener aussitôt devant lui la sage-femme du palais.

Quand la sage-femme, toute émue, fut devant lui, il lui montra les enfants et lui dit : « Sont-ce des démons ou des filles d'Adam ? » Et la vieille sage-femme, qui avait une grande expérience, le regarda finement et lui répondit : « Mon jeune Seigneur, ne serais-tu pas allé te réjouir chez des jeunes filles, il y a quelques mois, car ces petites filles sont certainement des êtres humains, et même je trouve qu'elles te ressemblent beaucoup. »

Alors, tout confus, le jeune Seigneur nia énergiquement, mais, convaincu de son tort, il n'osa pas faire du mal aux enfants et donna ce panier et tout ce qu'il y avait dedans à la qâbla en lui recommandant de chercher discrètement six nourrices.

Puis, tout songeur, il quitta son palais, se rendit chez un vieux tâleb réputé pour sa sagesse et lui raconta toute l'histoire sans rien omettre et lui demanda son conseil. Le vieux, après avoir pris sa barbe dans sa main un grand moment, lui répondit : « Marie-toi avec la petite peste qui est la septième sœur et, quand elle te sera amenée, égorge-là et essuie le couteau sur tes lèvres pour oublier tout le tourment qu'elle t'a donné. »

Le jeune homme fit aussitôt demander la fillette en mariage. Mais le père refusa, car il avait six filles à marier avant cette dernière. A cette réponse, le Sultan se fâcha et renvoya la vieille dire qu'on voulait la septième sœur et non les autres.

Enfin l'accord fut conclu et le mariage fixé.

Le jour du mariage, la jeune fille appela son amie la chatte et lui dit : « Il faut m'aider, car c'est pour se venger qu'il m'épouse. »

L' 'Afrîta réunit tous les artisans 'afârît qu'elle commandait et leur fit faire une poupée de bois. Comme ventre, on lui mit une outre de miel puis elle donna à la jeune fille un anneau qui la rendait invisible et lui dit : « A l'heure où l'on devra te transporter, mets la poupée à ta place et on la mettra sur l' 'ammâriya, et toi tu t'assoiras à côté d'elle et tu seras invisible. »

On apporta donc la poupée de bois parée et habillée dans la chambre nuptiale et la jeune fille invisible y pénétra aussi.

Le fils du Roi entra à son tour. Quand il fut seul, il prit son poignard et, après avoir dit à sa fiancée toutes les insultes qu'il savait, il lui plongea le poignard dans le cœur et, comme le lui avait conseillé le vieux mage, il le passa sur ses lèvres pour refroidir sa colère. Quand il trouva du miel au lieu de sang, subitement calmé il se jeta à terre en sanglotant, regrettant son action. Alors la jeune fille, qui avait retiré son anneau et qui était devenue visible, lui dit : « Celle-ci n'est qu'une image. Je

suis bien vivante, sache que je t'aime et console toi. » Alors il
lui demanda de lui pardonner d'avoir voulu la tuer, il comprit
que c'était elle qu'il aimait et ils furent très heureux grâce à
l' 'Afrîta qui avait protégé son amie.

Il maria les six sœurs avec les ministres, puis succéda à son
père dans le gouvernement du royaume, qu'il administra avec
sagesse.

(Raconté par ZAHRA, ancienne esclave
de MOULAY-ḤASAN, qui l'avait surnommée
sa petite SCHAHARAZADE.)

II

HISTOIRE DE LA FILLE DU ROI
ET DU TEIGNEUX

Il y avait une fois un commerçant très riche qui avait trois fils, dont un teigneux.

Au moment de sa mort, il les appela auprès de lui, leur fit ses dernières recommandations et leur partagea ses nombreuses richesses, réservant un pavillon isolé situé au fond d'un jardin.

Au sujet de ce pavillon, il leur dit : « Je ne le donne à aucun de vous et je vous interdis de jamais l'ouvrir. »

Les deux fils qui n'étaient pas teigneux continuèrent le commerce de leur père et virent leur fortune s'accroître chaque jour. Mais pour ce qui est du teigneux, qui était fort joueur et fort mauvais sujet, et de plus joyeux buveur, il eut vite fait de gaspiller sa part de bien et le jour se leva vite où il n'avait plus que quelques mouzoûnas en poche.

Il s'adressa à ses frères pour leur demander de lui prêter de l'argent. Mais ceux-ci, qui savaient très bien que cet argent, une fois sorti de leurs coffres n'y reviendrait plus jamais, firent la sourde oreille.

A bout de ressources, le teigneux, étendu au soleil dans le jardin de son père, une pipe de kif aux lèvres, se demandait ce qu'il allait bien trouver sur le chemin d'Allah et quelle destinée lui était écrite, quand soudain, mû par une force intérieure, il se leva et courut au pavillon réservé que son père mourant avait défendu d'ouvrir.

Il examina la serrure et alla aussitôt chercher un forgeron pour lui faire fabriquer une clef avec ses dernières mouzoûnas.

Dès que la clef fut faite, il ouvrit la porte et entra dans le pavillon. Il le trouva entièrement vide ; seuls, traînaient à terre, comme jetés dans un coin, des objets qui lui parurent sans valeur : une vieille chéchia, une peau de mouton et une pipe à kif.

Alors, s'asseyant sur la peau de mouton, il se coiffa de la chéchia et se mit à se lamenter sur sa malheureuse destinée et, pour oublier ses malheurs et sa détresse, il prit la pipe à kif, la bourra et se mit à la fumer.

Mais la pipe était enchantée et, au lieu de rendre des bouffées de fumée, elle se mit à cracher un petit lingot d'or chaque fois que le fumeur aspirait le parfum de la drogue.

Et le teigneux fut tout à coup au comble du bonheur, car il se rendit compte aussitôt que ces objets qu'il avait cru, de prime abord, de peu de valeur, étaient, au contraire, pour lui, la source de richesses infinies, de splendeurs à rendre ses frères non teigneux jaloux de lui à la limite de la jalousie, car la chéchia était aussi enchantée et avait le don de rendre invisible celui qui s'en coiffait. Quant à la peau de mouton, elle transportait au gré de sa fantaisie celui qui s'asseyait dessus. Et notre fumeur de kif se mit à faire des projets de toutes sortes, et le premier fut de conquérir la fille du Sultan et de s'en faire épouser. Il mit en lieu sûr la peau enchantée et la pipe à kif également enchantée, se coiffa de la chéchia et s'en fut par les rues, faisant des niches aux boutiquiers qui, affolés, voyaient s'envoler les plus belles pièces de leur étalage sans voir qui les leur volait, et qui riait aux éclats à leur nez de leur figure courroucée.

Après s'être ainsi bien amusé aux dépens de tout le monde, il arriva au Dâr el-Makhzen, passa au milieu d'un groupe d'eunuques qui, ne le voyant pas, le laissèrent passer, traversa les cours et les salons et, tout à coup, se trouva au milieu des femmes dans le palais de la fille du Sultan. Celle-ci, seule dans une chambre, étendue sur de riches soieries, pensait que bientôt l'heure allait sonner où son père devrait la marier. Soudain, levant les yeux, elle vit le teigneux devant elle. Puis, par un prodige incomparable, elle ne le vit plus, le revit encore et celui-ci qui s'amusait follement, car il était encore sous l'influence du kif fumé dans le jardin, s'écria : « O fille de notre Roi, je suis un teigneux et tu es une belle princesse et je te demande en mariage. »

Alors, celle-ci lui répondit : « Prête-moi d'abord ce que tu mets sur ta tête et qui te rend invisible. » Et le teigneux lui mit lui-même la chéchia sur sa tête et elle disparut aussitôt à ses yeux. Mais elle se mit cependant à pousser des cris de terreur, à appeler ses femmes et son eunuque, et fit un tel vacarme que tous les gens du palais accoururent, se saisirent de l'intrus, le ligotèrent, le rouèrent de coups de bâton et le jetèrent tout meurtri dans la rue.

Le teigneux, réveillé de son rêve de kif si brutalement, prit le chemin de sa maison, jurant de se venger. Il alla donc s'asseoir sur sa peau de mouton, dans le pavillon, et, à l'heure où la jeune fille avait l'habitude de monter sur sa terrasse, il donna l'ordre à son tapis de l'y transporter. Et, en un clin d'œil, il se trouva assis sur sa peau de mouton auprès de la ravissante jeune fille. Celle-ci ne s'étonna même plus. Elle lui dit seulement : « Prête-moi la chose sur laquelle tu es assis et je te promets que cette fois je t'épouserai. » Le teigneux, confiant, lui obéit aussitôt et lui passa le tapis enchanté, sur lequel elle s'assit. Mais elle recommença bien vite le manège du matin et les esclaves, accourant, se conduisirent envers le teigneux amoureux sans plus d'égards que la première fois.

Copieusement meurtri, il reprit tristement le chemin du pavillon et se dit : « Je n'ai plus de recours que dans ma pipe aux lingots d'or. » Il prit la pipe et revint une troisième fois tourner autour du palais du Roi, du côté où se trouvait l'appartement de la jeune fille. Il se promenait comme un simple fumeur de kif et, quand il eut trouvé l'endroit d'où la fille du Roi pouvait l'apercevoir, il s'allongea au soleil et fuma sa pipe qui, à chaque bouffée, lui donnait un petit lingot d'or. La jeune fille ne tarda pas à l'apercevoir, car elle se mettait souvent derrière sa fenêtre pour voir sans être vue et, remarquant les façons bizarres qu'il avait, elle l'interpella, lui disant : « Prête-moi ta pipe. » Mais loin de la princesse il se sentait courageux et répondit par un refus. Alors celle-ci lui promit le mariage pour le soir même, lui jurant que, jusqu'à ce moment, elle avait seulement voulu savoir s'il l'aimait réellement. Et, comme il était de plus en plus amoureux, il finit par céder. La jeune fille envoya auprès de lui une vieille entremetteuse au visage de mauvais augure pour le conduire auprès d'elle par un passage secret. En remettant la pipe à la jeune fille, il vit son mauvais sourire et comprit qu'il était encore une fois tombé dans le piège. Il reçut encore plus de coups que les deux autres fois, car la princesse encourageait les eunuques à frapper fort et comptait les coups.

Enfin, quand il fut plus mort que vivant, on le descendit tout ligoté et on le jeta sur un tas d'ordures. Alors, il se remémora les évènements de la journée et se dit : « Un teigneux est un teigneux et la fille du Roi n'est pas pour lui. » Et, ayant perdu et la chéchia qui rendait invisible et le tapis voyageur et la pipe au lingot d'or, il se décida à quitter ce pays de malédiction. Il se mit en route péniblement et, à peu de distance de la ville, traversant un jardin, il vit de magnifiques figuiers chargés de figues mûres. Or, ce n'était pas la saison des figues, mais il avait faim, étant parti sans provision, et il cueillit deux figues noires et les mangea gloutonnement. Mais en même temps qu'il avalait la dernière bouchée de la dernière figue, il sentit sa tête grossir de chaque côté du front et deux énormes cornes lui pousser. Il se tâta la tête et se dit : « Voilà le comble de mon malheur. Je suis teigneux et je porte deux cornes plus grandes que celles des mouflons. » Et comme tous les fumeurs de kif, il se consola vite et se mit à rire en pensant à la drôle de tête que cela lui faisait. Comme sa faim n'était pas apaisée, il cueillit alors deux figues blanches et les dévora. Et aussitôt il sentit son front redevenir lisse et sans cornes et, tapant ses mains sur ses cuisses, il s'écria : « Maintenant, je sais que j'épouserai la fille du Roi. » Il cueillit quatre figues noires, fit un plateau de feuilles vertes, mit les figues noires dessus, prit encore quatre figues blanches qu'il cacha soigneusement et reprit le chemin de la ville.

Il alla négligemment s'asseoir sous les fenêtres de la princesse, mettant devant lui, bien en évidence, le plateau de figues noires. Au bout d'un instant, la jeune fille l'aperçut et, voyant ces belles figues mûries hors de saison, elle se rendit auprès de son père et lui dit : « Près de la porte, il y a un homme possesseur de figues et je les veux. » Le Roi envoya aussitôt un esclave se saisir des figues et, dès qu'il les vît, il partagea le désir de sa fille et tous deux se mirent à les manger. Mais, aussitôt, ils poussèrent de terribles cris en sentant les cornes qui s'allongeaient comme celles des mouflons. Et le Roi et sa fille s'enfermèrent dans leurs appartements, refusant de voir qui que ce fut, sauf leur esclave préféré, et pleurèrent sur leur malheureux sort jusqu'à ce que vint le grand Vizir. Quant à l'homme aux figues, il avait disparu.

Lorsque le grand Vizir vit son maître ainsi coiffé, il fut terrifié, fit chercher les médecins réputés les plus savants et leur demanda de guérir le Roi. Mais leur science était impuissante. Ils ne parlaient que de casser ces cornes à coups de hache, et la désolation régnait dans le palais.

Pendant ce temps le teigneux, qui avait encore quelques lingots d'or, alla au bain, s'habilla en médecin étranger et revint devant le palais demander l'hospitalité. Le portier le reçut fort mal, mais quand il sut qu'il était médecin, il changea aussitôt de manières. Il se précipita sur lui, l'entoura de prévenances et l'amena auprès du Roi et le laissa seul avec lui. Celui-ci, qui était dans le désespoir, s'écria : « O médecin, si tu me guéris, je te promets la moitié de mon royaume et je te donnerai ma fille en mariage. »

Alors le teigneux s'approcha, examina de près la paire de cornes et lui dit : « Jure que tu tiendras ta promesse. » Et le Roi jura par un terrible serment. Alors le faux médecin sortit de sa poche cachée deux figues blanches et dit simplement : « Mange. » Le Roi obéit et, comme par enchantement, les cornes disparurent comme elles étaient venues. Alors le Roi prit le teigneux par la main et le conduisit auprès de sa fille. Celui-ci demanda à rester seul avec la jeune fille, mais il dit au Roi : « Si tu entends des cris, ne t'en effraie pas, car ce sera plus difficile que pour toi, et si ta fille dit des mots incohérents et sans signification dans le cas présent, comme chéchia, peau de mouton, ou pipe de kif, ne t'en occupe pas davantage. »

On l'enferma donc avec la jeune fille. Aussitôt il se montra sous son apparence de teigneux et lui administra une terrible correction, lui disant : « Rends-moi ma chéchia, ma peau de mouton, ma pipe de kif », et l'autre, furieuse, criait, trépignait, essayait de le griffer, et répondait : « Tu n'auras pas ta peau de mouton, tu n'auras pas ta chéchia, ni ta pipe de kif. »

Alors le teigneux la frappa encore plus vigoureusement, lui disant : « Toi, tu garderas tes cornes. » Enfin, vaincue et suffisamment battue, la jeune fille remit humblement au teigneux les objets qu'il demandait. Celui-ci lui fit avaler les deux dernières figues blanches, ses cornes disparurent et elle redevint la belle princesse digne du plus grand des Rois. Soumise, cependant, elle se rendit chez son père avec le teigneux ; on les maria aussitôt en grande cérémonie et le Roi, tenant son serment, donna au teigneux la moitié de son royaume. Le teigneux fut ainsi le plus heureux des trois fils du commerçant et eut dans sa femme, fille de Roi, l'esclave la plus belle, la plus docile, jusqu'au jour de la Séparation.

(Raconté par ZAHRA, esclave du Sultan MOULAY-ḤASAN.)

III

'ÂÏCHA RMÂDA
'ÂÏCHA SOUILLÉE DE CENDRES
(CENDRILLON)

Il y avait un homme âgé qui avait épousé deux femmes.
L'une était douce, bonne et d'une beauté incomparable. L'autre
était méchante et laide : c'était de plus une magicienne.

Elles accouchèrent en même temps d'une fille. La femme
belle mit au monde une enfant plus belle encore qu'elle-même.
La laide enfanta une Laide, aussi devint-elle très jalouse et de
la mère et de l'enfant.

Un jour, elles allèrent laver de la laine à la rivière. Le soir
venu, elles s'aperçurent que l'âne qui avait porté la laine avait
été emmené par des voleurs et qu'il ne restait à sa place que
la bride. Alors la magicienne dit à sa compagne : « Je vais te
changer en ânesse en te frappant de cette bride ; je mettrai
la laine sur ton dos et te conduirai à notre maison. Là, je te
transformerai en vache, puis je te rendrai ta forme humaine. »
Sans défiance, la Belle se laissa faire ; la magicienne, ainsi qu'elle
l'avait dit, la transforma en ânesse, puis en vache, mais elle se
garda de transformer la vache en être humain ; elle l'attacha à
l'écurie et rentra seule à la maison. La vache se mit à beugler
de toutes ses forces pour lui rappeler sa promesse, mais elle
fit celle qui n'entendait ni ne comprenait. Quand le mari arriva
le soir pour dîner, il demanda où était sa seconde épouse ; la
magicienne lui dit : « Quand nous étions à la rivière, elle s'est
éloignée et n'est pas revenue. Par contre, j'ai trouvé une vache
que j'ai ramenée et attachée à l'écurie. »

Et l'homme oublia aussitôt sa femme.

La Laide, à partir de ce jour, fit subir de mauvais traitements à la fille de la Belle. Elle la relégua à la cuisine, lui fit faire tous les gros ouvrages du ménage, et chaque jour, pour l'humilier, elle lui jetait de la cendre au visage et dans ses beaux cheveux, si bien qu'on lui donna le nom d' 'Âïcha Rmâda, souillée de cendre.

Cependant, chaque matin, la marâtre s'étonnait de trouver la jeune fille bien coiffée et nettoyée des cendres qu'elle lui avait jetées la veille, et elle se mit à la surveiller.

Une nuit, elle s'aperçut que, lorsque tout dormait, la vache entrait auprès de sa fille, la caressait, l'embrassait. L'enfant lui rendait ses caresses, puis la mère prenait son enfant, la baignait, la coiffait, la gardait dans ses bras jusqu'au matin. Alors elle rejoignait son étable.

Quand la marâtre eut vu ce qui se passait, elle alla trouver son mari et lui dit : « Fais vendre la vache. » La vache, qui l'entendit, s'enfuit ; on courut après elle pour la rattraper ; enfin épuisée, elle tomba en disant : « Je suis fatiguée. » On s'en saisit et on l'amena au boucher, qui la tua et en vendit la viande à tous les gens du village. Alors la jeune fille alla dans tout le village ramasser les os de la vache ; elle les disputa même aux chiens là où on les leur avait jetés. Quand elle eut tous les os, elle les lava, les parfuma et, les enfermant dans un linceul, elle alla les enterrer au cimetière.

La marâtre continua à maltraiter la jeune fille, mais chaque nuit la mère, sortant de sa tombe sous sa forme humaine, vint soigner et consoler son enfant.

Un jour, le Roi fit annoncer qu'à l'occasion de son mariage, il donnait de grandes fêtes et y invitait tout son peuple. La laide et méchante magicienne prépara sa fille et l'emmena à cette fête. Avant de partir, elle fit porter dans la cuisine une charge de blé, une charge de millet, une charge de maïs, les mélangea et dit à 'Âïcha, souillée de cendres : « Si tu ne me tries pas ces graines dans la nuit, à mon retour je te tuerai. »

Dès que la porte fut fermée, la mère d'ʿÂïcha Rmâda apparut. Elle apportait de beaux vêtements et des parures magnifiques. Elle embrassa sa fille, nettoya les cendres qui couvraient ses cheveux et sa figure, la coiffa, l'habilla et lui mit aux pieds de jolies petites pantoufles, puis elle la prit et l'emporta à la fête, où elle éblouit tous les yeux par sa beauté.

La fille de la magicienne, en la voyant, dit à sa mère : « Vois cette belle jeune fille. Je crains que ce ne soit ʿÂïcha Rmâda. » Mais la mère répondit : « En ce moment, ʿÂïcha Rmâda trie des graines que j'ai mélangées et comme elle n'aura pas fini demain matin, je la tuerai et t'en débarrasserai à tout jamais. » Avant la fin de la fête, la mère enleva ʿÂïcha Rmâda dans ses bras et l'emporta. Mais, à ce moment, la jeune fille perdit une de ses pantoufles. Quand elles arrivèrent, la bonne mère appela les oiseaux, qui trièrent les graines, de sorte que lorsque la marâtre arriva, elle trouva la tâche exécutée et ne put faire de mal à la jeune fille. Cependant, des gens du Roi avaient trouvé la pantoufle d'ʿÂïcha Rmâda. Ils la portèrent à leur maître qui, en la voyant si petite, s'écria : « Je n'épouserai d'autre femme que celle à qui appartient cette chaussure », et il renvoya sa première fiancée. Il envoya dans tout le royaume à la recherche d'une jeune fille qui eût le pied assez petit pour chausser la pantoufle. Mais la recherche fut vaine ; enfin, il resta juste la maison habitée par ʿÂïcha Rmâda. Les vieilles envoyées du Roi y entrèrent ; la marâtre leur présenta sa fille. On lui essaya la pantoufle et on la trouva beaucoup trop petite pour son gros pied.

Alors le coq de la maison se mit à crier : « Cou, cou, cou, la propriétaire de la pantoufle est ʿÂïcha Rmâda. Elle est cachée derrière des planches dans la cuisine. » La magicienne voulut chasser le coq, mais les vieilles l'ayant entendu, se précipitèrent à la cuisine. Elles allèrent derrière les planches et trouvèrent la jeune fille resplendissante de beauté, parée comme le soir de la fête, avec un pied nu et un pied dans une chaussure semblable à celle qu'elles avaient dans les mains. Elles enlevèrent la jeune fille et l'amenèrent au Roi. En la voyant plus belle que le soleil, le Roi en perdit la raison et l'épousa aussitôt.

'Âicha Rmâda n'avait rien dit au Roi de la méchanceté de sa marâtre. Au contraire, elle la fit accueillir dans le palais du Roi ainsi que sa sœur et les combla de présents.

Le Roi aimait beaucoup sa jeune femme, qui était grosse quand il fut obligé de partir à la guerre.

Un jour, la méchante fille dit à la Reine : « Je voudrais voir le puits où l'on puise l'eau du Roi pour ses ablutions. » Sans aucune méfiance, la jeune Reine la conduisit à ce puits. Elles se penchèrent au-dessus pour regarder l'eau et la méchante fit tomber la Reine dans le puits.

Elle rentra au palais et se fit passer pour l'épouse du Roi, car sa mère, par sa magie, avait réussi à la rendre aussi belle que sa sœur.

Le Roi revint de la guerre. Il se rendit aussitôt vers sa jeune épouse et s'approcha d'elle pour la caresser. Mais si la magicienne lui avait donné l'apparence de sa sœur, elle ne lui en avait pas donné l'aimable caractère. La méchante repoussa donc brutalement le Roi et lui montra un mauvais visage. Courroucé, le Roi se retira dans son appartement. Il appela son esclave et lui ordonna d'aller au puits tirer de l'eau pour ses ablutions. L'esclave se rendit au puits du Roi et y lança le seau. Mais il entendit une voix qui disait du fonds du puits : « O mécréant, tu veux donc tuer mon enfant. » Pris de peur, l'esclave se sauva à toutes jambes. Il alla trouver le Roi et lui raconta ce qui venait de lui arriver. Alors le Roi alla lui-même au puits. Il lança le seau et fut interpellé de la même façon du fonds du puits.

S'approchant du bord, il répondit : « Qui es-tu, toi qui m'injuries ainsi ? » Entendant la voix du Roi, 'Âicha Rmâda répondit : « Je suis ta femme et j'ai avec moi mon enfant que j'ai mis au monde dans ce puits. – Dis-moi vite d'abord ce qui t'est arrivé, lui dit le Roi. – Sors-moi de là d'abord et ensuite je te dirai toute mon histoire. »

On sortit 'Âïcha Rmâda et son enfant du puits et elle dit au Roi, après s'être jetée dans ses bras, toute l'histoire de sa mère changée en vache, puis tuée, et comment sa sœur, pour prendre sa place auprès de lui, l'avait jetée dans le puits. Elle ajouta que, depuis le jour où elle y était tombée, sa mère l'avait secourue, lui avait porté un coffre dans lequel elle plaça son enfant après l'avoir mis au monde. Le coffre flottait sur l'eau quand on avait lancé le seau et c'est pour protéger son enfant qu'elle avait crié. Alors le Roi lui dit : « Quel châtiment veux-tu que j'inflige à ces femmes ? – Je veux me venger moi-même », répondit la Reine.

Quand le Roi et la Reine furent arrivés à leur palais, on se saisit de la fausse reine. 'Âïcha Rmâda la fit décapiter et fit saler la tête, puis elle donna l'ordre de diviser tout son corps en petites lanières qu'on fit sécher au soleil. Quand le gueddid fut prêt (viande séchée et boucanée), elle mit la tête au fond d'un sac, la viande dessus, et envoya le sac des présents à sa marâtre.

Celle-ci, croyant recevoir des présents de sa fille, mangea d'abord la viande, puis, quand elle arriva au fond du sac et trouva la tête salée, elle reconnut qu'elle avait mangé sa fille et mourut de rage sur l'heure.

(Raconté par Lalla EL-GHALIA RAHAMANIYA.
(Raconté par ZAHRA, ancienne esclave
du Sultan MOULAY-ḤASAN.)

IV

HISTOIRE DE MOULAY MOḤAMMED
EL-ḤANACH

(MONSEIGNEUR LE SERPENT)

Il y avait un roi marié avec une très belle reine. Mais leur bonheur était incomplet, car ils n'avaient pas d'enfants après de longues années passées ensemble. Un jour, le Roi fit venir la Reine devant lui et lui dit : « Je veux des enfants et puisque tu ne m'en donnes pas, apprête-toi à t'en aller, car je vais prendre une autre femme. » La pauvre Reine tomba dans le plus grand désespoir. Le vendredi, à l'heure de la grande prière, elle ne manqua pas de monter sur sa terrasse et, au moment où le Moueddin appelait les croyants à la prière, elle s'écria : « O mon Dieu, donne-moi un enfant. » Et comme un gros serpent, rampant au soleil, parut à ses yeux en cet instant, elle ajouta : « Devrais-je enfanter un serpent, que je te demanderai, ô mon Dieu, d'exaucer ma prière. » Puis, après cette imprudente parole, elle regagna en silence ses appartements. Or, ce serpent n'était autre que le Sultan des Jenoûn, qui avait, ce jour-là, pris cette forme, et ce fut lui qui recueillit la prière de la Reine.

Quelques jours après, à des signes manifestes, la Reine s'aperçut qu'elle était enceinte et en informa aussitôt son mari qui renonça au mariage qu'il avait projeté et donna de grandes fêtes en signe de joie.

Quand le temps de la délivrance fut arrivé, on chercha une matrone experte et pieuse et on l'amena dans le palais, et elle vécut près de la Reine jusqu'à ce que commença le travail de l'enfantement. Mais quand le terme arriva, la Reine mit au monde un serpent, et la stupeur de la sage-femme fut telle qu'elle s'écria : « O Reine, tu n'enfantes pas un fils d'Adam, » et s'évanouit. La Reine pria une de ses esclaves de vérifier les épouvantables paroles que la vieille venait de prononcer. Et l'esclave ne put que confirmer ces paroles, car le serpent, rampant entre les jambes de l'accouchée, alla se coucher, roulé en rond, sur le pied du lit. A ce moment, le Roi vint à l'appartement de la Reine pour prendre des nouvelles. Il entra au milieu de la consternation générale et personne n'osait ouvrir la bouche pour lui parler. Alors, il dit : « O femme, es-tu délivrée ? » et la pauvre répondit : « Monseigneur, je suis délivrée. Mais cette sage-femme est évanouie d'horreur parce que j'ai enfanté un serpent. » Alors le Roi, qui comprenait beaucoup de choses, s'écria : « Remercions Dieu du fils qu'il nous a donné sous la forme d'un serpent. »

Dans la nuit du sixième jour, une des vieilles esclaves qui gardait la jeune mère eut en rêve une révélation : elle entendit le serpent qui disait : « Demain est le septième jour de ma naissance, jour de l'imposition du nom. Il faut faire le sacrifice du septième jour et me nommer Moulay Moḥammed el-Ḥanach. »

Le matin, elle raconta son rêve à sa maîtresse et celle-ci en informa aussitôt le Roi qui fit annoncer dans toute la ville et dans tout le royaume qu'il donnait de grandes fêtes pour l'imposition du nom de son fils et que chacun, à cette occasion, ait à venir lui rendre hommage.

Et les fêtes qui se donnèrent furent sans précédent par le luxe et la splendeur qui y furent étalés. Mais, sauf le Roi et la Reine, personne ne fut admis à voir l'enfant. Après cette fête, Moulay Moḥammed el-Ḥanach, on l'avait ainsi nommé, disparut, et la Reine pleurait malgré tout son fils le Serpent.

Un jour, cependant, comme elle était étendue sur des coussins, dans sa chambre, elle vit apparaître à ses yeux un beau jeune homme qui lui dit : « Je suis ton fils Moulay Moḥammed el-Ḥanach, fils du Roi des Jenoûn. Il faut me marier avec la fille de votre Vizir. »

La Reine fit appeler son mari et lui exprima le désir de son fils après lui avoir demandé soixante-six sécurités. Le Roi manda son Vizir auprès de lui et lui dit : « Personne n'a jamais vu, sauf sa mère et moi, le superbe fils que j'ai, et je te demande pour lui ta fille aînée », et le Vizir s'inclina, ajoutant : « Non seulement l'aînée, Monseigneur, mais toutes mes sept filles sont à ta disposition. Choisis la plus belle. »

Le mariage fut aussitôt annoncé aux sujets du Roi et de belles fêtes furent préparées, et les cadeaux les plus riches et les plus beaux affluèrent de toute part.

Le soir du mariage, on amena la jeune fille en grande pompe dans l'appartement du marié et, après l'avoir embrassée, toutes les amies se retirèrent et la porte fut gardée par les esclaves mâles et par les belles esclaves du Roi. On attendit en vain l'arrivée du marié.

Cependant, vers l'heure de taḥḍira (après minuit), soudain le sol s'entrouvrit devant la jeune vierge et un gros serpent entra, se roula à ses pieds et secouant ses anneaux, abandonna sa peau de serpent, et le plus beau des adolescents se mit à lui faire mille caresses pendant que par le même chemin entraient une foule de serviteurs portant un repas exquis dans de la vaisselle d'or, des brûle-parfums brûlant de l'encens et de l'ambre, et toutes les choses bonnes et belles qui réjouissent les cœurs. Et la jeune fille, séduite par la beauté de son mari, fut la plus heureuse des jeunes mariées et, après qu'elle eut fait sa chose avec lui, se régala de tant et tant de pâtisseries fines, de tajines au beurre et de poulets farcis d'amandes et de fruits de tous les pays, plus délicieux les uns que les autres. Mais à l'heure du « fjer », le nouveau marié, reprenant sa forme de serpent, disparut avec ses serviteurs par la fente du parquet.

Le matin, la mère, inquiète, se rendit chez la jeune fille et la questionna au sujet de ce qui la tourmentait, et la jeune femme raconta toute la merveilleuse histoire de cette nuit. Et la plus jeune sœur, qui assistait à l'entretien, en entendant cette histoire, s'écria : « Il faut brûler la peau de serpent dans le brûle-parfum dès que ton mari s'en sera dépouillé et ainsi il ne te quittera plus. »

La nuit suivante, les mêmes faits se produisirent, mais lorsque Moulay Moḥammed el-Ḥanach eut secoué son fourreau d'écailles, la mariée le ramassa vivement et le jeta dans le feu, où il se consuma. Le matin, lorsque à l'heure du « fjer » le jeune mari voulut se retirer, il ne trouva plus sa peau d'écailles et il s'enfuit à travers une fente du mur, et la jeune femme l'attendit en vain pendant la nuit suivante et les autres nuits. Un soir, ne pouvant plus vivre sans son mari, elle s'enfuit par la porte des cuisines. Elle avisa un pauvre qui se trouvait sur sa route et elle lui vendit ses riches effets contre ses haillons et, méconnaissable, elle continua à marcher jusqu'à ce que, exténuée de fatigue, elle eut atteint le pays des Ghoûl. Elle vit une petite maison basse, s'en rapprocha et demanda l'aumône au nom d'Allah. Une grande négresse à l'aspect terrible vint : lui saisissant le sein qu'elle avait rejeté sur son épaule, elle se mit à le téter, se plaçant ainsi sous sa protection. Alors, l'ogresse lui dit : « Tu t'es présentée au nom d'Allah, ô mon enfant, et tu as tété mon lait. Je te protègerai donc, viens manger et te cacher », et, après lui avoir donné des brochettes de viande et du lait, elle la cacha dans un grand coffre.

Le soir, le mari de l'ogresse arriva. C'était le Roi des Ghoûl. En entrant, il s'écria : « Cela sent le fils d'Adam, je vais me régaler », puis il se mit à fouiller la maison.

Mais sa femme l'arrêta dans ses recherches et lui dit la vérité. Elle raconta la venue de la jeune fille qui avait fait le 'âr du lait et qu'elle devait protéger.

Le Sultan des Ghoûl, après avoir écouté l'histoire, sortit la petite mariée de sa cachette et, d'une voix plus terrible que le tonnerre, il lui dit : « Je te protègerai, hôte de Dieu, et de tes os je ne ferai pas de cure-dents pour nettoyer mes dents et je ne me régalerai pas de ta chair. Maintenant, dis-moi pourquoi tu es ici. »

La jeune fille lui raconta alors toute son histoire, que le Roi des Ghoûl écouta de toutes ses oreilles, qu'il avait grandes. Quand elle eut fini, il lui dit : « Lorsque je dormirai, tu recueilleras la salive qui coule de ma bouche pendant mon sommeil, puis tu partiras, tu marcheras sept jours, tu arriveras au pays du Roi des Jenn, tu verras son Vizir, tu lui raconteras ton histoire et tu feras ensuite ce qu'il te dira de faire. »

La jeune fille obéit au Roi des Ghoûl, et, le septième jour, elle arriva devant la maison du Vizir du Roi des Jenn et s'écria : « Je suis l'hôte de Dieu et je demande à manger et à dormir. »

Le grand Vizir fit aussitôt ouvrir sa porte et répondit : « La bienvenue à l'hôte de Dieu ; qui es-tu, ô jeune fille, et pourquoi es-tu ici ? » Et toute l'histoire, depuis son commencement, fut racontée au Vizir du Roi des Jenn, qui écouta de toutes ses oreilles, qu'il avait grandes, et enfin répondit : « Pendant mon sommeil, tu recueilleras la salive qui coule de ma bouche et tu iras dans la campagne, tu verras une grande colonne et pendant sept jours, nuit et jour, tu encenseras la colonne avec ma salive et celle du Sultan des Ghoûl, et tu verras ce qui t'arrivera. » La jeune mariée recueillit donc la salive du Vizir et s'en alla. Elle marcha longtemps, longtemps, et enfin arriva à la colonne dont lui avait parlé le Vizir du Roi des Jenn. Elle encensa la colonne nuit et jour pendant six jours. Le soir du sixième jour, comme elle pleurait parce qu'elle tombait de sommeil, elle vit tout à coup apparaître à côté d'elle une ḥarṭaniya (métisse de nègre), qui lui dit, du miel dans la voix : « O ma fille, pourquoi pleures-tu ? » Confiante, la jeune femme lui raconta toute son histoire. Alors la ḥarṭaniya lui répondit : « O mon enfant, dors en paix. Je vais encenser la colonne pendant que tu dormiras et, quand le septième jour sera fini, je te réveillerai. » Et il fut fait comme la ḥarṭaniya le voulait. Mais le soir du septième jour, elle se garda de réveiller l'endormie. Elle encensa la colonne seule et soudain une grande secousse se produisit : la colonne se brisa et un merveilleux adolescent en sortit : c'était Moulay Mohammed el-Ḥanach, fils du Roi des Jenn. Il s'écria : « O toi qui m'as délivré, qui es-tu ? » et la ḥarṭaniya, qui était aussi Jenniya, prit la figure d'une belle jeune fille et lui répondit : « O Monseigneur, je suis ton humble épouse et depuis sept jours j'encense cette colonne et je me réjouis de t'avoir enfin retrouvé, et partout où tu voudras m'emmener, je te suivrai. » Ils partirent donc tous les deux et laissèrent la mendiante couchée près des débris de la colonne. A son réveil, celle-ci comprit toute l'étendue de son malheur. Désespérant de jamais retrouver son mari, elle prit péniblement le chemin du retour. Elle marcha tout le jour et toute la soirée et arriva épuisée auprès d'un magnifique palais et demanda l'aumône au nom d'Allah. Les portes étaient déjà barricadées ; cependant, on lui ouvrit et on la fit entrer dans une chambre où des esclaves nettoyaient du blé pour la noce de leur jeune maître en se racontant des histoires. On lui donna à manger et, comme elle remerciait ses hôtesses de leur bonté et se préparait à repartir, l'une des servantes lui dit : « Il fait noir, cette nuit, et le vent souffle dans le pays des Jenn. Ne pars pas et raconte-nous à ton tour une histoire ». La jeune femme, qui ne savait pas d'autres histoires que la sienne, qui était la plus triste des histoires, se mit à la raconter. A ce moment, Moulay Mohammed el-Ḥanach vint voir si le blé de sa noce était nettoyé, car c'était dans le palais du Roi des Jenn que, sans doute, se trouvait la jeune fille. Et il s'arrêta sur le pas de la porte et lui aussi écouta l'histoire jusqu'au bout sans se montrer. Quand l'histoire fut terminée, il se retira sans bruit et, allant trouver sa mère, il lui dit : « Il y a dans la salle des esclaves une jeune mendiante, envoie-la au bain et donne-lui de riches vêtements, et prends-la auprès de toi. »

Quand la pauvresse sortit du bain, parée et parfumée, elle avait recouvré toute sa beauté. Moulay Mohammed el-Ḥanach apparut à ses yeux comme il était apparu le soir de son mariage, et la jeune mariée, le reconnaissant, s'évanouit. Sûr, cette fois, de n'être pas trompé comme il l'avait été par la perfide jenniya, il ranima la jeune femme en lui faisant respirer des parfums et en l'appelant des noms les plus doux et, lorsque l'évanouissement fut passé, il la combla de caresses et lui demanda comment il pourrait se venger de la perfide ḥarṭaniya. La jeune femme répondit : « De ses jambes, tu feras les montants d'une échelle, de ses bras les barreaux, et tu donneras sa tête aux enfants pour jouer à la koûra [1]. » Moulay Mohammed el-Ḥanach fit exactement ce que voulait sa femme, puis il lui promit d'aller partout où elle voudrait et de toujours obéir à ses volontés.

Et mon histoire est partie avec la rivière qui coule et je reste avec les hommes généreux.

(Raconté par ZAHRA, ancienne esclave
du Sultan MOULAY-ḤASAN)

---

1. La Koûra est une balle dont se servent les enfants pour jouer.

V

HISTOIRE DU BÛCHERON
ET DE L' 'AFRÎT DE LA FORÊT

Un pauvre bûcheron, ayant beaucoup d'enfants, allait tous les jours à la forêt pour couper du bois. Quand il avait travaillé péniblement la plus grande partie du jour, il chargeait le bois sur son épaule, car il était trop pauvre pour avoir un âne, et allait le porter au souq du bois pour le vendre et acheter de quoi nourrir tous ses enfants.

Un jour, qu'il cognait dur et suait toute sa sueur en travaillant, un grand 'afrît, à l'aspect terrible, lui apparut soudain.

D'une voix tonnante, il lui dit : « Je suis le génie de la forêt. La forêt et moi nous sommes fatigués de t'entendre frapper du matin au soir. Pourquoi viens-tu troubler notre repos ? »

Et le pauvre bûcheron, tout tremblant, lui raconta sa triste histoire. « Ah ! Ah ! dit l''afrît , ce n'est que cela ! Tiens, prends ce moulin de pierre et tu vivras, toi et tes enfants, de ce qu'il te moudra. Mais que je ne te revoie plus ici. » Le bûcheron emporta son moulin et s'en fut. Arrivé chez lui, il le donna à sa femme qui, curieuse, se mit aussitôt à moudre sans avoir mis un grain de blé entre les meules. O surprise, la farine et la semoule coulent en abondance de tous les côtés du moulin. Voilà les pauvres gens assurés de leur pain quotidien et le bûcheron, au lieu d'aller à la forêt, passe ses jours à se promener comme un riche. Intriguées, les voisines bavardent entre elles et ont vite fait de surprendre le secret.

Profitant de l'absence du bûcheron, l'une d'elles vint un jour trouver sa femme et lui dit : « Prête-moi ton moulin. J'ai envoyé mes meules chez le ma 'allem[1] pour les faire piquer et je n'ai plus de farine ni de semoule à la maison. »

La femme du bûcheron était sotte et timide. Elle n'osa pas refuser le moulin et le prêta à l'indiscrète, qui lui en rapporta le soir un autre identique. Mais ce n'était pas le même. A l'heure du dîner, le bûcheron, sa femme et ses enfants s'en aperçurent bien, car il leur fallut se coucher sans dîner.

Le lendemain, le bûcheron, reprenant sa cognée, retourna à la forêt, car il n'avait pas d'autre métier, et malgré la terreur que lui inspirait l''afrît , il fallait bien donner à manger à tous ses petits enfants qui pleuraient à la maison.

Au premier coup de hache, l''afrît lui apparut ; fort en colère, il lui dit : « C'est encore toi ? Ne t'ai-je pas dit que la forêt et moi nous sommes fatigués de t'entendre ? »

Mais le bûcheron avait quand même moins peur que la première fois. Il lui répondit : « O bon 'afrît, le meilleur des 'afrît, je suis ici pour telle raison. » Alors l''afrît tira du fond de la terre une grande gueṣ 'a de bois et, d'une voix tonitruante, qu'il croyait très douce, il lui dit : « Va, pauvre, avec cette gueṣ 'a, dont tu tireras ta vie et celle des tiens. Tu n'auras qu'à la recouvrir d'un mekebb[2], à l'heure des repas, et à la porter sur ta table. Mais ne reviens plus troubler notre repos. »

Et il s'enfonça sous terre avec un grand bruit, et le bûcheron repartit chez lui, emportant la gueṣ 'a enchantée. A l'heure du repas de ḏohor, même un peu avant car ils avaient tous très faim, il mit le mekebb sur la gueṣ 'a et la porta sur la table. Puis, avec cérémonie, il enleva le mekebb, et la gueṣ 'a leur apparut pleine d'un tajine délicieux de viande cuite à point, d'oignons, de tomates et de pain chaud sentant une odeur de four exquise, et tous, le bûcheron, sa femme et ses enfants, se

---

1. L'ouvrier.
2. Le mekebb est un couvercle de sparterie en forme de cône dont on recouvre les plats.

mirent à manger jusqu'à ce qu'ils aient vidé le plat. Et, à partir de ce jour, le bûcheron ne retourna plus à la forêt et passa une existence de plaisirs et de promenades. Aussi la curiosité des voisines fut de nouveau éveillée, et de nouveau, profitant de l'absence du mari, l'une d'elles emprunta à la sotte la gueṣʿa enchantée et la remplaça par une autre tout ordinaire, et le soir les pauvres gens eurent beau mettre le mekebb suivant le rite, ils durent se coucher sans dîner. Et le lendemain, le pauvre bûcheron retourna à la forêt sous l'œil moqueur des voisines qui s'étaient régalées de bons tajines pendant qu'il avait le ventre vide.

Il arriva de bonne heure au cœur de la forêt et se mit au travail ; mais il n'avait pas fini de frapper le premier coup de cognée que l'ʿafrît monstrueux était devant lui et, rugissant d'une colère qui faisait trembler la terre, lui disait : « Comment faut-il te dire que la forêt et moi sommes fatigués de t'entendre et que nous ne voulons plus que tu troubles notre repos ? » Et le pauvre bûcheron, tout tremblant lui aussi, le mit au courant de la nouvelle malice des voisines.

« Bien, dit l'ʿafrît , je veux encore te prouver mes bonnes dispositions, mais n'y reviens plus surtout », et il lui donna un beau chat noir en disant : « Tu vivras de ses excréments, toi et les tiens, et va-t'en. »

Le bûcheron reprit le chemin de sa maison, emportant son chat. Et en cours de route il faisait d'amères réflexions : « Cet ʿafrît veut notre mort, se disait-il, et c'est bien certain, car a-t-on jamais vu des fils d'Adam se nourrir des excréments d'un chat ? »

Tristement il lâcha le chat dans sa chambre et, prenant sa tête dans ses mains, se mit à songer sur sa misère. Tout d'un coup, il vit le chat gratter le sol de la maison, tourner en rond, arrondir son dos et déposer sur le sol un petit tas de cailloux de toutes les couleurs.

C'étaient des diamants, des rubis, des émeraudes, des perles du plus pur orient. Mais le pauvre bûcheron n'en avait jamais vu et ne se doutait pas de la fortune que ce chat bienfaisant lui assurait ainsi. Il ramassa tristement tout ce que le chat avait déposé sur le sol et se rendit au Mellâḥ, chez un juif, et lui montrant ces cailloux, lui dit : « Cela a-t-il une valeur et puis-je en tirer de quoi nourrir ma femme et mes petits enfants ? » Et le cupide juif, voyant combien ce pauvre était ignorant, lui répondit : « Cela, ô pauvre, n'a aucune valeur et personne ne te les achètera ; mais moi, qui suis un homme de bien et connu pour sa générosité, je te donne un pain en échange de ces mauvais cailloux. »

Et le bûcheron, tout pleurant, repartit à la forêt, car s'il avait bien peur de l''afrît , il ne pouvait voir non plus mourir ses enfants. Mais, cette fois, l''afrît ne dit rien quand le bûcheron lui raconta ce qui s'était passé avec le juif.

Il prit deux zerwâṭa³ bien cloutées dans ses terribles mains, ce que voyant le bûcheron se jeta à terre en invoquant Allah, croyant son heure venue. Mais, à son grand étonnement, il ne reçut aucun coup de bâton des mains de l''afrît qui le releva, lui donna les deux zerwâṭa et lui dit : « Débrouille-toi avec cela. Tu n'auras qu'à dire : « Zerwâṭa, zerwâṭa, faites votre besogne », et tu seras tiré d'embarras. Mais n'y reviens jamais. Ceci est mon dernier mot ; ne trouble plus le repos de la forêt. »

Et le bûcheron partit. Et la malice lui vint, en route, de récupérer tous les dons de l''afrît en moins d'une journée, car il eut vite compris pourquoi le bon 'afrît musulman lui avait donné ces deux bâtons. Il se rendit d'abord chez la femme qui avait pris le moulin enchanté, premier don de l''afrît . Celle-ci nia énergiquement avoir changé le moulin. Mais les zerwâṭa, invitées à faire leur besogne, la firent vite changer d'avis, et elle rendit le moulin après avoir été rouée de coups comme il convient.

Ensuite, la gueṣ 'a revint par le même procédé.

---

3. Bâton terminé par une extrémité cloutée qui en fait une arme dangereuse.

Quant au juif, les zerwâṭa firent une si bonne besogne, que non seulement il rendit en pièces d'or la valeur des pierres précieuse volées, mais il donna, en outre, tout l'argent qu'il avait dans sa boutique et les pierres précieuses elles-mêmes dont il avait déjà fait de magnifiques bijoux. Et, depuis, le bûcheron est devenu le maître du pays. Grâce au moulin enchanté, à la gueṣ 'a, au chat noir dont les excréments sont des pierres précieuses, il est le plus riche, et les zerwâṭa qui savent si bien besogner en font l'homme le plus puissant et le plus respecté. Et tout cela grâce au bon 'afrît, terrible d'aspect seulement, et pour le grand repos de la forêt.

(Conté par ZAHRA, ancienne esclave
du Sultan MOULAY-ḤASAN.)

VI

HISTOIRE DE LA JEUNE FILLE
QUI NAQUIT D'UNE POMME....

Il y avait une femme qui n'avait jamais eu d'enfant.

Son mari désirait beaucoup qu'elle en eût et un jour il se rendit chez un sorcier et lui dit : « Ma femme est stérile. Je voudrais un remède pour qu'elle ne le soit plus. »

Le sorcier lui donna deux pommes et lui dit : « Fais-lui manger ces pommes et elle deviendra enceinte, mais surtout, toi, n'en mange pas. »

Comme il portait les pommes, il les trouva si belles, si rouges et si odorantes, qu'il ne résista pas à la tentation et en mangea une.

Puis il donna l'autre à sa femme. A l'instant même, elle devint grosse ; mais au fur et à mesure que son ventre grossissait, la jambe de son mari enflait et prenait des proportions énormes.

Enfin, le terme du neuvième mois arriva ; la femme accoucha d'un fils.

Quant au mari, au même moment, les douleurs le prirent dans la jambe et, de honte, il alla se cacher dans une solitude, au fond du désert.

En même temps que sa femme donnait le jour à leur fils, sa jambe se fendait et il en sortait une petite fille belle comme le jour. Elle avait de si longs cheveux qu'ils recouvraient entièrement son corps.

Sans plus s'occuper d'elle, il l'abandonna sur place et s'en retourna chez lui. Or, une gazelle, suivie de ses petits qu'elle allaitait, vint à passer par là et entendit les vagissements de l'enfant ; elle s'en approcha, la fit téter et l'adopta.

La petite fille grandit avec les petites gazelles. Un jour, un roi qui chassait aperçut le troupeau de gazelles et s'étonna de cet animal étrange qui ressemblait à une jeune fille et qui vivait en plein désert.

Il fit préparer deux plats de couscous un avec du sel et l'autre sans sel et les fit déposer près de la source où buvaient les gazelles.

Il pensait : « Si cet être est une fille d'Adam, elle mangera le plat salé ; si c'est une jenniya, elle mangera le plat sans sel, car les génies ne mangent que la cuisine non salée. »

Le lendemain, il alla voir ce qu'avait mangé cet être si étrange et, quand il fut bien certain que c'était un être humain, il lui donna la chasse et l'attrapa.

Puis il l'emmena chez lui, la vêtit de somptueux vêtements, lui fit bâtir un palais et l'épousa.

Mais ses autres femmes, au nombre de six, devinrent très jalouses de la nouvelle épousée. Elles lui montraient cependant beaucoup d'amitié pour écarter d'elles toute méfiance et l'attiraient souvent chez elles.

Un jour, le Roi, voyant régner la concorde dans sa maison, décida d'aller visiter ses états et recueillir l'impôt.

Il recommanda à ses femmes de bien s'entendre entre elles et s'en alla.

Alors elles complotèrent la perte de la jeune épouse.

Un jour elles lui dirent : « Viens, que nous te coiffions. »

La jeune femme s'assit auprès d'elles et se laissa coiffer. Mais successivement elles lui plantèrent chacune une épingle dans la tête et, instantanément, la petite reine fut métamorphosée en oiseau et s'envola sous la forme d'une colombe.

Or le Roi, avant son départ, avait commencé la construction d'un pavillon, dans un jardin, et il avait bien recommandé à ses ouvriers de le terminer avant son retour.

Mais, à partir de ce jour, la colombe vint chaque soir se poser sur le faîte du mur construit dans la journée et elle chantait :

> Je suis née d'une pomme
> Et c'est mon père qui m'a enfantée.
> J'ai été nourrie par une gazelle
> Prise par un Roi qui m'a épousée.
> Ses méchantes femmes m'ont piqué la tête,
> Et je suis maintenant un oiseau.

Quand elle avait terminé sa complainte, elle s'envolait, mais aussitôt le mur sur lequel elle s'était posée s'écroulait.

Les maçons étaient très malheureux et voulurent attraper l'oiseau, mais il était insaisissable.

Enfin le Roi revint.

Quand il arriva chez lui, il se rendit aussitôt à l'appartement de la jeune reine qu'il chérissait. Il le trouva vide et les femmes lui dirent : « Dès ton départ, elle a été rejoindre les gazelles. »

Alors le Roi voulut faire une retraite dans le pavillon qu'il avait fait construire dans le jardin et fut bien surpris de le trouver inachevé et dans le même état qu'à son départ.

Il appela le chef des maçons et lui dit : « Qu'est ceci ? Tu mériterais que je te fasse couper la tête. Je t'avais pourtant bien ordonné de finir ta construction avant mon retour. »

A ce moment, la colombe arriva sur le mur et se mit à chanter :

> Je suis née d'une pomme,
> Mon père m'a enfantée.
> Une gazelle m'a nourrie de son lait,
> Un beau Roi m'a épousée.
> Ses méchantes femmes m'ont blessée
> Et je suis devenue une colombe.

Puis elle s'envola et disparut, et le mur s'effondra, et le chef des ouvriers dit au Roi : « Tu as vu toi-même la raison. Cela se passe ainsi chaque jour depuis ton départ ; nous travaillons tout le jour, et le soir vient la colombe qui chante sa chanson, s'envole, et le mur tombe. J'ai voulu l'attraper mais elle s'est sauvée si vite que je n'ai pas pu y arriver. »

Alors le Roi dit : « Dans une des chambres qui sont terminées, vous allez apporter toutes les graines qui plaisent aux pigeons et vous laisserez les fenêtres et les portes ouvertes pour que cette colombe puisse entrer s'y rassasier. »

Puis il plaça à l'intérieur de la pièce deux gardes près de chaque ouverture, avec l'ordre de fermer portes et fenêtres dès que l'oiseau serait entré dans la pièce.

Et, le lendemain, il vint lui-même pour prendre la colombe.

Mais elle, qui l'avait aperçu la veille, vint se faire attraper sans difficulté.

Quand le Roi l'eut prise, il se mit à pleurer et à la caresser, et la colombe pleurait aussi en chantant sa chanson.

Tout à coup, en lui passant doucement la main sur la tête, le Roi trouva les six épingles et il les arracha.

Aussitôt la colombe recouvra sa forme de jeune fille dans toute sa beauté.

Le Roi la prit dans ses bras et ils pleurèrent d'abondantes larmes de bonheur. Puis le Roi lui dit : « Raconte-moi la chose. » Et quand elle eut fini, il lui dit : « Décide de leur sort. Je ferai ce que tu voudras. »

Alors elle demanda :

Que la première fût transformée en poutre, pour le seuil de sa chambre, afin de lui marcher dessus tous les jours ;

La deuxième en chaise, pour les ablutions, afin de s'asseoir dessus tous les jours ;

La troisième en poutre, pour le seuil des cabinets ;

La quatrième, pour le seuil des cuisines ;

La cinquième, pour le seuil de l'écurie,

Et la sixième en planche, pour son lit.

Ce qui fut fait aussitôt et elle vécut de longs jours heureux avec le Roi….et mon histoire est terminée.

(Raconté par Lalla GHÂLIYA RAHAMANIYA.)

VII

ȚÎR EL-GABOURI

(L'OISEAU DU PAYS DE GABOUR)

Il y avait quatre jeunes filles qui n'étaient pas sœurs et qui ramassaient du bois dans un jardin du Roi.

Le Roi vint s'y promener. Elles ne le voyaient pas et causaient entre elles. L'une disait : « Si le Roi m'épousait, je nourrirais sa méḥalla d'un seul plat de couscous. » La seconde dit : « S'il m'épousait, je ferais boire tous les chevaux de sa méḥalla avec un seul seau d'eau. » La troisième dit : « Si j'étais l'épouse du Roi, je lui ferais un ḥaïk avec un seul crin de cheval. » Enfin la quatrième dit : « Si le Roi m'épousait, je lui donnerais un fils avec une mèche de cheveux d'argent et une fille avec une petite tresse de cheveux d'or (Nweld Lih would Zekkoura Enta 'Noqra ou Bent Guettaïta Enta 't Dhehb). Quand le Sultan eut entendu les jeunes filles, il envoya chez elles les demander en mariage.

Quand on les lui eut amenées, il dit à sa 'ârifa : « Prépare la première de ces jeunes filles, mène-là au bain et amène-la moi. »

On prépara la jeune fille et on la lui amena. « C'est toi, dit le Sultan, qui veut nourrir ma méḥalla d'un plat de couscous ? Voilà de la semoule, prépare ce plat. »

Elle alla à la cuisine, fit cuire le couscous, y mit une grande quantité de sel et prépara deux plats : un, trop salé, pour l'armée du Roi ; un, parfaitement préparé, pour le Roi. Le Roi mangea son plat de couscous et le trouva excellent.

Quant aux soldats, ils en prirent chacun deux grains qu'ils goûtèrent. Ils le trouvèrent si salé qu'ils n'en prirent pas davantage, et le plat put être présenté à tous les soldats.

L' 'ârifa revint et dit : « Les soldats sont rassasiés. » Le Roi crut qu'on leur avait donné le même couscous que celui qu'il avait mangé et répondit à l' 'ârifa : « C'est merveilleux. Introduis cette jeune fille dans mon harem. »

Il se fit amener la seconde. Il lui fit donner un seau d'eau pour abreuver tous les chevaux de sa méḥalla. Elle alla à la cuisine, fit bouillir l'eau et alla la présenter bouillante à chaque cheval. Les chevaux, trouvant l'eau chaude, refusèrent de la boire. Elle présenta ainsi le seau à tous les chevaux puis revint et dit au Roi : « Mon seau est encore plein et j'ai abreuvé tous les chevaux. »

Le Roi la fit introduire dans le harem.

Il fit appeler la troisième.

Il lui fit préparer un métier, lui donna un poil de cheval et lui dit : « Fais le ḥaïk. » Elle le fit avec ses cheveux et le porta au Roi qui la fit rentrer dans son harem.

Enfin, il fit amener la quatrième jeune fille. Il la garda auprès de lui parce qu'elle était la plus belle. Elle devint enceinte. Il la confia à la 'ârifa et lui dit d'amener une sage-femme. Mais les trois autres, qui étaient jalouses de la faveur dont jouissait la jeune fille, complotèrent avec la 'ârifa et la sage-femme pour supprimer l'enfant qu'elle mettrait au monde. Or, elle accoucha de deux jumeaux, un garçon qui avait une mèche de cheveux d'argent, et une fille qui avait une petite tresse de cheveux d'or. La sage-femme avait apporté deux petits chiens nouveau-nés. Elle remplaça les enfants par les chiens, emporta les nouveau-nés, les enferma dans un coffret de tôle qu'elle cloua et les jeta à la rivière.

La 'ârifa alla annoncer au Roi que son épouse favorite avait enfanté deux chiens.

Alors le Roi lui dit : « Emmène-la à l'écurie, fais tuer et dépecer une mule, prends-en la peau, mets-la lui sur le dos et laisse-la au milieu des mules, et chaque matin qu'on l'amène à la cuisine et qu'on charge son dos de toutes les ordures de la maison. »

Or, le coffret fut emporté par la rivière et pris dans les mailles du filet d'un pêcheur qui s'écria : « Qu'est ceci ? Dieu m'envoie mon destin. »

Il emporta le coffret chez lui et l'ouvrit avec sa femme. Ils trouvèrent les deux enfants qui étaient d'une très grande beauté. Le pêcheur acheta deux chèvres pour les nourrir et, comme sa femme n'avait jamais eu d'enfants, ils adoptèrent les enfants du coffret.

Les enfants grandirent, ils les mirent à l'école et, un jour, la femme du pêcheur vint à mourir.

Avant de mourir, elle recommanda les enfants au pêcheur et lui dit : « Ils seront la source de ta fortune. » Mais le pêcheur ne survécut pas longtemps à sa femme.

Quand il vit que l'heure était venue pour lui aussi, il appela son fils et lui dit : « Protège ta sœur et ne la contrarie jamais quoi qu'elle te demande. »

Le jeune homme continua à vivre avec sa sœur.

Un jour qu'il était allé à la mosquée pour prier, une vieille femme se présenta chez lui et dit à la jeune fille : « Ta mère est morte et personne ne s'occupe de toi. O ma fille, si tu le veux, je te soignerai, je laverai ton linge, je te peignerai et te tuerai les poux. – Je vais le demander à mon frère quand il rentrera. »

Le frère accepta l'offre de la vieille et elle s'installa chez eux.

Un jour elle dit à la jeune fille : « Tu as un beau palais, il y manque deux jets d'eau, un pour l'eau de roses et un pour l'eau de fleurs d'oranger. »

Et la jeune fille resta toute pensive. Quand son frère vint, le soir, à la maison, elle lui dit : « Voici ce que m'a dit la vieille. – C'est bien, ma sœur. » Et il fit venir des ouvriers et construire les deux jets d'eau.

Alors la vieille dit encore : « Il te manque l'eau qui youyoute. »

La jeune fille la demanda à son frère, qui fit revenir les

ouvriers pour construire un troisième jet d'eau pour l'eau qui youyoute.

Alors la vieille dit : « Il manque la grenade qui rit dans votre palais. » Et la jeune fille resta toute pensive et, quand son frère vint, elle lui dit : « Il nous manque la grenade qui rit, ô mon frère. – C'est bien, je te la donnerai. »

Il alla chercher un jardinier qui planta la grenade qui rit.

Alors la vieille ajouta : « Il te manque encore le roseau qui danse, ô ma fille. »

Et la jeune fille se mit à pleurer, mais son frère lui dit : « Je te l'apporterai. » Et il l'apporta.

Alors la vieille dit : « Il manque le Ṭîr el Gabouri (l'oiseau du pays de Gabour), pour chanter dans votre jardin. »

Quand le frère vint, la jeune fille lui dit : « Voilà ce que m'a dit la vieille », et elle se mit à pleurer. Alors le frère lui dit : « Mange et ris ; je vais partir, s'il le faut, au bout du monde, pour te chercher cet oiseau. »

Elle prépara les provisions de route et lui fit griller un sac de grains de maïs. Il monta sur son cheval et partit.

Il traversa un pays immense et rencontra un Ghoûl sur son chemin. Ce Ghoûl dormait une année et restait éveillé une année.

Il dormait et avait la bouche ouverte.

Le jeune homme s'assit à côté de lui et, de temps en temps, il lui mettait dans la bouche quelques grains de maïs grillé.

Enfin le Ghoûl se réveilla. Il ouvrit la bouche pour bâiller.

A ce moment, le jeune homme lui jeta dans la bouche tout ce qui lui restait de maïs, et le Ghoûl s'écria : « Je jure par Dieu que si ta nourriture n'avait pas précédé ton salut, de ta chair j'aurais fait une bouchée et de ton sang une gorgée ; et maintenant dis-moi ce que tu veux : je suis ton serviteur. – Je cherche l'oiseau Gabouri. – Va, répondit le Ghoûl, à cette montagne : là habite l'oiseau. Il y a mille jeunes gens qui y sont allés et ne sont pas revenus. Tu vas partir et tu rencontreras l'oiseau endormi pendant le jour et éveillé pendant la nuit. La nuit il se réveillera et il dira : « Qui est mon père, qui est ma mère ? Je suis un voyageur étranger et sans ressources. » Mais ne lui réponds pas. Laisse-le s'endormir et tu le prendras par la tête et tu la lui mettras entre ses jambes. »

Et le jeune homme partit à la montagne, mais comme il avait très bon cœur il ne put résister aux plaintes de l'oiseau et lui dit : « Ne te plains plus, je suis ton père et ta mère. » Alors l'oiseau le battit de son aile, fienta sur lui et sur son cheval et les changea en pierre.

La jeune fille attendit son frère en vain. Enfin, un jour, elle prépara les provisions de route et partit à sa recherche.

Elle rencontra un homme qui lui dit : « N'y va pas, ô jeune fille, ton frère est mort et personne n'en revient. » Elle continua son chemin et rencontra l'ogre, elle le trouva éveillé ; elle lui embrassa la poitrine et jeta dans sa bouche un sac d'amandes. Alors il lui répéta tout ce qu'il avait dit à son frère et lui recommanda de ne pas parler à l'oiseau.

Elle partit à la montagne ; elle y arriva la nuit et entendit les lamentations de l'oiseau, puis, comme personne ne lui répondait, l'oiseau se tut et, le matin, il s'endormit. Elle le prit ; alors il s'écria : « Lâche-moi et je rendrai la vie à tous ces hommes ensorcelés », mais elle refusa de le lâcher.

Cependant, elle lui dit : « Je te tiens par l'aile. Désensorcelle d'abord tous ces gens et je te lâcherai. »

Alors il secoua son aile libre au-dessus de toutes les pierres et tous les hommes se levèrent, tous les chevaux hennirent. Et elle retrouva son frère, mais elle ne lâcha pas l'oiseau et elle partit avec son frère. Ils arrivèrent à la maison, elle lâcha l'oiseau dans le jardin. La vieille arriva. Quand elle fut dans le jardin, elle s'écria : « Que Dieu soit béni : tu possèdes des jets d'eau de fleurs d'oranger et de rose, l'eau qui youyoute, la grenade qui rit, le roseau qui danse, l'oiseau Gabouri, mais il manque le Roi se réjouissant dans ce jardin. »

Alors la jeune fille se mit à pleurer et dit à son frère : « La vieille est venue et voici ce qu'elle m'a dit. – Et c'est tout, ô ma sœur ? Je vais te chercher le Roi. Ne pleure pas, mais prépare la maison pour le recevoir. »

Il partit au palais du Roi et se fit annoncer, et lui dit : « O Roi, je suis orphelin et j'ai une sœur, et, en mourant, mon père m'a dit : « Garde-toi de la contrarier. Fais, au contraire, tout ce qu'elle te demande. » Or, elle désire que tu viennes te réjouir dans notre jardin. » Le Roi répondit : « Mais certainement, mon enfant. J'y vais tout de suite. » Le Roi arriva chez les jeunes gens et s'émerveilla de leur jardin. Quand tout à coup l'oiseau Gabouri s'écria : « Le grand Roi m'a envoyé raconter une histoire au petit Roi », et il ajouta : « Ces enfants sont tes enfants, ô Roi », et il raconta toute l'histoire de quatre jeunes filles dans le jardin, leur jalousie et comment, de complicité avec la sage-femme, elles avaient remplacé les enfants mis au monde par la plus belle par des petits chiens et comment le pêcheur avait pêché le coffre dans le filet, et il ajouta : « Appelle ta fille et regarde sa chevelure. » Enfin le Roi comprit le langage de l'oiseau et appela la jeune fille. Il vit qu'elle avait des cheveux d'or et que le jeune homme avait des cheveux d'argent. Et l'oiseau Gabouri répétait : « Voilà tes enfants, voilà tes enfants, ô Roi. – Mais, où est leur mère ? dit le Roi. – Elle est dans ta maison, dit l'oiseau. » Alors le Roi envoya aux écuries des mules chercher la mère des enfants et lui dit en les lui montrant : « Que veux-tu faire à celles qui t'ont fait tant de mal ? – Je vais les tuer. De la première tu feras une échelle pour la cuisine, de la deuxième, un tapis pour mon lit, et de la troisième, un siège pour ma chambre. »

On les fit tuer et le Sultan vécut heureux avec sa femme et ses enfants.

(Raconté par la Chérifa Lalla Ourqiya.)

VIII

HISTOIRE DES CENT TÊTES COUPÉES
ET UNE TÊTE ET DE LA FILLE DU SULTAN

Il y avait une fois un Sultan qui avait une fille unique qu'il aimait plus que tout au monde et dont il passait tous les caprices.

Un jour, la jeune fille vint trouver son père et lui dit : « Je m'ennuie dans ton palais, au milieu de tes femmes et de tes esclaves. Je voudrais aller à cheval, me promener dans ton royaume et, comme je m'ennuierai seule, je te demande quarante compagnes, toutes vierges comme moi et sachant monter à cheval. »

Et le Sultan, qui ne trouvait jamais ridicules les demandes de sa fille, fit crier, dans toutes les qebîla, que chaque qebîla ait à lui fournir une vierge montée sur un cheval, harnaché superbement. Et, en peu de temps, les quarante jeunes filles furent amenées au Dâr el-Makhzen par les vieux de chaque qebîla. Ceux-ci osèrent à peine demander au Sultan pourquoi il voulait ces quarante vierges tant ils avaient l'habitude d'obéir au moindre de ses désirs.

Le Sultan fit alors appeler sa fille et lui dit : « Tes quarante compagnes, les voici. » Et la jeune fille, sautant sur son cheval, partit au galop en tête des quarante jeunes filles vierges qui montèrent toutes à cheval et la suivirent.

Et, pendant des jours et des jours, les jeunes filles se promenèrent, galopèrent dans les grandes plaines, traversèrent les rivières, les forêts et, quand la fille du Sultan se fut assez divertie, elles revinrent toutes au palais du Sultan.

Alors les vieux des qebîla vinrent humblement trouver le Sultan, se faisant précéder par de riches cadeaux et par des taureaux, qu'ils égorgèrent devant son palais, et lui exposèrent qu'ils ne pouvaient laisser les quarante vierges courir les champs avec sa fille, car leur virginité courait aussi un grand danger. Et le Sultan, tirant sa barbe, leur répondit qu'il leur rendrait leurs filles.

Alors il appela sa fille à lui et lui dit : « Voilà ce qui vient d'arriver. J'ai renvoyé les quarante vierges et, toi, je vais te marier. » Mais la jeune fille, qui ne voulait pas encore se marier, dit à son père : « Je n'épouserai que celui qui me vaincra à la lutte. » Le père, comme il le faisait toujours, céda à ses exigences et fit publier dans tous ses états qu'il donnerait sa fille en mariage au jeune homme qui la vaincrait à la lutte, et que ce jeune homme serait son héritier pour le trône.

Et dans toutes les qebîlas les jeunes gens courageux, en entendant ce que criait le dellal, pensèrent : « Je serai le mari de la fille du Sultan et j'hériterai du trône. »

Le premier qui se présenta sur la grande plaine, monté sur un coursier de guerre, le sabre à la main, fit crier qu'il venait pour conquérir la fille du Sultan, et celle-ci, aussitôt, s'avança sur son cheval et la lutte commença. Mais la jeune fille était la plus vaillante. Elle renversa le cavalier et, de son sabre, lui coupa la tête. Cette tête fut pendue à la porte du palais, mais cela ne découragea pas les autres qui vinrent, en grand nombre, pour ce combat singulier.

Mais la victoire resta toujours à la courageuse jeune fille et bientôt il y eut cent têtes coupées pendues au-dessus de la porte du palais. Et ces cent têtes disaient la valeur de la jeune vierge.

Le soir du centième combat, un berger teigneux et difforme rentra au douâr tout triste et la figure toute bouleversée. Et sa mère, le voyant ainsi, lui demanda : « Pourquoi ce visage à l'envers ? » Et le berger raconta l'histoire de la centième tête.

Alors sa mère lui dit : « Ce sont des histoires de grands, que nous importe, à nous, les pauvres et les petits ? »

Mais le berger, qui s'était mis aussi en tête de devenir le gendre du Sultan, le déclara à sa mère. Celle-ci en fut bien surprise, d'autant plus que son fils était tout tordu de corps et avait une teigne qui lui rongeait jusqu'aux oreilles.

Cependant, elle le vit prendre une vieille jument dans la zrîba, plier son burnous en quatre et le poser sur son dos, en fait de selle, et partir à la conquête de la fille du Sultan. Elle le suivit de loin, arriva sur la place où se disputaient les combats, et elle vit, de ses yeux, son malheureux fils, teigneux et tordu, se battre avec la courageuse vierge, sa tête tomber comme celle des cent beaux jeunes hommes tués avant lui ; et ce fut la cent et unième tête.

Alors elle s'avança, en poussant des youyous, vers la fille du Sultan et lui dit : « Assez des cent têtes coupées devant ta porte ; laisse-moi mon fils et sa tête avec, afin que je puisse faire ses funérailles. » La fille y consentit et la vieille emporta la dépouille de son fils sur son dos et la tête roulée dans son 'izar (voile).

Elle parcourut, avec son fardeau, toutes les qebîla, demandant partout un homme courageux pour vaincre cette cruelle fille qui tuait tous ses amants. Mais partout on lui répondait : « Le plus brave est déjà parti pour lutter avec elle et a subi le sort commun. »

Enfin, un vieillard lui dit : « Va à telle source avec ton fardeau ; un brave entre les braves va tous les jours y abreuver son cheval qu'il aime plus que tout au monde. Trouble l'eau de la source et demande lui l' 'ar. » Ce que fit la vieille. Lorsqu'elle eut troublé l'eau, arriva un bel adolescent, beau comme la lune, qui descendit de cheval et amena boire son cheval à la source.

Le cheval refusa de boire l'eau troublée, et le jeune homme, apercevant la vieille, lui cria : « Vieille pourrie, pourquoi as-tu troublé l'eau de la source ? » Mais la vieille, se jetant à ses pieds, lui demanda l' 'ar et déposa devant lui la tête de son enfant. Alors le jeune homme lui dit : « Parle, ô vieille ; que veux-tu ? » Et la vieille raconta toute l'histoire. Le bel adolescent sauta sur son cheval, raconta tout à son père et lui annonça qu'il partait à son tour provoquer la fille du Sultan en combat singulier pour venger ces cent et un qu'elle avait tués et dont les têtes salées étaient pendues à la porte du palais de son père.

Le vieillard ne s'y opposa pas, mais il monta lui-même sur un fringant coursier, se voila le visage et, voulant éprouver la valeur de son fils, le devança à l'endroit où se livraient les combats et se présenta devant lui comme s'il était la fille du Sultan. Et le combat eut lieu, terrible, et le jeune homme en sortit vainqueur et, au moment où il allait trancher la tête de la vaincue, le vieillard découvrit son visage et lui fit tomber le sabre des mains. « J'ai voulu éprouver ta vaillance, ô mon fils ; maintenant, je suis sûr de toi : provoque donc la fille du Sultan. » Et il se retira.

A ce moment, la belle et fière vierge arrivait, le sabre à la main, au grand galop de son cheval, toute heureuse d'avoir à combattre un nouveau jeune homme. Mais leurs regards se croisèrent et elle fut vaincue dans ce regard. Elle se jeta à terre devant son seigneur et lui dit : « Je me rends, tu es mon maître et tu es mon époux. » Et tous deux, ils se dirent leur amour. La jeune fille revint auprès de son père et lui dit : « Je suis vaincue par tel adolescent plus beau que les cent et un et plus brave qu'eux tous. Je le veux pour mari. » Comme le jeune homme venait chercher le prix de sa victoire, le Sultan ne le reçut pas, remettant son audience au lendemain.

Il ne voulait pas marier sa fille, malgré ses promesses, et, comme il y avait justement une esclave en train de mourir, il espérait qu'elle mourrait le lendemain et qu'il pourrait, ainsi, faire croire que sa fille était morte.

Le bel adolescent ne tomba pas dans le piège. Il alla fouiller la tombe, le soir venu, et découvrit le subterfuge. Il ne se tint pas pour battu et se présenta à l'audience publique et demanda la fille du Sultan en mariage. Et comme le Sultan lui disait que sa fille était morte et enterrée, et que toute sa maison était en deuil, il lui prouva que sa fille vivait et que, seule, une esclave était morte. Le Sultan fut donc obligé de consentir au mariage de ces deux vaillants et les fêtes furent les plus belles et les plus somptueuses qu'on puisse voir.

Et la jeune vierge au cœur vaillant eut ainsi le mari qui l'avait vaincue.

(Raconté par JEMA 'A, ancienne esclave du Makhzen.)

IX

LE FILS DU ROI ET LA GRENOUILLE

Il y avait un roi qui avait sept fils. Le plus jeune menait chaque jour son cheval à la rivière pour le faire boire. Une petite grenouille vint un jour empêcher le cheval de boire et le septième fils dit à la grenouille : « Au nom de Dieu et du Prophète de Dieu, je te prie de laisser mon cheval boire en paix. – Je t'empêcherai de faire boire ton cheval jusqu'à ce que tu aies fait le serment de me prendre en mariage, dit la grenouille. – C'est bien, je te fais le serment et je te prendrai en mariage. – Lorsque tu seras disposé à me prendre pour femme, viens au bord de la rivière et dis : « Nanahari, Nanahara, dis à ta fille que c'est le jour du mariage. »

Le jeune homme partit alors chez son père et trouva que celui-ci avait amené sept vierges pour ses sept fils. Alors il lui dit : « Je ne veux pas me marier. » Et le père accepta sa décision. Plus tard, quand il voulut prendre femme, il dit à son père : « Je vais chercher ma femme », et le père dit : « C'est bien, vas-y. »

Il alla à la rivière et dit : « Nanahari, Nanahara. Appelle ta fille ; c'est le jour du départ. »

La fiancée arriva, en sautant, sous la forme d'une grenouille, et il l'emmena chez lui.

Le lendemain, quand vint le Vizir, le Roi l'envoya aux nouvelles et, en revenant, le Vizir lui dit : « La femme du septième est une petite grenouille. – C'est bien ; va dire à chacune de mes brus de me tisser un ḥaïk pour me vêtir le jour de la prière. »

Le Vizir alla aussitôt transmettre l'ordre du Roi et le septième fils se mit à pleurer. En le voyant pleurer, la grenouille lui dit : « Que te manque-t-il ? Pourquoi pleurer ? – Je pleure à cause de toi. Si je ne t'avais pas vue, je ne pleurerais pas. Voilà mon père qui demande à ses sept brus de lui tisser un ḥaïk – Et c'est tout ? Va à l'endroit d'où tu m'as tirée. Appelle Nanahari, Nanahara et dis lui : « Ta fille te fait demander de lui envoyer son ḥaïk dans un ja 'ba (roseau creusé en forme de boîte longue, c'est-à-dire un ḥaïk d'une finesse extrême : c'est une expression locale ; pour dire qu'un tissu est très léger, on dit : *ksa' fï ja'ba*). » Les autres six frères portèrent d'abord, chacun à leur tour, le ḥaïk tissé par leur femme et l'offrirent au Roi.

Le Roi ouvrit tous les paquets et trouva que ces ḥaïks étaient grossièrement tissés. Quand le septième fils donna son ḥaïk dans le roseau, le Roi le trouva parfait. Il appela le Vizir et lui dit : « Qu'as-tu à dire ? – Je ne puis te dire qu'une chose, c'est que ta septième bru est une petite grenouille – Va dire à mes fils : « Votre père, le Roi, vous demande de lui apporter chacun un plat de couscous préparé par votre épouse. » Le Vizir alla transmettre l'ordre du Roi et le septième fils se mit à pleurer, et la grenouille lui dit comme la première fois : « Qu'as-tu à pleurer ? – Pour un plat de couscous et pas pour autre chose ? Va à la rivière, appelle Nanahari et demande-lui ce plat de couscous. » Les fils apportèrent, le soir, les sept plats de couscous et les portèrent devant le Roi ; il les goûta et trouva l'un pas cuit, l'autre mal roulé ; un fade, l'autre trop salé. Enfin, seul, le plat du septième fils était parfait en tout point. « Qu'as-tu à dire, ô Vizir ? – Rien, que grenouille, grenouille. – Va dire à mes fils que je suis très malade et que j'ai le désir de voir leurs femmes auprès de moi. »

Le Vizir partit et transmit l'ordre du Roi, et le septième fils se mit à pleurer. « C'est bien ! C'est bien ! Ne pleure pas. Viens seulement m'avertir quand tes belles-sœurs partiront pour aller chez ton père, dit la grenouille. » Au moment où elles partaient, son mari vint lui dire : « Elles s'en vont. – Va donc à l'endroit où tu m'as prise et appelle Nanahari, Nanahara, et dis-lui : « Ta fille te demande trois noix. » Le septième fils partit et rapporta les trois noix ; la petite grenouille demanda un seau d'eau, la chauffa, se retourna sa peau de grenouille, la posa et se lava avec l'eau. Son mari entra, la vit sous la forme humaine, il aperçut la peau, déposée à terre, s'en empara et voulut la jeter dans le feu.

Alors elle s'écria : « Donne-m'en au moins un petit morceau et après brûle le reste, si tu veux » ; ce qu'il fit aussitôt.

Elle ouvrit la première noix et y trouva de beaux vêtements pour s'habiller ; elle ouvrit la seconde et y trouva ses pantoufles, ses bijoux, sa ceinture et ses mouchoirs de tête. Et elle ouvrit la troisième et y trouva une poule d'or et des poussins d'argent.

Elle se vêtit, se para, appela son mari et lui dit : « Si elles sont parties, partons aussi. » Ils arrivèrent au palais de leur père. On la fit entrer avec ses belles-sœurs. Dans le harem, on les accueillit avec joie ; on leur offrit un repas. La petite épouse grenouille goûtait aux plats et mettait une bouchée dans sa bouche et une dans sa poitrine. La voyant faire, les autres firent de même.

Mais ce qu'elle mettait dans sa poitrine, la poule d'or et les poussins d'argent le mangeaient aussitôt ; tandis que les autres se salissaient simplement leurs vêtements. Quand elles eurent fini de déjeuner, on les présenta au Roi.

Les femmes des frères aînés furent présentées les premières. Enfin vint le tour de la plus jeune. Lorsque les premières s'inclinèrent devant le Roi, la nourriture qu'elles avaient mise dans leur poitrine tomba devant lui. Et quand la plus jeune s'inclina pour l'embrasser, elle déposa devant lui la poule d'or et ses poussins d'argent.

Quand le Roi vit sa beauté, il pensa : « Je n'ai aucune femme qui soit comparable à elle, moi qui suis le Roi de ce royaume. La plus belle femme était donc réservée à mon fils ? » Et il renvoya les femmes. Il appela le Vizir et lui dit : « Tu m'as menti en me disant qu'il avait une grenouille pour femme. Tu m'as menti. Va dire au crieur public : « Apportez au Roi chacun une botte de roseaux et une botte de feuilles de palmier pour faire un bûcher ».

Il voulait faire jeter son plus jeune fils dans le feu et s'emparer de sa jeune femme. On prépara donc le bûcher, on l'enflamma, puis le Roi appela son fils et lui dit : « Si tu es mon fils, va te jeter toi-même dans ce feu allumé. – Bien, mon père ; laisse-moi aller faire mes adieux chez moi et je reviens. – Vas-y. »

Il partit chez sa femme pleurer. Elle lui dit : « Qu'as-tu ? Pourquoi ces larmes ? – Depuis que je t'ai vue, dit-il, je n'ai plus connu le bonheur. Mon père veut que je monte sur le bûcher à cause de toi. – Va à l'endroit d'où tu m'as amenée. Appelle Nanahari, Nanahara, jusqu'à ce qu'elle te dise : « Qu'y a-t-il ? » Dis-lui de donner un remède dans le roseau. Quand tu l'auras, monte sur ton cheval et fais-le galoper jusqu'à ce que tu sues. Alors, jette le roseau dans le feu et jette toi ensuite dans le bûcher. »

Il galopa, galopa, sua, jeta le roseau dans le feu et s'y jeta ensuite. Le Vizir avertit le Roi que son fils était tombé dans le feu. Le père s'écria : « Que Dieu ne rende jamais ce mécréant ! » et il ajouta : « Jette encore du feu dessus ! »

Le lendemain, il dit au Vizir : « Monte sur le bûcher et vois ce qui reste de ce mécréant. » Quand le Vizir examina le bûcher, il y trouva un lit de soierie sur lequel était assis le fils du Roi, tout vêtu de soie et d'or, et qui prenait le thé.

Il alla vers le Roi et lui dit : « Il faut que tu viennes voir le bien-être dans lequel se trouve ton fils. »

Le Roi monta sur le bûcher et fit transporter le fils et ses matelas de soie dans son appartement, et il pensait : « Je veux faire faire un bûcher pour moi et y trouver la même félicité. »

Il fit appeler le crieur public et fit crier : « Que celui qui a apporté une botte en porte deux et construisez un nouveau bûcher, plus grand que le premier ; mettez-y le feu et appelez-moi ! »

Quand on l'appela, il monta sur son cheval comme avait fait son fils, il se mit à galoper et, quand il sua abondamment, il se jeta dans le feu. Ses os firent *crac* ! Il appela son fils et lui dit : « Ajoute du bois pour que je brûle. » Et le fils répondit : « Ce qu'il y a te suffit, ô mon père. »

Le Roi périt dans le brasier et son septième fils prit le pouvoir et réunit toutes ses richesses.

Quant à la petite grenouille, elle resta sous sa forme humaine et, chaque fois qu'elle avait besoin de sa mère, elle faisait brûler une parcelle minuscule de la peau de grenouille, et sa mère venait la trouver à quelque endroit qu'elle fût.

(Raconté par Jema 'a, ancienne esclave
du Sultan Moulay-Ḥasan.)

X

HISTOIRE DE LA JEUNE FILLE À LA TÊTE ET À LA PEAU D'ÂNE

Il y avait une femme qui était mariée et n'avait jamais eu d'enfant. Un jour, son mari lui dit : « Puisque tu es stérile, je vais songer à épouser une autre femme qui me donnera des enfants. »

L'épouse implora son mari d'attendre encore quelques temps. Puis, à l'heure de la prière de midi, elle monta sur sa terrasse implorer Dieu de lui envoyer un enfant et elle ajouta à sa prière : « Même s'il avait une tête et une peau d'âne, je t'en remercierais, ô mon Dieu. »

Puis elle vaqua à ses occupations comme de coutume. Quelque temps après, elle se rendit compte qu'elle allait être mère ; affolée, en songeant au vœu insensé qu'elle avait formulé, elle fit venir une sage-femme et lui dit : « Je suis grosse et j'ai fait un vœu de démente, et, quoi que je mette au monde, je te demande ta discrétion. » La sage-femme promit d'être discrète et, le moment venu, lui donna ses soins. La malheureuse femme mit au monde une fille qui avait la peau et la tête d'une ânesse. Cette enfant fut élevée en grand secret et jamais personne ne la vit et ne se douta de son existence. Un jour, alors qu'elle avait l'âge d'une jeune fille, sa mère tomba gravement malade. Elle la seconda avec intelligence et la remplaça dans tous les soins du ménage. Elle prépara même le linge à laver, qu'elle plaça dans une corbeille, chargea la corbeille sur le dos d'un âne et partit au bain pour faire sa lessive. Elle était à peine hors de chez elle qu'elle croisa le plus jeune fils du Roi qui se promenait dans le quartier. Celui-ci éclata de rire et s'écria : « C'est la première fois que je vois un âne conduit par une ânesse. » Puis il la suivit, tout en se moquant d'elle, jusqu'à la porte du bain.

La jeune fille, avant d'entrer, retira le ḥaïk qui la recouvrait, et avec le ḥaïk s'enlevèrent la peau et la tête d'âne, qui se retournèrent comme un gant, et la jeune fille apparut au fils du Roi dans toute la splendeur de sa beauté. Le jeune homme, ébloui, lui dit : « Ta beauté est grande, ô jeune fille, et moi je n'étais qu'un ignorant. Pardonne mes moqueries. » Et il l'attendit à la porte du bain, la suivit ensuite jusqu'à sa demeure dont il fixa bien l'emplacement dans sa mémoire, et rentra, tout songeur, au palais du Roi.

Il fit venir sa nourrice et lui dit : « Je voudrais me marier, informes-en mon père, le Roi. » Lorsque la nourrice eut averti le Roi, celui-ci ne voulut pas donner son autorisation avant d'avoir consulté les qâḍi. Il les réunit et leur posa cette question : « Le second peut-il précéder le premier ? » Le plus âgé des qâḍi répondit : « Dans quelle affaire ? » Le Sultan ajouta : « C'est mon fils, le plus jeune, qui veut se marier, alors que l'aîné n'a pas encore pris femme. – Le mariage est licite. Tu peux l'autoriser. » Telle fut la sentence des qâḍi.

Le Sultan remit à l'ʿârifa une somme de trois cent douros pour les premiers cadeaux et l'envoya visiter la jeune fille que recherchait son fils. Celui-ci l'accompagna jusqu'à la porte de la demeure de la Belle et lui dit : « Même si on te dit que la jeune fille est une chatte ou une ânesse, tu la demanderas en mariage. »

L'ʿârifa frappa le marteau de la porte et la mère vint ouvrir. En voyant l'ʿârifa du Roi chez elle, elle se mit à trembler, mais celle-ci la rassura : « Je suis l'hôte de Dieu, dit-elle ; et je suis envoyée auprès de toi par Monseigneur le Roi pour demander ta fille en mariage pour son plus jeune fils. – Je n'ai pas de fille, répondit la mère. Je suis une pauvre femme et je n'ai qu'une ânesse. – Nous la prenons pour épouse de notre maître, dit l'esclave. »

Alors le mariage se fit rapidement.

Le soir du septième jour, on amena la jeune fille, qui avait remis sa peau d'âne et sa tête d'âne, au palais du Roi. Le Roi envoya une vieille esclave aux renseignements et celle-ci, épouvantée, s'enfuit en criant : « La jeune Reine a une peau d'âne et une tête d'âne. »

Le Roi fit alors cesser les réjouissances, taire les musiciens et les chikhat[1], renvoya tous les invités. Et il s'enferma dans sa chambre où il laissa éclater tout son désespoir. Mais le jeune fils du Roi se moquait de tout cela et répondait à tous ceux qui le plaignaient de son malheur : « Je sais ce que j'ai pris. » Il pénétra dans la chambre de la nouvelle épousée et, brandissant son sabre, il lui dit : « Retire ta peau d'âne ou je te tue. » La jeune fille lui répondit : « J'y mets une condition, c'est que tu ne la brûleras pas, car, si tu la brûlais, je mourrais aussitôt. » Puis elle retira sa peau d'âne en la retournant à l'envers et apparut éblouissante, et sa beauté était telle que les mots ne sont pas assez beaux pour la dépeindre. Elle avait des yeux de gazelle, une bouche petite et rouge comme une grenade en fleur, une chevelure merveilleuse qui la recouvrait toute, et le soleil était moins resplendissant qu'elle. Et son mari en était très amoureux. Le matin, les esclaves des cuisines se rendirent dans la chambre des jeunes époux pour voir ce qui s'était passé dans cette nuit de chagrin et de deuil ; mais elles restèrent sur place, clouées par l'étonnement et l'admiration en voyant cette merveilleuse jeune fille qui leur souriait. Ne les voyant pas revenir, la plus vieille des esclaves, qui était restée à la cuisine, se mit à leur recherche pour les gourmander. Mais, lorsqu'elle rentra, à son tour, dans la chambre des jeunes époux, elle fut si surprise et si émerveillée qu'elle poussa sept

---

1. Musiciennes

youyous qui retentirent dans tout le palais ; puis, pour avoir la force de s'arracher à la contemplation de la beauté et pour ne pas rester clouée sur place par l'admiration, comme les autres esclaves, elle ferma les yeux et courut chez le Roi. Elle se fit annoncer et lui demanda une audience immédiate. Comme elle l'avait nourri de son lait, quand elle était une toute jeune fille, le Roi la reçut aussitôt. Cependant, sa colère était terrible et il lui dit : « Pourquoi viens-tu me troubler dans mon chagrin et pourquoi ces sept youyous joyeux quand le malheur est descendu dans ma maison avec cette fille à peau d'âne et à tête d'âne ? »

La nourrice répondit : « O mon seigneur, moi, ta vieille nourrice, j'ai poussé les sept youyous joyeux parce que ta bru, que je croyais un monstre à peau d'âne, est une merveilleuse jeune fille, qu'elle est la plus belle de toutes les femmes réunies dans ton palais, et je suis venue t'annoncer cette bonne nouvelle. – Si tu ne me mens pas, dit le Roi, je te libèrerai sur l'heure et te donnerai sept esclaves, je le jure. – Et moi je jure que je te porterai sur mes épaules, comme lorsque tu étais petit, et que je te déposerai à ses pieds, mais je veux que tu fermes les yeux en franchissant le seuil de sa chambre. »

Et elle chargea le Sultan sur son dos et le porta les yeux fermés devant la belle mariée. Lorsqu'il ouvrit les yeux, le Sultan fut ébloui, car il n'avait jamais vu une semblable beauté. Il fit aussitôt chercher l'esclave qui, la veille, était venue lui dire que sa bru avait une peau d'âne et lui fit couper la langue.

Il combla son fils et sa belle-fille de cadeaux et fit recommencer les fêtes, non sans avoir libéré sa vieille nourrice. Et toutes les femmes du palais devinrent jaunes de jalousie.

La jalousie naquit aussi dans le cœur du fils aîné du Roi.

Puisqu'il faut épouser une ânesse pour jouir des faveurs du Roi mon père, je veux aussi épouser une ânesse, se dit-il. Il fit annoncer son mariage, fit faire les préparatifs et, d'accord avec sa vieille esclave, il se procura une jeune ânesse qu'on amena dans sa chambre et qu'on déposa sur le lit nuptial, après l'avoir baignée, lavée, et lui avoir appliqué le henné. Mais elle fit des ordures sur le lit et, en voulant lui arracher la peau d'âne, le fils du Roi la tua. On la jeta par-dessus un mur du palais et on la remplaça par une esclave qui figura la mariée.

Le Roi, le matin, fit appeler son ʿârifa et lui dit : « Comment est ma nouvelle bru ? » Mais se souvenant qu'on avait coupé la langue de l'esclave qui avait apporté les premières nouvelles, lors du mariage du fils cadet, celle-ci lui répondit : « Donne-moi d'abord la sécurité. – Je te donne soixante-six sécurités, dit le Roi ; maintenant, parle. – Eh bien, ta belle-fille est l'esclave une telle. Elle remplace l'ânesse que ton fils a achetée et introduite, hier, en grande pompe ; je jure que je t'ai dit la vérité. »

Alors le Roi, indigné, déshérita ce fils ; il abdiqua en faveur de son fils cadet, lui donna toutes ses richesses et vécut heureux auprès de la plus Belle parmi les Belles.

(Raconté par Lalla GHÂLIYA er-RAḤMANIYA)
(Raconté par JEMA ʿA, ancienne esclave
du Sultan MOULAY-ḤASAN.)

XI

LE FILS DU COMMERÇANT QUI DEVINT ROI

Il y avait un commerçant qui avait un fils unique. Un jour, il dit à sa femme : « Notre fils est grand ; je vais l'initier à mes affaires, car la mort et la vie sont dans ce monde. » Il prépara des marchandises et emmena son fils en voyage.

Après avoir beaucoup marché, ils arrivèrent dans une ville où ils rencontrèrent un ṭâleb (maître d'école) et ce ṭâleb causait avec les oiseaux et en comprenait le langage. Émerveillé, le fils dit à son père : « Je ne me sens pas de vocation pour être commerçant ; laisse-moi plutôt travailler avec ce ṭâleb. » Et le père le laissa avec le ṭâleb. A chacun de ses voyages, il s'arrêtait chez son fils. Un jour, il lui dit : « Il y a bien longtemps que tu n'as pas vu ta mère. Je vais t'emmener avec moi. » Le fils objecta que le ṭâleb, son maître, était mort, qu'il le remplaçait et se devait à ses élèves. Mais le père insista tellement qu'il finit par consentir à partir avec lui. En route, ils rencontrèrent deux oiseaux qui se disputaient et se piquaient du bec. Le jeune ṭâleb leur dit deux paroles et ils se séparèrent et s'envolèrent, chacun dans une direction différente. Alors, le père dit à son fils : « Je veux savoir ce que disaient ces deux oiseaux en se battant. – Ne m'oblige pas à te le dire, répondit le fils. » Le père se fâcha tellement que le fils lui dit : « Eh bien, ils m'annonçaient que je serais roi un jour et que toi tu deviendrais mendiant, et que tu serais amené à me demander l'aumône. – Bien, dit le père. »

Le soir venu, il fit respirer du benj[1] à son fils, endormi, et lui en mit un morceau dans chaque narine, l'enferma dans un coffre et alla jeter le coffre à la mer pour empêcher la prophétie de se réaliser. Puis il continua sa route et, en arrivant, il dit à sa femme : « Notre pauvre enfant est mort pendant le voyage et je l'ai enterré. »

La femme le crut, pleura jusqu'à ce qu'elle ne puisse plus pleurer et prit le deuil de son fils. Et voilà pour eux.

Dans un autre pays, il y avait un roi qui assistait, chaque jour, à un spectacle singulier : deux oiseaux se battaient furieusement dans les airs ; un troisième planait, un peu plus loin, et assistait au combat sans y prendre part, tandis que les gouttes de sang tombaient sur le sol. Il réunit ses Vizirs et leur dit après leur avoir montré la bataille des oiseaux : « Je vous donne l'ordre de m'expliquer ce spectacle. Si, dans huit jours, vous ne m'avez pas renseigné, mon bourreau fera voler vos têtes de dessus vos épaules. » Les Vizirs se retirèrent bien inquiets. Le septième jour, ils n'avaient rien trouvé. Ils étaient assis et se concertaient. Enfin, l'un d'eux dit : « Nous sommes à la veille de mourir ; pardonnons-nous mutuellement nos fautes et allons nous promener sur le rivage. » Ils allèrent sur le rivage et aperçurent un coffre que les vagues venaient de rejeter sur la plage. Ils s'en approchèrent, l'ouvrirent et y trouvèrent un jeune homme évanoui. Ils le portèrent chez eux, le soignèrent, retirèrent le benj qu'il avait dans les narines et il revint à la vie.

Alors ils lui dirent : « Qui es-tu ? D'où viens-tu ? Qui est ton père et qui est ta mère ? » Le jeune ṭâleb répondit : « Je n'ai ni père, ni mère, et ne sais d'où je viens. » Et il leur posa les mêmes questions. Alors les Vizirs lui racontèrent qu'ils n'avaient plus qu'un jour à vivre parce qu'ils n'avaient pas de réponse à donner au Roi au sujet de la bataille des oiseaux. « Rassurez-vous donc, leur dit-il ; je vous sauverai comme vous

---

1. Benj : narcotique

m'avez sauvé. Faites-moi seulement assister à cette bataille. » Il assista à la bataille qui eut lieu, comme chaque jour, en présence du Roi, puis il dit : « O Roi, ces deux oiseaux qui se battent sont deux frères qui aiment tous deux la même femme cet autre oiseau, qui est leur cousine, chacun à son tour la demande en mariage et elle répond : « Je prendrai celui qui vaincra l'autre à la lutte. » Et la bataille commence, le sang coule pendant qu'elle juge le combat pour savoir lequel est vainqueur. – Bien, dit le Roi. Ta réponse me satisfait et je te fais mon Vizir. »

Au bout de quelque temps, le Roi mourut après l'avoir désigné pour le remplacer. Un jour, un couple de vieillards qui mendiaient arriva dans la ville du Roi. Quelqu'un dit à ces vieillards : « Notre Roi est très bon ; tâchez d'être introduits auprès de lui et il vous aidera. » La femme prépara des gâteaux, que l'homme alla offrir au Roi. En voyant ces gâteaux, le Roi reconnut qu'ils avaient été faits par sa mère. Il couvrit sa figure du litâm et fit amener le vieillard devant lui ; après l'avoir questionné, il le fit accompagner avec sa femme dans un beau jardin et, toujours voilé du litâm, alla les rejoindre. Il leur dit : « Quelle chose vous amène dans mon royaume ? – C'est, dit l'homme, que j'ai perdu toute ma fortune, vendu peu à peu tous mes biens et qu'il m'a été trop pénible de vivre en mendiant là où j'avais été honoré comme un riche commerçant. – N'avez-vous pas de fils pour vous aider ? – Nous en avions un, mais il est mort en voyage. – Et si ce fils apparaissait devant vous, le reconnaîtriez-vous ? » Mais l'homme dit : « Les morts ressuscitent-ils donc ? »

Le Roi arracha le voile qui couvrait son visage et sa mère se jeta dans ses bras pendant que, pris de terreur, le père se mit à trembler.

Alors il lui dit : « La prophétie des oiseaux est réalisée et les voies de Dieu sont innombrables. »

(Raconté par JEMA 'A, ancienne esclave
du Sultan MOULAY-ḤASAN)

XII

LE PAUVRE ET LE CHIEN

Il y avait un boucher qui vendait de la viande au marché. Un pauvre homme vint lui en acheter. Pendant qu'on le servait, un chien se mit à aboyer devant la boutique et le boucher prit un gros os, le lui lança sur la tête et lui fit une grosse blessure d'où le sang s'échappa abondamment. Alors le pauvre prit son turban et pansa la tête du chien, puis l'homme et le chien partirent chacun de leur côté.

A quelques jours de là, le pauvre, vêtu de sa derbâla (manteau rapiécé), un bâton à la main, marchait devant lui, dans la solitude pour gagner un autre pays. Il rencontra un jeune homme qui lui dit : « Ami, où vas-tu ? Comment te portes-tu depuis notre dernière rencontre ? – Je ne te connais pas, dit l'homme. – Mais, moi, je te connais fort bien. Je suis le chien dont tu as pansé la tête quand le boucher m'a blessé en me jetant un os. Comme tu as été bon pour moi, je t'emmène dans mon palais. »

Il lui fit fermer les yeux, ouvrir les yeux, et le pauvre se trouva dans un palais où les richesses s'entassaient sur les richesses. Ils déjeunèrent ensemble et le pauvre voulut s'en aller. Mais le génie lui dit : « L'hospitalité du Prophète est de trois jours, je te garderai donc trois jours auprès de moi. »

Le troisième jour, la jenniya, mère du génie, lui dit : « Il faut que tu m'amènes ce pauvre pour que je le comble de richesses. » Le génie alla chercher le pauvre et, en chemin, lui conseilla de ne rien demander comme richesse, mais de demander seulement le chandelier dans lequel sa mère avait brûlé un cierge le jour de sa naissance. Elle le lui donna. C'était un chandelier à sept branches. Elle lui dit : « Va chez toi ; place ce chandelier dans ta chambre et mets dans chaque branche une chandelle que tu achèteras une mouzoûna (un centime environ) ; tu nettoieras ta chambre ; tu brûleras de l'encens et tu verras ce que tu verras. »

Le pauvre emporta le chandelier, y mit les sept chandelles, les alluma après avoir préparé sa chambre et vit apparaître sept jeunes filles portant chacune sur la tête une corbeille remplie d'or. Elles déposèrent les corbeilles, s'amusèrent, chantèrent et dansèrent toute la nuit et, le matin, disparurent en lui laissant les corbeilles remplies d'or.

Et chaque jour il en fut ainsi jusqu'à ce que les voisins s'inquiétèrent de la fortune du nouveau riche et allèrent raconter au Roi qu'il avait certainement dû voler le trésor de l'Etat. Le Roi envoya des gardes qui l'appréhendèrent et l'amenèrent en sa présence. Mais il se défendit et dit au Roi : « Je n'ai que ce que mon Destin m'a donné. Si tu veux, ce soir, je te le montrerai et tu t'en rendras compte. » Le soir, il emporta le chandelier chez le Roi, alluma les sept chandelles ; il en sortit sept jeunes filles avec des corbeilles d'or sur la tête et tout se passa comme d'habitude.

Le matin, le Roi lui dit : « C'est en effet ton Destin. Tu n'as rien volé. » Et il le laissa partir avec son chandelier.

(Raconté par JEMA 'A, ancienne esclave
du Sultan MOULAY-ḤASAN.)

XIII

HISTOIRE D'UNE FEMME ET
D'UNE CHATTE NOIRE

Il y avait une femme dont le mari voyageait. Cette femme avait adopté une jolie petite chatte noire qui lui tenait compagnie, qu'elle chérissait de tout son cœur et qui dormait dans ses bras. Mais cette petite chatte, le soir venu, lorsque sa maîtresse était endormie, se levait sans bruit, car c'était une jenniya. Elle ouvrait le coffret d' 'arâr où les vêtements de sa maîtresse étaient pliés avec soin, en sortait les beaux caftans, les belghas brodées d'or, le foulard richement tissé, la ceinture frangée de soie avec sa belle boucle d'or ciselé, faisait sa toilette, s'habillait comme une belle femme et s'en allait à pas menus et sans bruit.

Elle ne rentrait qu'un peu avant la prière du fejer que le Mou 'eddin crie pour annoncer le jour. Sa maîtresse dormait encore profondément. Elle se déshabillait alors rapidement, mettait tout en ordre, plaçait une pièce d'or près de la tête de la dormeuse et se pelotonnait contre elle en ronronnant comme une vraie belle petite chatte noire.

Le matin, quelle n'était pas la surprise de la dame en trouvant régulièrement la belle pièce d'or. Même, une curiosité sans égale s'empara d'elle si bien qu'un soir, feignant de s'endormir, elle surveilla le manège de sa chatte.

Elle la vit alors se parer et se farder magnifiquement, puis quitter la maison. Aussitôt elle courut à la cuisine prendre le haïk sale et les belghas de sa servante pour n'être pas remarquée et la suivit. Après avoir marché longtemps sur des chemins qu'elle n'avait jamais vus, avec mille précautions, elle arriva à une grande clairière tout illuminée où se donnait une grande fête. Elle fut éblouie de tant de beaux costumes, de tant de lumières, de tant de chants d'amour. Elle entendit de ses propres oreilles les autres femmes accueillir leur amie par ces mots : « Eh bien, Chîkha Zohra, tu es bien en retard, aujourd'hui ? » Et elle entendit Chîkha Zohra, toute gracieuse et toute menue, sautillant sur ses petits pieds de chatte, répondre que sa maîtresse avait été si longue à s'endormir qu'elle avait eu bien peur de ne pouvoir sortir. La pauvre femme tremblait de tous ses membres, car elle avait compris de suite qu'elle se trouvait près d'une fête de diables et de diablesses. Cependant, elle était si curieuse qu'elle resta de longues heures à écouter tous « ces gens » rire et chanter.

Elle fut même émerveillée lorsqu'elle vit Chîkha Zohra danser, légère et onduleuse, aux sons des ta'rîjas et des violons. Comme l'heure du fejr approchait, elle s'enfuit de toute la vitesse de ses jambes et elle était à peine couchée que Chîkha Zohra arrivait sur ses talons et que le Mou'eddin lançait dans les airs la modulation de sa prière. Les yeux presque fermés, étouffant les battements de son cœur de ses deux mains appuyées sur sa poitrine, elle admira la rapidité avec laquelle son amie Jenniya reprenait sa forme de chatte, enfermait les précieux vêtements et, se couchant près d'elle, se mettait à ronronner de plaisir.

Le matin, de très bonne heure, le mari, qui voyageait, arriva chez lui sans s'être annoncé. Il trouva sa femme endormie avec une petite chatte noire dans ses bras. Il vit aussi la pièce d'or à côté de l'oreiller de la belle endormie et cela lui fut fort désagréable, car il s'imagina qu'en son absence sa femme descendait dans la rue et que c'était là le prix de la trahison.

Pour faire passer sa colère, il se mit à tout casser dans la maison. La pauvre femme, ainsi brutalement réveillée, crut qu'en racontant la vérité à son mari, elle apaiserait son courroux. Mais elle n'eut pas le temps d'achever son récit. La chatte, en fureur, lui sauta à la figure, la griffa et l'aveugla en lui disant : « Curieuse et, qui plus est, bavarde ! Voilà ta punition. » Puis elle disparut comme par enchantement.

Le mari fut convaincu de l'innocence de sa femme, mais la jolie petite chatte noire ne revint plus et la source de richesse fut à jamais tarie. La Chîkha Zohra s'était cruellement vengée.

(Raconté par Lalla FAṬMA BENT MOḤAMMED, fille de Caïd.)

XIV

HISTOIRE DE MOITIÉ D'HOMME

(CELUI QUI SAIT CE QUI EST DANS SA TÊTE ET DANS LA TÊTE DES AUTRES[1])

Il y avait un homme qui avait trois sœurs. Un jour, il acheta un bélier et, en l'amenant à la maison, il leur dit : « J'ai acheté ce bélier pour qu'il vous tienne compagnie quand je m'absente. »

Le soir, l'aînée des jeunes filles alla à l'écurie porter de l'orge au bélier. Mais celui-ci frappa deux fois sa tête sur le sol et se changea en un 'afrît épouvantable. Il se saisit de la jeune fille et l'enleva. En ne la voyant plus revenir, le frère alla à l'écurie et, ne trouvant ni la jeune fille ni le bélier, il ne sut que penser.

A quelque temps de là, il acheta un oiseau, l'apporta à ses sœurs et leur dit : « Cet oiseau vous tiendra compagnie quand je m'absenterai. »

Mais le soir, quand la seconde jeune fille alla porter des graines à l'oiseau, il frappa sa tête deux fois contre le mur et se transforma en un immense 'afrît qui se saisit de la jeune fille et l'enleva.

Quand le frère s'en aperçut, il dit à sa jeune sœur : « Je ne te quitterai plus et ne voyagerai plus. »

Un soir, il apporta une corbeille de poissons et lui demanda de les préparer pour leur dîner.

Alors la jeune fille alla à la cuisine et commença à nettoyer le poisson.

---

1. ...Nous Nâs, ellî ia 'ref ellî fî ra'sou wa ellî fî ra's en-nâs.

Soudain, le plus gros des poissons de la corbeille frappa deux fois la tête sur le sol, se transforma en 'afrît et enleva la jeune fille.

Quand le frère s'aperçut que sa troisième sœur avait été enlevée comme les deux autres, il ferma sa maison et partit à leur recherche.

Après avoir traversé bien des déserts et des solitudes, il rencontra trois hommes qui se disputaient la possession d'une chéchia (bonnet de feutre), d'une paire de belghas (chaussures) et d'une canne. Il leur dit : « Mes frères, éloigné soit le Malin, pourquoi une telle dispute pour de pareils objets ? »

L'un deux répondit : « Nous sommes frères et ces objets forment l'héritage que nous a laissé notre père. Ces objets ont chacun une vertu merveilleuse : la chéchia rend invisible celui qui s'en coiffe ; les belghas retirent toute fatigue aux pieds qui en sont chaussés, même après une longue marche ; quant au bâton, il suffit de s'appuyer dessus et de lui ordonner de vous transporter où vous voulez aller, pour qu'il vous transporte même au bout du monde. »

« Mes frères, dit alors le voyageur, je vais vous départager ; donnez-moi les objets : je vais aller sur cette montagne et vous les lancerai : celui qui attrapera un objet en sera possesseur. »

Les trois frères lui remirent les objets précieux. Il se rendit sur la montagne, mit aussitôt la coiffure magique sur sa tête et devint invisible ; il se chaussa des chaussures merveilleuses et, s'appuyant sur la canne, il s'écria : « O canne, transporte-moi chez ma jeune sœur, épouse du Roi des Poissons. »

Et il eut à peine formulé son vœu qu'il se trouva auprès d'un puits où une négresse puisait de l'eau dans un seau d'or. Il lui dit : « O esclave, donne-moi à boire », et, en buvant, il jeta une bague dans le seau.

L'esclave, après lui avoir donné à boire, alla porter le seau d'eau à sa maîtresse.

En route, elle voulut prendre la bague qui était au fond, mais elle ne put jamais arriver à l'arracher tellement elle adhérait au seau.

Quand elle arriva près de la femme du Roi des Poissons, elle lui dit : « O maîtresse, il y a dehors, près du puits, un jeune homme dont la beauté égale la tienne et qui te ressemble étrangement. Il a laissé tomber une bague dans le seau et je n'ai pu l'enlever. »

La jeune femme prit la bague, qu'elle retira du seau sans aucune difficulté. Alors, après l'avoir regardée, elle dit à l'esclave : « Ce jeune homme est mon frère, va le chercher. »

Après l'avoir embrassé et lui avoir donné à manger, elle lui dit : « Comment te cacher à mon mari, je crains qu'il ne te dévore quand il te verra. »

Alors elle le frappa d'une baguette d'or et le transforma en tapis, sur lequel elle s'assit.

Lorsque l'afrît Roi des Poissons arriva chez lui, il renifla et s'écria : « Je sens l'odeur des fils d'Adam ».

Mais la jeune femme lui dit : « Comment veux-tu qu'un adamite vienne ici ? Qui s'intéresse à moi, sauf mon frère ?»

Alors l'afrît répondit : « Si ton frère venait te voir, je le porterais sur mes épaules (il serait sous ma protection) et je le réjouirais et le comblerais de biens. »

Alors elle frappa le tapis de sa baguette d'or et le frère apparut devant l'afrît qui l'accueillit avec beaucoup de joie.

Le jeune homme passa quelque temps chez sa sœur et un jour il lui dit : « Je pars voir ta sœur cadette. »

Il s'appuya sur sa canne et lui ordonna de le transporter chez le Roi des Oiseaux. Il ferma les yeux, ouvrit les yeux et se trouva près d'un puits où une esclave venait puiser de l'eau dans un seau d'or.

Il lui demanda à boire et jeta une bague dans le seau.

La négresse apporta le seau d'or à sa maîtresse et lui dit : « Il y a dehors, près du puits, un jeune homme dont la beauté égale ta beauté et qui te ressemble étrangement, ô maîtresse. »

En trouvant la bague au fond du seau, la jeune femme s'écria : « C'est mon frère, fais-le entrer. »

Et il advint chez elle ce qui était advenu chez l'afrît Roi des Poissons.

CONTES & LÉGENDES DU MAROC

Le jeune homme passa quelques jours auprès de sa sœur et de l'afrît, puis un jour il leur dit : « Il me reste à voir notre sœur l'aînée. Je pars. »

Il se fit transporter par sa canne. Il ferma les yeux, ouvrit les yeux et se trouva auprès d'un puits presque démoli. Près du puits, il y avait une négresse vieille, ridée et vêtue de loques déchirées et sales, et elle puisait de l'eau dans un vieux pot de terre tout ébréché.

« Donne-moi à boire, ô négresse », lui dit-il, et, pendant qu'il buvait, il jeta sa bague au fond du pot.

La négresse, en arrivant, dit à sa maîtresse : « Il y a dehors un jeune homme d'une beauté surprenante et qui te ressemble étrangement. » En voyant la bague, la jeune femme s'écria : « C'est mon frère, va le chercher. »

Quand il arriva, il la trouva dans une maison en ruines, mal vêtue, mal nourrie. Elle lui raconta tous ses malheurs et lui dit : « Il faut que je te cache, car c'est l'heure où mon mari rentre et, s'il te trouvait, il te mangerait. »

Et, d'un coup de baguette en bois, elle le transforma en pierre.

L' 'afrît arriva. Il poussa un grognement terrible et dit : « Ça sent l'odeur du fils d'Adam, ici. » Et elle répondit : « Comment veux-tu que vienne un fils d'Adam dans ce désert où tu m'as condamnée à vivre ? Il n'y a que mon frère qui s'intéresse à moi et qui pourrait se mettre à ma recherche. Mais où est mon frère ? »

« Que ton frère ne vienne jamais ici, dit l'afrît, car je ferai de son sang une gorgée et de sa chair une bouchée, et de ses os je me curerai les dents. »

Alors on laissa la pierre rester pierre jusqu'au départ de l'afrît.

Quand la jeune femme donna un coup de baguette de bois sur la pierre et quand son frère fut devant ses yeux, elle le fit vivement quitter sa maison.

Il retourna chez sa plus jeune sœur, qui était mariée au Roi des Poissons, et lui raconta combien cet 'afrît bélier était méchant et cruel.

Alors l'afrît Roi des Poissons décida que le frère retournerait chez sa sœur aînée afin de savoir où l'afrît bélier avait caché son âme.

Il y retourna et dit à sa sœur pourquoi il était revenu, puis, de nouveau, elle le transforma en pierre.

Quand l'afrît bélier arriva, il cria : « Ça sent, ici, le fils d'Adam. » Mais elle ne lui répondit même pas. Le soir, elle le câlina et lui dit : « Je voudrais savoir où est cachée ton âme. »

Mais l'afrît ne voulut pas le lui dire et la brutalisa pour lui avoir posé cette question.

Enfin, en s'en allant, il lui dit : « Mon âme est en sûreté. Elle est dans un oeuf, l'œuf dans une perdrix et la perdrix au fond de la mer. »

Aussitôt que l'afrît fut parti, la jeune femme délivra son frère qui partit aussitôt porter la réponse au Roi des Poissons.

Celui-ci s'en fut aussitôt au fond de la mer chercher la perdrix dans le ventre de laquelle se trouvait l'œuf qui contenait l'âme du méchant 'afrît.

Il n'eut pas à la tuer, car elle venait de le pondre et s'était couchée dessus. Il se saisit de l'œuf et l'emporta. Il le remit à son beau-frère en lui recommandant de ne pas avoir peur du bélier et de lui briser l'œuf sur le front.

Le frère retourna donc chez sa sœur, mais cette fois il ne se cacha pas.

Quand l'afrît arriva, tout grognant et reniflant, il se montra à lui et lui dit : « Je n'ai plus peur de toi, car ton âme est dans un œuf et voici cet œuf. »

Alors l'afrît se mit à trembler et lui dit : « Rends-moi cet œuf et je ne te ferai jamais de mal. Je donnerai à ta sœur un palais et de la vaisselle d'or, comme en ont ses autres sœurs. »

Il n'en dit pas plus long, car le frère lui lança l'œuf sur la tête ; l'œuf se brisa et en même temps l'afrît expira.

Alors le jeune homme emmena sa sœur avec lui et tous deux allèrent vivre chez l'afrît Roi des Poissons.

Or, la femme de l'ʿafrît était enceinte et accoucha d'un fils tout petit. Le septième jour, quand on voulut lui donner un nom, il s'écria : « Ne me nommez pas. J'ai porté mon nom avec moi : je m'appelle Nouṣ Nâs (Moitié d'Homme), celui qui sait ce qui est dans sa tête et dans la tête des autres. »

Cette femme de l'ʿafrît était devenue très jalouse de son frère parce que l'ʿafrît Roi des Poissons lui témoignait une grande amitié. Un jour, elle dit à son mari : « J'en ai assez de cette amitié, je veux que tu le tues. » Mais l'ʿafrît lui dit : « C'est mon ami, je n'en aurai pas le courage. » Alors elle lui dit : « Je vais te changer en serpent, tu te cacheras dans le tapis et j'enverrai mon frère battre le tapis, tu le piqueras et il mourra sans savoir que c'est toi qui l'as tué. »

Mais Moitié d'Homme devina le projet criminel. Il prit le tapis, le roula de telle façon que le serpent n'en put sortir et le chargea sur ses épaules.

Sa mère lui dit : « Moitié d'Homme, né à peine depuis huit jours, laisse ce tapis, mon frère va le porter. » Mais Moitié d'Homme ne voulut rien savoir ; il emporta le tapis, le battit tant qu'il put, puis il l'ouvrit et trouva dedans un serpent mort qu'il porta à sa mère.

Celle-ci poussa des cris affreux et s'écria : « Malheureux, tu as tué ton père. Maintenant, je ne pourrai plus vivre entre mon frère et toi, tous deux cause de mon malheur. »

Elle leur prépara des plats empoisonnés, mais Moitié d'Homme déjoua encore son projet criminel et ce fut elle-même qui mangea le poison et mourut.

Alors Moitié d'Homme alla trouver le frère de sa mère et lui dit : « J'ai tué mon père et ma mère par amour pour toi et pour te défendre ; si tu veux, tu seras mon frère et je te protègerai. Nous allons quitter ces lieux détestés. Tu prendras telle route, qui est la route du gain, et moi je prendrai l'autre, qui est celle de la déveine. Tu rencontreras un albinos et, même s'il t'implore, ne t'associe pas avec lui. » Et ils partirent.

Le frère d'adoption de Moitié d'Homme rencontra un albinos qui lui proposa de s'associer avec lui, mettant comme simple condition dans le contrat : que celui qui se fâcherait aurait la peau du visage arrachée et retournée à l'envers.

Il refusa d'abord, mais l'albinos insista tellement qu'il finit par accepter.

L'albinos donna comme tâche à son associé de remplir une jarre. Cette jarre était percée et communiquait avec le puits, et l'associé eut beau tirer de l'eau toute la journée, il n'en resta pas une goutte au fond de la jarre.

Le soir, il se plaignit de sa fatigue. « Te fâches-tu ? demanda l'albinos. – Non, je ne me fâche pas », dit l'associé.

Le lendemain, il lui dit : « Voilà une chienne qui court ; tu vas faire la course avec elle, si elle gagne elle aura ton dîner. »

La chienne gagna la course et l'associé n'eut pas à dîner.

« Tu te fâches ? dit encore l'albinos. – Je ne me fâche pas », répondit l'associé.

Alors Moitié d'Homme vint au secours de son frère.

Quand il fut devant l'albinos, celui-ci lui dit : « Associons-nous. Je ne mets qu'une condition au contrat, c'est que celui de nous deux qui se fâchera aura la peau du visage arrachée et retournée à l'envers. »

Moitié d'Homme accepta.

L'albinos lui donna comme premier travail de remplir la cruche sans fond, mais Moitié d'Homme attrapa une pierre et la brisa.

L'albinos, furieux, s'écria : « Pourquoi as-tu brisé la jarre ? – Tu te fâches ? dit Moitié d'Homme. – Non, je ne me fâche pas », dit l'albinos.

Le lendemain, il fit faire à Moitié d'Homme, la course avec la chienne.

Mais Moitié d'Homme perdit exprès la course, ne voulant pas rendre la chienne responsable et faire du mal à un être irresponsable.

Il n'eut pas à dîner. Alors l'albinos vint se moquer de lui et lui dit : « Tu ne te fâches pas ? – Non, je ne me fâche pas », dit Moitié d'Homme.

Le jour suivant, l'albinos lui dit d'arroser le jardin.

Moitié d'Homme alla au jardin, coupa tous les arbres et inonda le jardin.

L'albinos, furieux, lui dit : « Tu as coupé tous les arbres et inondé le champ. – Tu te fâches ? demanda aussitôt Moitié d'Homme. – Non, je ne me fâche pas », dit l'albinos.

Ensuite, il donna à Moitié d'Homme l'ordre d'aller garder ses moutons.

Moitié d'Homme les vendit, donna l'argent à son frère, rapporta les queues à l'albinos, lui disant que les Ghoûl et les Lions avaient mangé ses moutons. « Quoi, les Ghoûl et les Lions ? dit l'albinos. – Quoi, tu te fâches ? dit Moitié d'Homme. – Non, je ne me fâche pas. »

Alors l'albinos pensa : « Il faut me défaire de cet associé. Je vais l'envoyer aux Ghoûl, qui le mangeront et m'en débarrasseront. »

Il l'appela et lui dit : « J'ai sept filles, va me chercher des oiseaux pour les amuser. »

Moitié d'Homme, qui avait deviné son dessein, prit deux sacs et n'alla pas dans la forêt des Ghoûl. Il ramassa des serpents, des vipères et des scorpions, en remplit ses sacs et les remit à l'albinos en lui disant : « Voilà les oiseaux, mais enferme tes enfants avec eux dans une chambre pour qu'ils ne s'envolent pas. »

Et les enfants furent dévorés par les serpents et les scorpions.

Le père se mit à crier : « Tu te fâches ? s'enquit Moitié d'Homme. – Non, je ne me fâche pas. »

Ensuite Moitié d'Homme fit culbuter le père de l'albinos qui se tua ; sa femme avorta de frayeur.

Alors l'albinos dit à Moitié d'Homme : « Je pars avec ma femme pour trois jours, garde bien la maison ». Et ils s'en allèrent pour ne plus revenir.

Les trois jours écoulés, Moitié d'Homme, qui avait deviné leur projet, les rejoignit.

Alors l'albinos s'écria : « Encore toi. Tu as cassé ma jarre, coupé mes arbres, inondé mon champ, vendu mes moutons, fait mourir mes enfants, tué mon père, fait avorter ma femme et tu me poursuis jusqu'ici ? – Tu te fâches ? dit Moitié d'Homme. – Eh bien oui, je me fâche », dit l'albinos.

Alors Moitié d'Homme lui arracha la peau du visage et la retourna à l'envers, puis il alla avec son frère prendre possession de sa maison et de ses biens et ils vécurent heureux.

(Raconté par Freḥa bent Ḥammou,
Mellâḥ de Marrakech.)

XV

HISTOIRE D'EL-GHALIYA BENT MANŞOUR

(SOUVERAINE DES SEPT MERS ET DES OISEAUX)

Lalla El-Ghaliya bent Manşour habitait au fond de la septième mer, et c'était un aigle des mers qui la portait sur son dos pour traverser les mers. Elle commandait à tous les oiseaux. Elle dormait un an et restait éveillée un an. Elle faisait son lit avec la moitié de sa chevelure et se couvrait de l'autre moitié pour dormir. Elle était vierge. Son palais avait sept portes. L'aigle en avait les clefs et gardait le palais.

Un jour, un fils d'Adam ayant appris toutes ces choses étonnantes devint follement amoureux de la souveraine des sept mers et des oiseaux et dit : « A celui qui me fera rencontrer cette merveille, je donnerai tout l'or et tout l'argent que je possède. »

Un oiseau, parmi les grands oiseaux, l'entendit et lui dit : « Va au bord de la mer avec ton cheval ; sacrifie-le à l'aigle des mers et tu verras ce que tu verras. » L'homme fit aussitôt ce qu'on lui avait conseillé et tous les oiseaux arrivèrent et se régalèrent du sang du cheval, puis ils s'écrièrent : « Pourquoi cette offrande ? – C'est, dit l'homme, parce que je désire que l'aigle des mers me transporte au palais d'El-Ghaliya bent Manşour. – Je t'y transporterai, dit l'aigle des mers. Mais il faut que tu me prépares sept repas de viande et sept tubes de roseau remplis du sang du cheval pour me nourrir pendant le voyage. »

L'homme prépara les provisions de route et monta sur les épaules de l'aigle. Il le nourrit pendant le voyage en le faisant manger et boire au-dessus de chaque mer et, après que l'aigle des mers eut bu le septième tube de sang et mangé le septième repas de viande, ils se trouvèrent devant la septième porte de la souveraine.

L'aigle ouvrit les sept portes et déposa l'homme dans un jardin merveilleux rempli de fleurs et de fruits et le conduisit à la chambre d'El-Ghaliya bent Manṣour. La reine dormait. Elle était couchée sur la moitié de sa chevelure et couverte par l'autre moitié.

Le fils d'Adam ne résista pas à l'amour qui l'embrasait et la rendit grosse ; puis il repartit comme il était venu, sur les ailes de l'aigle des mers.

Quand son sommeil d'une année fut terminé, la souveraine des sept mers et des oiseaux se réveilla et s'aperçut que son ventre s'était considérablement développé pendant son sommeil. Alors elle appela l'aigle des mers, gardien de ses sept portes, et l'interrogea, et celui-ci dut avouer sa faute et raconter ce qui s'était passé.

Alors comme elle régnait aussi sur les 'Afârît et les Jenn, elle frotta sa bague et les convoqua et, en un clin d'œil, son palais fut rempli par une armée à ses ordres.

Elle leur dit : « Voyez tous, moi qui vis retirée au fond de la septième mer, je suis devenue enceinte durant mon sommeil et je veux savoir qui est le coupable et me venger. » Aussitôt la ḥarka (l'armée) s'organisa ; l'aigle des mers, qui avait ouvert les portes, partit en avant pour diriger sa marche. Ils arrivèrent à une île et y trouvèrent de belles maisons et de beaux jardins, et l'aigle des mers dit : « C'est ici que l'homme est monté sur mes épaules. » Alors les Jenn et les 'Afârît soufflèrent sur l'île une tempête épouvantable qui déracina tous les arbres et fit tomber toutes les maisons. Et les habitants, épouvantés, criaient : « Pourquoi ? ô pourquoi cette chose ? » Mais l'armée d' 'Afârît et de Jenn continua de tout démolir, puis la Reine s'avança et dit : « Ceci est pour vous punir d'avoir violé ma retraite et de m'avoir fait ce ventre. » Alors le coupable s'avança ; il était plus beau que le soleil et s'écria : « O Reine, ne punis que moi car je suis seul l'auteur de ce crime. Je t'aimais et si je ne t'avais possédée dans ta couche au fond de la septième mer, je serais mort de douleur. Tue-moi donc, ô souveraine des sept mers et des oiseaux, des Jenn et des 'Afârît. »

Mais El-Ghaliya bent Manṣour était aussi jeune et belle ; elle ne resta pas insensible à la beauté de son amant et lui répondit : « Nous avons tous deux autre chose à faire que de nous entre-tuer ; viens soigner celle que tu as rendu mère. » Alors l'orage cessa de souffler ; l'armée des 'Afârît et des Jenn fit demi-tour, sous les ordres de sa Reine et de celui qu'elle venait ainsi de choisir pour époux.

(Raconté par ZAHRA, ancienne esclave
du Sultan MOULAY-ḤASAN)

XVI

LA REINE ET LE ROI, FILS D'AMELKANI

Il y avait un Roi qui avait une femme qu'il préférait à toutes les autres. Un jour, elle avait teint ses mains avec de la pâte de henné et elle en avait tant mis que ses mains devinrent toutes noires. Alors elle dit au Roi : « Le noir est préférable au blanc. – Tiens, dit le Roi, c'est une manière de me dire qu'elle préfère mon esclave. » Il tua l'esclave, le mit dans une caisse qu'il cacha sous son lit. Le soir, il prit la caisse, la hissa sur le dos de la femme, puis il prit une corde et lui en administra cinquante coups. Et, à chaque coup, il disait : « Qui préfères-tu ? » Et elle, songeant à Dieu, disait : « Celui qui est au-dessus de moi. » Alors, croyant qu'elle parlait encore de l'esclave, il redoublait la violence de ses coups.

Or, il y avait une femme qui n'avait jamais eu d'enfant. Elle supplia Dieu de lui donner un enfant, Dieu envoya un ange qui lui dit : « Tu auras un fils, mais tu ne lui laisseras jamais manger de raisin, car s'il en mangeait il mourrait aussitôt, son âme étant dans un grain de raisin. » L'enfant grandit, devint savant. Un jour, des lettrés vinrent dire à la mère : « Laisse ton fils venir avec nous s'égayer dans un jardin. – Jamais, dit la mère ; il y mangerait du raisin et mourrait, son âme étant dans un grain de raisin. » Enfin elle céda et le jeune homme partit avec ses amis. Quand ils furent au jardin, on leur porta un plateau chargé de toutes sortes de fruits et de raisin. Le jeune homme dit : « Je ne touche pas au raisin. Cela m'est défendu, car je mourrais si j'en mangeais, mon âme étant dans ce fruit. » Mais les autres se moquèrent de lui. Il mangea un raisin et mourut aussitôt. Alors les amis du mort prirent son turban, y firent trois nœuds, puis enveloppèrent le cadavre dans le turban et le rapportèrent à la mère. Celle-ci prit le turban, s'en fit une ceinture et enterra son fils. Ensuite elle partit à la recherche d'un être qui n'eut aucun souci et dont le cœur fut sans haine, pour lui faire dénouer les nœuds, ce qui était obligatoire.

Elle parcourut tout le pays sans rencontrer quelqu'un qui put dénouer les nœuds.

Enfin, elle vit une vieille femme qui lui dit : « Va chez notre Roi. Seule, sa femme préférée est dans le cas de dénouer les nœuds. » Elle alla donc chez le Roi de la ville et fut introduite auprès de la Reine. Elle dit à la Reine : « O Reine, voici mon histoire. J'étais stérile et j'ai tant prié Dieu qu'il m'a donné un fils, mais un ange m'est apparu et m'a dit : « Tu auras un fils, mais il ne faudra jamais lui laisser manger de raisin, car il mourrait aussitôt, son âme étant cachée dans un grain de raisin. » Or, j'ai eu l'imprudence de laisser mon fils aller dans un jardin ; il a mangé du raisin et il est mort. Ses amis ont fait trois nœuds à son turban et, seule, une femme heureuse et sans haine peut dénouer ces nœuds. – Tu crois donc, pauvre femme, que je suis heureuse parce que je suis Reine. Cache-toi là et juges-en par toi-même, dit la Reine. » Elle la cacha derrière un rideau. Le soir, le Roi vint ; la Reine dîna avec lui fort gaiement, puis, quand tous les esclaves furent partis, le Roi fit déshabiller la Reine, lui posa le coffre sur les épaules et lui dit : « Qui préfères-tu ? moi ou ce qui est au-dessus de toi ? » Et, comme la première fois, elle répondit : « Tu m'es trop cher, ô mon maître, mais Celui qui est au-dessus de moi m'est plus cher que toi. » Et les coups redoublèrent. Enfin le Roi partit et la Reine dit : « Voilà, ô femme, mon bonheur depuis un an. » Alors la mère, en pleurs, lui dit : « Quand demain ton mari, le Roi, te dira : « Qui préfères-tu ? » réponds-lui : « Je préfère le Roi, fils de Amelkani », et elle lui dit : « Ouvre les nœuds quand même, car ton cœur est sans haine. » Et elle s'en alla.

Le lendemain, vint le Roi. Il recommença ce qu'il faisait tous les soirs, mais, à sa demande, elle fit la réponse conseillée. Aussitôt le Roi s'arrêta de la battre, il enleva la caisse de dessus son dos et s'en alla seul, dans son appartement, réfléchir à cette réponse. Le matin, il fit enterrer l'esclave et partit en voyage avec une armée à la recherche du Roi, fils d'Amelkani. Après avoir marché longtemps, longtemps, à la tête de ses troupes, il arriva à une ville toute noire. Les remparts étaient peints en noir, les rues et les maisons également. Il s'arrêta près des murailles. Le mou'eddin qui était monté dans le minaret pour crier la prière, en voyant cette troupe innombrable, ne put appeler les fidèles et cria : « C'est une troupe innombrable ! » Le Roi, qui était le fils d'Amelkani, le fit appeler pour lui couper la tête, mais, quand il eut entendu la raison de la faute grave, il pardonna et envoya chercher le Roi, qui était à la tête de son armée. Il lui dit : « O Roi étranger, qui es-tu, pourquoi es-tu arrêté devant ma ville avec ton armée ? » Alors le Roi raconta toute son histoire.

« Quoi ! lui dit le Roi, fils d'Amelkani, ta femme n'a commis aucune faute et tu la tourmentes ainsi ? Écoute plutôt ce que m'a fait la mienne :

« J'étais marié avec ma cousine. Chaque soir, elle me faisait boire une boisson pour m'endormir et, quittant ma maison, ne revenait que le lendemain. Un jour, je racontais à un vieux devin que je n'avais pas encore possédé ma femme depuis mon mariage, il me dit : « Ce soir, quand elle te présentera le verre, refuse de boire et dis : « Toi, la première, cette fois-ci. » Elle boira et, à ton tour, tu verras ce qu'il y a lieu de faire. »

« Le soir venu, je lui fis boire le verre de boisson, et elle tomba comme une masse. Je me vêtis de ses vêtements, me couvris de ses voiles et quittai mon palais par les terrasses. Enfin j'arrivai à un endroit où se trouvait un juif ivre qui disait : « Cette prostituée est bien en retard aujourd'hui. » Je compris qu'il était l'amant de ma femme car, me prenant pour elle, il commença à m'injurier et à me cracher à la figure. Alors, je fis voler sa tête d'un coup de sabre, je la mis dans un coffre et retournai à mon palais.

« Le lendemain, quand ma femme fut réveillée, je lui offris le coffre. Elle l'ouvrit et tomba morte en y trouvant la tête de son cher amant.

« Alors, je fis peindre en noir les murailles de mon palais et de ma ville et ordonnai à tous mes sujets de peindre en noir les murs de leur maison, tant j'avais de chagrin d'avoir perdu ma femme que j'aimais malgré sa trahison.

« Retourne donc chez ta femme et offre lui, de ma part, ce collier de perles que tu mettras à son cou, avant d'avoir dit une parole, car tu lui dois beaucoup d'excuses pour ta conduite. »

Le Roi s'en retourna dans ses états, à la tête de son armée. Quand il arriva, il attacha au cou de sa femme, sans dire un mot, le collier de perles. Mais elle se transforma aussitôt en une tourterelle et, s'envolant à tire d'aile, elle traversa tous les pays, arriva chez le Roi, fils d'Amelkani, et se posa sur ses genoux. En la caressant, le Roi trouva sous ses doigts le collier de perles ; il l'enleva et la tourterelle, recouvrant sa forme humaine, lui apparut plus belle que le jour. Il l'épousa aussitôt. Quant au mari méchant et injuste, il en perdit la raison.

(Raconté par JEMA 'A, ancienne esclave
du Sultan MOULAY-ḤASAN)

XVII

LA JEUNE FILLE ET LES SEPT FRÈRES

Il y avait une fois une Reine qui devint grosse, et son mari lui dit : « Si tu as une fille plus belle que toi, je l'épouserai. »

Or, la Reine était fort belle et n'admettait pas qu'il pût y avoir une femme plus belle qu'elle.

A partir de ce jour, chaque matin, elle priait le soleil et lui disait : « Qui est le plus beau de toi ou de moi[1] ? »

Et le soleil, chaque jour, lui répondait : « Je suis très beau, tu es très belle, mais celle qui est dans ton sein est plus belle que toi et moi. »

Enfin, elle accoucha d'une fille ; elle la cacha aussitôt dans le pétrin et la roula dans la farine, puis elle sortit prier le soleil et elle lui dit : « O soleil, quel est le plus beau de toi ou de moi ? » Le soleil lui répondit : « Je suis beau, tu es belle, mais celle que tu as roulée dans la farine et mise dans le pétrin est plus belle que toi et moi. »

Alors elle éleva l'enfant, mais elle se promit de ne jamais la montrer à son père. Quand la fillette fut en âge d'être épousée, la Reine lui dit un jour : « Nous allons nous promener jusqu'à la forêt », et elle l'emmena. Arrivée dans la forêt, elle lui prépara un lit de feuillage et la laissa seule, disant qu'elle allait ramasser du bois pour faire du feu. En réalité, elle se sauva et abandonna sa fille, dont elle était jalouse.

---

1. En arabe, soleil est du féminin. En réalité, elle disait : « Quelle est la plus belle ? »

La jeune fille, étant très fatiguée, s'était endormie. Quand elle se réveilla, elle se trouva seule et se mit à pleurer, tant elle avait peur. Enfin, elle aperçut au loin un troupeau de moutons sans berger. Elle le rejoignit, se mêla aux moutons, marchant comme eux, à quatre pattes, et rentra, avec eux, à leur étable, qui se trouvait dans une maison tout à fait isolée ; cela, sans que personne ne la vit. Elle se cacha dans la chambre à laine, sous les toisons. Or, cette maison était la maison des sept frères, et ce troupeau était leur troupeau. Les animaux avaient l'habitude de sortir seuls, pour paître dans les prairies, et le soir rentraient seuls à l'étable, pour se coucher.

Elle resta blottie sous les toisons, sans faire aucun bruit. Elle entendit les sept frères rentrer dans leur maison, fermer leur porte, préparer leur dîner et aller se coucher.

Quand tout fut calme dans la maison, elle sortit de sa cachette, commença par traire les brebis, fit le beurre, alluma le feu, pétrit le pain et prépara le repas du matin. Elle fit cuire pour elle un peu de pain et retourna se cacher.

A leur réveil, ils furent bien surpris de trouver le lait dans les jarres, le beurre dans les pots, le déjeuner cuit à point. Tous dirent : « Nous ne toucherons à rien, car il y a là de la magie, à moins que quelqu'un n'ait pénétré ici pour nous empoisonner. » Mais le plus jeune des sept frères, qui était teigneux, s'écria : « Moi, je mange de tout, car c'est très appétissant, et, si je suis malade, tant pis. » Et il se mit à manger. Les sept frères sortirent comme de coutume et, quand la jeune fille fut assurée de leur départ, elle quitta sa cachette, fit le ménage, la cuisine, déjeuna et alla se cacher à nouveau.

Le soir, les frères dirent : « Il nous faut veiller, à tour de rôle, pour découvrir la cause de tout cela. »

Ils commencèrent leur garde et, chaque nuit, un des sept frères veilla. Mais quand le sommeil gagnait le veilleur, il s'endormait et la jeune fille sortant de sa cachette se livrait aux travaux du ménage.

Enfin, vint le tour du teigneux. Pour se tenir éveillé, il fit griller des grains de blé, les mélangea avec des cailloux et, à tout instant, en mettait une poignée dans sa bouche. Et chaque fois qu'il mâchait un caillou, il se faisait mal aux dents et resta ainsi éveillé toute la nuit.

Cependant, il fit semblant de dormir et la jeune fille sortit de sa cachette, se mit à traire les brebis, fit le beurre, pétrit le pain. Pendant qu'elle était assise à pétrir le pain, le teigneux s'approcha d'elle en silence et attacha son vêtement après celui de la jeune fille, de sorte que lorsqu'elle voulut se lever, elle se trouva prise. Il se mit alors à crier : « Je l'ai prise ! Je l'ai prise ! » Et tous les frères accoururent. Elle leur raconta son histoire et tous lui firent fête et l'accueillirent comme une sœur. Mais ils en devinrent tous amoureux et voulaient tous l'épouser.

Elle leur dit alors qu'elle choisissait pour mari l'aîné d'entre eux, mais les autres ne voulurent pas admettre son choix. Elle leur proposa alors de leur mettre, le soir, à chacun, du henné dans la paume de la main et de prendre pour mari celui chez qui la teinture aurait le plus coloré la peau. Cela fut accepté et ils allèrent se procurer du henné. Elle, de son côté, ne perdit pas son temps ; elle alla ramasser des petites feuilles de jujubier sauvage, les pila et les mélangea au henné des six frères, et ne plaça le bon henné que dans la main de l'aîné.

Le lendemain, elle examina toutes les paumes et les trouva toutes presque blanches, sauf celles du frère aîné. Le sort, ainsi consulté, ayant répondu, elle épousa le frère aîné.

Un jour, qu'elle était seule, un Juif vint lui vendre des objets de toilette. Elle lui acheta quelques bijoux, qu'elle paya généreusement, puis le Juif partit. Il alla jusqu'à la ville du Roi et offrit sa pacotille à la Reine.

Celle-ci le dévalisa et ne lui donna en échange de ce qu'elle avait pris qu'un peu de menue monnaie.

Alors le Juif s'écria : « Combien, ô Reine, es-tu moins généreuse que Lalla Khallala Kheḍrâ' ! » Or, c'était le nom de la jeune fille qu'elle avait été perdre dans la forêt. Alors la Reine lui dit : « Où est-elle ? D'où la connais-tu ? » Et le Juif raconta tout ce qu'il savait.

Alors la méchante Reine lui dit : « Je t'enrichirai, si tu réussis à lui faire mettre cet anneau dans la bouche. » Et elle lui remit une bague magique.

Le Juif reprit le chemin de la demeure des sept frères. Il s'y présenta, quand ils furent partis, et offrit de la marchandise à la jeune femme ; puis, il lui offrit la bague en lui disant : « Je te fais ce présent pour te remercier de ta générosité. Quand tu te coucheras, place-le dans ta bouche et tu verras ce que tu verras. » Sans méfiance, le soir venu, elle mit l'anneau dans sa bouche et, aussitôt, tomba en léthargie. Elle avait toute l'apparence d'une morte. Au réveil, les sept frères la crurent morte. Alors, ils dirent : « Il faut la mettre dans un palanquin, sur un chameau, pour qu'il l'emporte le plus loin possible. »

Ils passèrent la revue de leurs chameaux et à chacun ils demandèrent : « Pendant combien de temps pourras-tu la porter sans t'arrêter de marcher ? » Les uns dirent pendant trente ans, d'autres quarante ans, cinquante ans, cent ans ; enfin, la plus vieille chamelle, qui n'avait plus d'âge tant elle était vieille, et qui s'appelait Ḥîla, la Rusée, dit : « Moi, je la porterai jusqu'au jour de la Rétribution. »

Alors on mit un palanquin, tout fait de velours et de soie, sur le dos de Ḥîla, on attacha dedans, bien solidement, la jeune morte, et on lâcha la chamelle qui partit, plus rapide que le vent, malgré ses vieux genoux.

Elle allait si vite que les rideaux de soie du palanquin, s'étant détachés, flottaient au-dessus de la jeune fille comme des drapeaux. Ḥîla traversa des déserts et des étendues, à toute vitesse. Enfin, elle traversa une plaine où chassait un Roi. Celui-ci s'écria : « Que vois-je ? Je veux qu'on m'amène immédiatement ce chameau, afin que je m'empare de ce qu'il porte. » Les gardes, montés sur leurs chevaux agiles, essayèrent d'attraper la chamelle, mais ils ne purent y parvenir. Ils revinrent, tout honteux, vers le Roi, qui leur dit : « Ignorants, ne savez-vous donc pas que, quand la nuit tombe, les chameaux s'arrêtent où ils sont, car ils ont peur de l'ombre ? Suivez donc ce chameau de loin et, quand la nuit arrivera, il vous sera facile de me l'amener. »

Les gardes repartirent et galopèrent tout le jour. Le soir venu, la chamelle s'arrêta ; ils la rattrapèrent, s'en saisirent et la ramenèrent vers le Roi. Celui-ci fit détacher le palanquin et, quand on l'eut mis à terre, il n'y trouva qu'une jeune fille morte, mais encore éblouissante de beauté. Et il en perdit la raison. Il dit à ses gens : « Nous allons l'emporter avec nous pour lui élever un tombeau digne de sa beauté. »

Ils partirent et arrivèrent à la ville du Roi. On porta le cadavre dans une chambre somptueuse du palais et le Roi fit venir ses femmes pour le contempler et leur dit : « Voilà toute ma chasse, une jeune fille morte !... » Alors, voyant le chagrin du prince, les vieilles s'approchèrent de la jeune fille, la palpèrent, l'examinèrent et dirent : « Ce corps est encore en vie. Il nous faut préparer un breuvage pour ranimer la Beauté. »

Elles préparèrent le breuvage et voulurent l'introduire goutte à goutte dans la bouche de la jeune fille. Elles y trouvèrent l'anneau magique, le retirèrent et, aussitôt, la jeune fille ouvrit les yeux et se ranima. Le Roi déclara alors qu'il la prenait pour lui et l'épousa. Mais la jeune fille qui, maintenant, se rappelait tout ce qui lui était arrivé, n'avait plus qu'une idée en tête : rejoindre son mari qu'elle aimait.

Or, ce Roi avait six filles. Elle en devint l'amie et, un jour, elle dit au Roi : « O mon maître, je voudrais me divertir avec tes six filles. Laisse-nous faire une promenade à cheval. » Le Roi, à qui elle avait ravi la raison, fit aussitôt préparer les chevaux et elles montèrent en selle et partirent se promener. Mais, avant de partir, Lalla Khallala Kheḍrâ était allée, comme de coutume, donner une caresse à Ḥîla, la chamelle, et causer avec elle, et elle lui avait dit : « Quand nous serons en selle, quitte l'écurie et retourne d'où tu es venue. » Aussi, quelques instants après, les jeunes filles virent passer la chamelle, rapide comme le vent malgré ses vieux genoux. Elles la suivirent et arrivèrent près de la maison des sept frères. Il était tard, la maison était fermée et les sept frères dînaient tristement. Soudain, ils entendirent la voix de Ḥîla. « C'est le cri de notre chamelle ! dit le teigneux. – Tu es fou, dirent les autres. Qui peut savoir où sont Ḥîla et son fardeau, à cette heure ? » Mais le cri se fit de nouveau entendre. Le teigneux bondit, ouvrit la porte et trouva dehors Ḥîla et les sept jeunes femmes sur leurs sept montures. Alors Lalla Khallala Kheḍrâ, après avoir pleuré d'abondantes larmes, dans les bras de son mari retrouvé, leur dit : « Je vous ai amené une jeune épouse, fille de Roi, pour chacun, et nous ne nous séparerons plus maintenant. » On fit les fêtes du mariage et ils vécurent tous heureux, avec leurs épouses, jusqu'à l'heure de la Mort.

(Raconté par Lalla El Ghaliya Rahmaniya.)
(Conté par la Chérifâ Lalla Ourqiya.)

XVIII

LE VERRE ENCHANTÉ

Il y avait un homme qui hérita un jour de grandes richesses que lui laissait son père. Il se mit aussitôt à les dépenser en achats et ventes faites sans raison. Si bien que le jour arriva vite où il ne lui resta que tout juste de quoi acheter un pain. Alors il chercha à s'employer chez les autres pour gagner sa vie et il trouva une place d'enfourneur chez le rôtisseur de moutons. Mais ce métier est difficile, et chaque jour il méritait des coups parce qu'il cuisait trop ou trop peu les viandes. Un jour qu'il brûla complètement le rôti qu'un client avait apporté pour le faire cuire, il reçut tant de coups de bâton qu'il partit en pleurant et quitta la ville. Il se disait : « Puisque je ne peux faire cuire un rôti convenablement, je n'ai plus qu'à me détruire moi-même », et il se dirigea vers la rivière pour s'y noyer. Tout à coup, il buta sur une grosse pierre. Il regarda la pierre et, pensant qu'elle cachait quelque chose, il l'enleva. Il y avait au-dessous une dalle avec un anneau. Il souleva la dalle et découvrit une cassette et, dans cette cassette, il y avait six autres cassettes et, dans la dernière, il trouva, pour toute richesse, un verre. Il le prit, se disant : « C'est toujours plus que rien », remit la dalle et la pierre en place et continua sa route vers la rivière.

Quand il y arriva, il pensa : « Je boirai bien tout de même avant de me jeter dans la rivière ». Il remplit son verre d'eau et se mit à boire. Mais le verre était enchanté et l'eau s'y transformait, pendant qu'il essayait de boire, en belles pièces d'or qui tombaient sur lui en abondance.

Alors il tourna le dos à la rivière et, à partir de ce jour, vécut heureux car, avec l'or du verre, il se procurait tous les biens de ce monde. Par exemple, son verre ne le quittait jamais. Il le portait toujours sur lui.

Un jour, il se promenait près des jardins du Roi. Il demanda au portier l'autorisation d'entrer s'y reposer sous les arbres verdoyants. Le portier, qu'il avait généreusement bien disposé, l'y autorisa et lui apporta même, un moment après, une table et le thé.

Or, la fille du Roi était montée sur la terrasse du palais et regardait vers le jardin. Quand elle aperçut l'homme buvant le thé, elle l'interpella, lui disant : « Ne sais-tu pas qu'il est interdit de pénétrer dans les jardins de mon père ? – Je n'y fais aucun mal ; je prends tranquillement le thé sous ces beaux arbres et, si cela te plaît, viens le prendre avec moi. »

Elle descendit aussitôt et s'assit près de la table. L'homme lui versa le thé dans le verre enchanté et, en buvant, elle s'inonda de pièces d'or. « Oh ! Donne-moi ce verre, dit-elle ; je le veux. – Je veux bien te le donner, mais laisse-moi d'abord te prendre toi-même. »

Pour avoir le verre, la fille du Roi consentit à tout ce qu'il voulait, puis prit le verre et remonta dans son appartement. Quant à l'homme, n'ayant plus la source de ses richesses, il redevint enfourneur et chauffeur de four chez le rôtisseur de moutons.

A quelque temps de là, la jeune fille s'aperçut qu'elle était grosse. Ne voulant rien en dire à son père, elle fit seller un cheval, s'habilla en homme et quitta le palais, emportant le verre enchanté.

Elle marcha longtemps au gré de son cheval. Enfin, elle arriva dans une grande ville qu'elle ne connaissait pas, acheta un jardin et une maison dans le jardin, se procura des esclaves, tout cela grâce au verre, et vécut tranquillement. Son père, en revenant de promenade, ne l'ayant pas trouvée, eut un grand chagrin et se mit à sa recherche.

Il arriva un jour dans la ville et voyant un jeune homme dans un jardin, il lui dit : « Je suis bien fatigué par mon voyage.

Permets-moi de me reposer dans ton jardin. » La jeune fille, car c'était chez elle que son père s'était arrêté, le reconnut aussitôt, mais ne se fit pas reconnaître.

Elle donna des ordres pour que l'hôte de Dieu fut bien reçu. Puis, après qu'il eut pris un bain et qu'il se fut reposé, elle l'invita à prendre le thé avec elle et le lui servit dans le verre enchanté. Dès que le Roi se fut rendu compte des qualités extraordinaires de ce verre, il lui dit : « Donne-moi ce verre, je t'en prie. – Et que me donneras-tu en échange ? – Je te donnerai tout ce que tu voudras, mais il me le faut. »

Alors la jeune fille répondit : « O mon père, toi aussi tu te laisses tenter ainsi ? Car je suis ta fille et c'est ce verre qui m'a rendue mère. » Et elle lui raconta tout ce qui lui était arrivé dans le jardin.

Le père fut bien heureux de la retrouver si vite. Il la ramena à son palais et fit annoncer aux grands de son royaume qu'il voulait marier sa fille et que tous les jeunes gens de grande famille aient à se présenter pour qu'elle put faire son choix.

Toute la jeunesse du pays défila sous ses fenêtres. Même l'enfourneur voulut entrer lui aussi dans la cour réservée, mais les gardes se jetèrent sur lui et l'éloignèrent. Cependant, il leur disait : « Je n'ai que deux mots à dire à l'oreille du Roi. » Et en lui-même il pensait : « Je lui dirai : le verre ! Le verre ! Et il comprendra. » La jeune fille laissa défiler tous ces jeunes hommes sous ses fenêtres, sans jeter la pomme à aucun. Le Roi appela alors le chef des gardes et lui dit : « Il ne reste plus personne à présenter à ma fille ? – Non, ô Roi, il n'y a plus dans la ville que l'enfourneur du four du rôtisseur, mais je l'ai chassé. – Va le chercher, dit la jeune fille », et, quand il passa sous sa fenêtre, elle lui jeta la pomme.

Comme son père s'en étonnait, elle lui dit : « C'est lui, l'homme au verre, dont je suis enceinte. » Le Roi n'ayant rien à objecter, on célébra la noce en grande pompe et la jeune femme rendit le verre à son mari, lui disant : « Je reconnais que tu es mon maître. » Et ils vécurent heureux.

(Raconté par la Chérifa Lalla OURQIYA)

XIX

MONSEIGNEUR « PETITE TÊTE »

Il y avait un Roi marié à une Princesse qu'il aimait beaucoup ; mais elle était stérile et souhaitait vivement avoir un enfant.

Un jour, elle faisait sa prière auprès d'un mouton qu'on venait de sacrifier et la tête, toute saignante, était sous ses yeux. A la fin de sa prière, elle s'écria : « O mon Dieu, donnez-moi un enfant. Même si je n'enfantais qu'une tête saignante, je vous louerai, ô mon Dieu… »

Or, sa prière fut entendue du Roi des Génies. Elle devint grosse et, l'heure du terme arrivée, elle mit au monde une tête saignante.

Elle alla la jeter à la cuisine et la tête alla se cacher en roulant derrière la jarre à eau.

Quelque temps après, on entendit une voix qui parlait derrière la jarre et qui disait : « Moulay Rou'ïs demande à son père le Roi de le marier avec la fille du Roi Ṣefer el Blane. »

C'était le nom d'un de ses voisins. En entendant cette voix, toutes les esclaves, folles de peur, se sauvèrent de la cuisine.

Lorsqu'elles revinrent, la voix répéta la même demande.

Alors, on alla chercher le Roi, on tira la jarre et on trouva la tête qui parlait.

Alors le Roi fit la demande en mariage, envoya des cadeaux précieux qui furent acceptés. Le mariage conclu, on alla chercher la mariée, on l'amena dans la chambre royale et on la laissa attendre son époux.

Moulay Rou'is envoya une esclave du monde invisible offrir le thé et des pâtisseries à la jeune fille et, dans le verre de thé, l'esclave lui fit avaler du benj (soporifique), et elle s'endormit d'un sommeil profond. Alors la tête saignante roula jusqu'à la chambre de la jeune fille, se métamorphosa en un merveilleux jeune homme et la prit pendant son sommeil.

Et il en fut ainsi chaque nuit. La jeune épousée ne voyait jamais son mari, et s'en étonnait.

Un jour, elle était avec sa mère sur la terrasse du palais et regardait des luttes, données à l'occasion de son mariage. Elle remarqua un admirable cavalier et eut l'intuition qu'il devait être son mari.

Le cavalier reçut une blessure à la jambe. De la terrasse, elle jeta son mouchoir pour bander la blessure. La nuit venue, elle fit semblant d'avaler le thé avec le soporifique, mais elle le fit couler entre son col et sa chemise, puis fit semblant de dormir. Alors, entre ses cils baissés, elle aperçut la tête saignante qui roula jusqu'à son lit, se secoua et prit la forme du beau cavalier.

Elle vit qu'il avait une blessure à la jambe et que cette blessure était pansée avec son mouchoir. Quand son mari se fut endormi, elle se leva, prit la peau de la tête et la brûla.

Alors le jeune homme se réveilla subitement et lui dit : « Qu'as-tu fait ? Tu ne pourras plus me revoir, je vais partir. » Devant les larmes de la jeune femme qu'il aimait, il ajouta : « Pour me revoir et m'avoir tout à toi, il va falloir que tu me suives et qu'à me suivre tu uses quarante paires de chaussures. Ensuite tu trouveras devant toi une barre de fer dans laquelle je serai enfermé ; tu prendras cette barre de fer, tu la garderas sur tes genoux pendant quarante jours, en veillant nuit et jour, et, le quarantième jour, je sortirai de la barre de fer et recouvrerai la forme humaine, que je ne quitterai plus. »

Il partit et elle le suivit. Et elle usa quarante paires de chaussures à le suivre, puis trouva devant elle une barre de fer, la prit sur ses genoux et la veilla nuit et jour jusqu'au trente-cinquième jour. Elle était exténuée de fatigue lorsque apparut devant elle une négresse qui lui dit : « Que fais-tu, ma maîtresse, et comme tu as l'air d'avoir sommeil ? »

Sans méfiance elle raconta toute son histoire à la négresse. Or, celle-ci était une jenniya de la plus mauvaise espèce.

Elle lui dit : « Repose-toi, ma fille. Je vais te remplacer pour la veille et, lorsque se lèvera le quarantième jour, je te réveillerai et ton époux te retrouvera devant lui en reprenant sa forme humaine. »

La jeune femme s'endormit aussitôt. La négresse se saisit de la barre de fer et la transporta plus loin, abandonnant la femme de Moulay Rou'ïs en plein désert.

Elle veilla cinq jours et cinq nuits et le quarantième jour Moulay Rou'ïs, son enchantement terminé, sortit de la barre de fer, éternua et apparut à la négresse dans toute sa beauté. Mais en voyant cette figure de mauvais augure devant lui, il s'écria : « Qu'as-tu fait de ta beauté ? Hélas ! Où sont tes beaux yeux ? – Les larmes les ont usés. – Où est ton teint de fleur qui s'épanouit ? – Le soleil ardent du désert a noirci ma peau. – Où sont tes belles lèvres, belles comme une grenade mûre ? – La soif et la sécheresse les ont fait enfler. – Où sont tes jolis pieds que j'aimais ? – Ils se sont fendus et séchés à force de marcher à pied. »

Alors surgit un beau château et Moulay Rou'ïs y entra tristement avec la jenniya qu'il croyait sa femme.

Quant à la fille du Roi Ṣefer el-Blane, elle vécut misérablement de racines qu'elle trouvait sur sa route.

Mais comme il ne faut jamais douter de la clémence de Celui qui rétribue chacun selon ses actes, elle arriva, un jour, au château de Moulay Rou'ïs. Elle entra et demanda l'hospitalité. Mais la négresse la fit jeter dehors. Alors elle insista et Moulay Rou'ïs, entendant demander l'aumône au nom d'Allah, lui envoya du pain par ses esclaves.

En la voyant si misérable, celles-ci la firent entrer dans la cuisine. Elle les aida et, la nuit venue, chaque esclave raconta une histoire.

Quand vint son tour, Moulay Rou'ïs était là qui écoutait. Et elle raconta sa propre histoire. En l'entendant, le prince la reconnut, lui fit donner un bain, de riches vêtements, puis l'emmena devant la jenniya qui lui avait volé sa place. D'un coup de sabre, il trancha la tête de l'horrible négresse et vécut heureux avec sa femme ainsi retrouvée.

(Raconté par la Chérîfa Lalla OURQIYA)

XX

LE FILS DU ROI ET LA FILLE DU NOMADE

Il y avait un Roi qui n'avait qu'un fils et ce fils aimait tellement son cheval qu'il allait lui-même le faire boire à la fontaine. Un jour, le cheval refusa de boire, le fils du Roi regarda dans sa bouche et y trouva un long cheveu. Il le mesura et dit : « Quelle que soit la femme à qui est ce cheveu, je la veux pour femme. »

Il envoya mesurer la chevelure de toutes les femmes et de toutes les jeunes filles du royaume. Il y en avait qui avaient les cheveux plus longs, d'autres plus courts ; mais aucune n'avait les cheveux de la longueur du cheveu trouvé. Or, la fille du Nomade vint, un matin, chercher de l'eau à la fontaine. On mesura sa chevelure et on trouva que ce cheveu était un de ses cheveux. Alors le fils du Roi dit : « J'épouserai la fille du Nomade et n'en épouserai point d'autre. »

Le Roi se fâcha et voulut s'opposer à ce mariage qu'il trouvait impossible, la fille du Nomade n'étant pas de sa race. Mais son fils tint bon. Alors le Roi céda et envoya les cadeaux, et fit faire la demande au Nomade. Mais le Nomade refusa de donner sa fille au fils du Roi, et le matin, de très bonne heure, il partit avec elle et quitta le pays. La fille aux beaux cheveux, avant de s'en aller, écrasa le piquet de la tente et posa un pain dessus pour faire comprendre au jeune homme qu'elle était emmenée contre sa volonté.

Plus tard, quand vint le fils du Roi, il ne trouva que la place de la tente et le piquet écrasé. Alors il dit : « Où qu'ils soient, je les retrouverai. » Il fit préparer les provisions de route et partit ;

110

il traversa des pays et des pays jusqu'à ce qu'il arrivât à un pays où il trouva sept frères qui étaient en guerre avec une tribu de Roums. Ces sept frères avaient sept sœurs qui ne prenaient point part au combat. Après les avoir salués, il leur dit : « Je me joins à vous contre les Roums », et il fut si vaillant qu'il les mit en déroute. Alors les sept frères appelèrent leur plus jeune sœur, qui prit le vainqueur sur ses épaules et le porta à leur tente en poussant des you-yous, puis ils lui demandèrent son histoire. Quand il eut fini, les sept frères lui dirent : « Pourquoi chercher de nouvelles aventures ; nous avons sept sœurs, choisis parmi elles celle qui te plaira. » Alors il choisit la plus jeune des soeurs et leur dit : « gardez-la moi jusqu'à mon retour, car je veux aussi la Nomade aux longs cheveux. » Et il partit. Il marcha longtemps, longtemps, et rencontra un 'afrît noir épouvantable dont la tête touchait au ciel et les pieds reposaient sur la terre. Le fils du Roi alla jusqu'à lui et lui donna le salut. Alors l'afrît lui répondit d'une voix terrible : « Aussi le salut sur toi, ô figure qui ne facilite pas le repos, figure de mauvais augure ! Que viens-tu faire ici où n'est jamais venu un être humain ? Moi, je me bats avec tous ceux qui viennent ici et je leur coupe la tête. Viens, que nous nous battions. »

Alors ils commencèrent à lutter et la lutte dura jusqu'au soir sans qu'il y eut ni vainqueur, ni vaincu.

La nuit venue, ils dormirent chacun de leur côté. Le matin, ils se levèrent pour recommencer à se battre.

Le fils du Roi lui dit d'abord : « Quel est ton nom, ô mon beau-père ? – Je m'appelle Hankour, fils d'Hankour, dit l'afrît. – Eh bien, je t'annonce que notre guerre ne ressemble pas à ta guerre. Va chercher une peau de bœuf, frotte-la de savon et nous nous battrons dessus. »

L' 'afrît alla chercher la peau de bœuf, l'enduisit de savon, l'étendit et monta le premier dessus ; mais il glissa et s'étala par terre. Le fils du Roi en profita pour tirer son sabre de sa gaine et le lui appliquer sur le cou.

Alors l'afrît , s'avouant vaincu, cria : « Arrête-toi, ô mon maître, je suis ton esclave et même tout ce que tu souhaites est déjà prêt. »

Le fils du Roi répondit : « Je cherche la fille du Nomade, je veux la retrouver. »

L' 'afrît assura alors le fils du Roi que la Nomade était sur ses états avec son père et qu'il leur avait loué l'emplacement de leur tente pour un chameau par jour, et il ajouta : « Je me nourris de ce chameau, je mange la viande, la tête, les pieds et les os sans jamais me rassasier. Demeure auprès de moi et, dans un instant, tu verras arriver le chameau. »

En effet, on amena un chameau de leur part et l''afrît se mit en devoir de le dévorer. Mais le fils du Roi fut plus agile ; il sacrifia le chameau avec son sabre, le dépeça et en prit un morceau qu'il fit cuire.

Puis après avoir dit : « Bismillâh (au nom de Dieu) », et fait dire Bismillâh par l''afrît, ils mangèrent le quartier de viande rôtie.

Alors l''afrît s'en étonna et dit : « Comment se fait-il que ce petit morceau m'ait rassasié alors qu'un chameau tout entier, chaque jour, ne me rassasie pas ? – C'est parce qu'avant de manger tu as dit Bismillâh, ô mon père. »

L' 'afrît, une fois rassasié, partit visiter la tente du Nomade. Lorsqu'il revint, il avertit le fils du Roi que sept jeunes filles de tentes allaient se marier et que la Nomade aux longs cheveux était du nombre et serait sur la quatrième 'ammâriya, et ils convinrent de l'enlever.

La nuit venue, ils firent le gué et l''afrît enleva la jeune fille, puis ils partirent, l''afrît, le fils du Roi et la Nomade, et ils repassèrent chez les sept frères, où ils prirent la septième sœur, qu'ils emmenèrent avec eux.

Alors le fils du Roi envoya l''afrît devant et lui donna l'ordre de construire, pour ses femmes, un magnifique palais, aux portes de sa ville, et lui s'en vint plus lentement en compagnie de la Nomade aux beaux cheveux et de la septième sœur.

Quand ils entrèrent dans leur palais, le mou'eddin était justement sur le minaret de la mosquée. Il fut si ébloui qu'il ne put annoncer la prière, il alla en hâte chez le Roi lui raconter l'évènement, et lui dit : « Si tu le voyais au milieu de ses femmes, tu te dirais : c'est lui le véritable Roi. »

Le Roi devint tout à coup jaloux et envieux, et il se dit : il faut que je m'en débarrasse. Il fit remplir de sable de grands tellîs (sacs faits de feuilles de palmier), les fit charger sur des chameaux et, quand son fils vint le saluer et lui annoncer son retour, il lui dit : « Voici l'heure et le temps. Va enterrer ces richesses et, au moment de ma mort, tu les retrouveras. » Et il lui donna un esclave sûr pour l'accompagner.

Mais auparavant il avait fait ses recommandations à l'esclave et il lui avait dit : « Tu l'amèneras dans une solitude, tu le tueras et tu me rapporteras un morceau de son foie et de son sang dans un tube de roseau. » Ils arrivèrent dans un endroit désert, mais l'esclave n'eut pas le courage de le tuer. Il chassa une perdrix, la tua, prit un peu de son foie et de son sang et dit au fils du Roi : « Je n'exécute pas l'ordre de ton père et je te laisse la vie sauve. A toi de te débrouiller. »

Cependant, le jeune homme lui dit : « J'ai faim. Où me procurer à manger ? » Alors l'esclave lui répondit : « Laisse-moi t'arracher un œil et je te procurerai à manger. » La faim du fils du Roi était si grande qu'il se laissa arracher un œil par l'esclave qui lui donna de quoi se rassasier, puis l'abandonna dans la solitude. Alors le pauvre alla s'asseoir sous un arbre et, le soir, deux oiseaux vinrent se poser sur les branches de l'arbre et causèrent ensemble.

Le premier appela le second : « 'Ammtî Chgô, ma tante Chgô ? » Le second répondit : « Na 'am 'ammtî Mgô. Qu'y a-t-il, ma tante Mgô ? — As-tu vu, dit le premier, ce pauvre fils de Roi à qui le méchant esclave vient d'arracher un œil ? C'est le Roi son père qui l'a éloigné pour lui prendre ses femmes. — Et quel est le médicament qui lui rendra la vue, ma bonne tante Mgô ? »

Alors la tante Mgô répondit : « Il suffira, avec l'aide de Dieu, d'une de tes petites plumes et d'une de mes petites plumes, d'une goutte de ton sang et d'une goutte de mon sang. »

La nuit venue, le fils du Roi, qui les avait écoutées, les attrapa, les tua, prit leur sang et, avec leurs plumes, passa le sang sur son œil arraché et recouvra la vue à l'instant même.

Comme il était sous un arbre dont les feuilles changent tout le lait en beurre instantanément, il en remplit son sac et reprit le chemin de son pays.

Il rencontra un berger. Il échangea ses beaux vêtements avec ceux du berger, lui acheta un mouton, le tua, prit son péritoine et se l'appliqua sur la tête, ce qui lui donnait l'apparence d'un teigneux, puis il continua sa route. Il rencontra une vieille femme qui avait des moutons, s'offrit comme berger et fut accepté car, dit la femme, « je n'ai pas le temps de les garder. Je serai obligée de porter du beurre et des poulets au Roi qui se bat à la porte du palais de son fils pour lui enlever ses femmes. »

Arrivé chez la vieille, il voulut faire le beurre du Roi, mit une seule feuille de l'arbre dans l'outre et, instantanément, tout le lait fut changé en beurre. Puis il dit à la vieille : « Ne te fatigue pas, ma mère, je porterai moi-même ton beurre au Roi. » Et il partit rejoindre l'armée du Roi, qui assiégeait sa maison, défendue par l'afrît . Armé d'une petite baguette de bois, il se battit comme un lion, battit les troupes de son père et rentra en triomphe dans son palais.

Puis il envoya des gardes se saisir de son père et il lui dit : « Je ne puis t'enlever la vie, car tu es mon père, mais tu t'es conduit comme un enfant et tu seras châtié. » Il lui fit raser la barbe, couper la chevelure et la tresser comme celle des enfants ; il lui fit aussi arracher les dents, le revêtit de vêtements d'enfant, lui donna une planchette (ardoise) pour apprendre à écrire et lui dit : « Maintenant, va à l'école. »

Alors il prit le gouvernement du royaume et vécut heureux avec la Nomade aux beaux cheveux, la septième sœur et le vaillant 'afrît qui les avait protégées et avait lutté seul avec l'armée du Sultan, jusqu'à ce qu'il vînt lui-même décider de la victoire.

(Raconté par JEMA 'A, ancienne esclave du Sultan MOULAY-ḤASAN.)

XXI

LE CHEVAL PERSAN

Il y avait un Roi qui avait une fille.

Il l'aimait plus que tout au monde.

Or, ce Roi avait un cheval persan et, chaque jour, la jeune fille lui portait un seau de lait et une ration d'amandes.

En la voyant si belle, le cheval en devint amoureux et un jour le Roi l'entendit qui disait aux autres chevaux : « Si le Roi voulait me donner sa fille en mariage, j'en serai très heureux ».

Le Roi répondit : « Je te la donne, ô mon cheval ; je te la donne. »

Le lendemain, quand la jeune fille vint avec son seau de lait et sa ration d'amandes, elle trouva tous les cadeaux de mariage étalés près du cheval, et ces cadeaux représentaient des richesses incalculables.

Ce cheval était un Roûhânî (esprit, fée).

En voyant tous ces magnifiques cadeaux, le Roi fut si émerveillé qu'il fit faire pour son cheval persan une merveilleuse selle brodée d'or, avec un mors en or et des étriers en or.

La Reine, cependant, était très mécontente et reprocha ce mariage à sa fille et à son mari. Alors le cheval persan secoua sa peau et leur apparut sous la forme d'un magnifique jeune homme plus beau que le soleil. Et le mariage eut lieu. Cependant, la mère avait dit à sa fille : « Au moment où il aura enlevé sa peau de cheval, mon esclave entrera, s'en saisira et l'emportera pour la brûler. »

Mais lorsque l'esclave entra dans la chambre, le cheval persan la vit essayer de prendre sa peau de cheval. Il l'écarta, prit cette peau, la remit et se sauva.

La jeune fille le suivit jusqu'à une mine de sel, mais ne put plus continuer sa route, l'ayant perdu de vue. Là, elle vit des quantités d'ânes chargés de sel qui formaient une caravane et s'en allaient.

Elle leur dit : « Où allez-vous ? – Nous allons porter ce sel au château du cheval persan qui se marie aujourd'hui. »

Elle suivit les ânes et arriva au château du cheval persan.

Celui-ci la vit arriver. Il s'écria : « Que viens-tu faire ici ? Ma mère est une Ghoûle, mes sœurs et mes tantes sont des Ghoûles. Elles te mangeront sûrement. »

Cependant, le cheval persan ajouta : « Va leur téter le sein et ainsi elles seront obligées de te protéger. »

Elle entra dans le palais des Ghoûles et se précipita sur elles et leur téta le sein. Alors la mère du cheval persan lui dit : « Si tu n'avais pas tété mon sein, j'aurais fait de ta chair une bouchée, de ton sang une gorgée, et tes os m'auraient servi de cure-dents. Maintenant, tu vas chercher des plumes d'oiseau et en tapisser cette chambre de façon que chaque plume soit posée à côté de l'autre, sinon je te mangerai. »

La jeune fille se mit à pleurer. Un oiseau persan apparut devant elle. C'était le cheval persan qui s'était transformé en oiseau. « Qu'as-tu, lui dit il, et pourquoi ces larmes ? »

Alors elle raconta la tâche imposée par la Ghoûle.

L'oiseau persan appela tous les oiseaux des cieux et les chargea de l'ouvrage.

Il s'arrachèrent quelques plumes et les arrangèrent comme le voulait la Ghoûle. Quand elle vint, elle s'écria : « C'est l'œuvre de l'oiseau persan. C'est bon. »

Alors elle lui donna deux noix et l'envoya les porter à ses sœurs.

En route, la jeune fille eut la curiosité de les ouvrir et il en sortit tous les musiciens de la noce, qui se mirent à chanter et à jouer de leurs instruments.

L'oiseau persan, entendant ce concert, arriva aussitôt, souffla sur les musiciens, qui rentrèrent dans les noix, et les noix se refermèrent. « Ma mère la Ghoûle n'ayant pu te manger, t'envoyait à ses sœurs pour qu'elles te dévorent. Mais il n'en sera rien. Quand tu arriveras chez elles, tu jetteras les noix devant elles et tu te sauveras. »

En la voyant revenir, la Ghoûle s'écria : « C'est encore l'œuvre du cheval persan. » Alors elle convoqua tous les Ghoûles pour le mariage de son fils, qu'elle ne voulait plus différer. Elle mit une lampe à huile dans la main de la jeune fille et lui dit : « Quand la mèche aura fini de brûler, je te mangerai. »

Alors, sur le conseil du cheval persan, quand la mèche fut près d'être consumée, la jeune fille attrapa la tresse de cheveux d'une Ghoûle et la mit dans la lampe. La tête de la Ghoûle prit feu et communiqua le feu à toutes les autres Ghoûles et, pendant qu'elles criaient et cherchaient à éteindre l'incendie qui éclata, le cheval persan enleva la jeune fille, la ramena chez son père et ils vécurent heureux, loin du pays des Ghoûles.

(Raconté par JEMA 'A, ancienne esclave
du Sultan MOULAY-ḤASAN.)

XXII

HISTOIRE DE LA PETITE FILLE ET DE L'OGRESSE

Une fois une petite fille resta orpheline.

N'ayant plus personne au monde pour subvenir à ses besoins, elle partit à la forêt ramasser du bois.

Elle fit un gros fagot, le mit sur son dos et, le soir venu, voulut retourner à sa demeure. Mais comme elle était venue le matin pour la première fois, elle ne retrouva pas sa route et se mit à pleurer. Soudain, devant elle, apparut une belle femme qui lui dit : « Qu'as-tu à pleurer ainsi ? – Hélas, ma mère, je suis orpheline ; je suis venue chercher du bois à la forêt et je ne retrouve plus mon chemin pour m'en retourner. – C'est bon, petite, console-toi. Viens avec moi et tu seras ma fille. » Et toutes deux partirent et marchèrent longtemps, longtemps, dans la forêt.

Mais comme la nuit était venue, la petite fille s'aperçut que la femme qui l'emmenait changeait soudain de forme et devenait une grande ogresse, avec des seins qui pendaient sur ses genoux, et des dents comme la pelle du boulanger. Elle eut bien peur et, en entrant dans la maison, dit à l'ogresse : « O ma mère l'ogresse, ne me mange pas. Je suis petite et maigre et je ne te ferai pas un bon repas. Permets-moi d'être ta fille, de te préparer tes repas, et quand tu seras allée à la forêt et que tu rapporteras de la chair appétissante, je te la ferai cuire. – C'est bien, dit l'ogresse, je te mangerai quand tu auras grandi et que tu seras grasse. »

Et les jours passèrent ainsi, l'ogresse courant la forêt pour chercher sa vie, la petite fille tenant le ménage et faisant la cuisine.

Un soir, l'ogresse rentra. Elle avait arpenté la forêt tout le jour, mais n'avait rien trouvé.

Elle appela la petite fille et se mit à l'examiner et à la palper. « Oh, oh, dit-elle, tu es bien grasse. Voilà une oreille à point pour être rôtie ; l'heure est venue de te faire cuire ! » Mais la petite lui répondit : « Je te demande en grâce, ô ma mère l'ogresse, d'attendre pour me manger, que je me sois lavée. J'ai les mains sales et veux aller au bain. Va faire tes invitations et tu me cuiras demain. »

L'ogresse partit donc pour inviter ses amis et, aussitôt qu'elle fut partie, la petite fille se sauva.

Elle marcha toute la nuit et arriva à une grande maison qui lui parut inhabitée. Elle y entra, en fit le tour et ne rencontra personne.

Elle monta un grand escalier et arriva à une chambre remplie de laine ; elle s'y cacha, se disant : « Si cette maison est habitée par des ogres, ils y viendront cette nuit. Je serai donc bientôt fixée. »

Lorsque la nuit tomba, une troupe d'ogres apparut en hennissant de joie tant ils avaient fait bonne chair.

Ils sentirent bien l'odeur de la petite fille et fouillèrent toute la maison sans la trouver. Mais ils étaient repus et s'endormirent d'un lourd sommeil.

Aussi le matin, quand vint le jour, ils se réveillèrent et prirent l'apparence d'êtres humains et partirent dans la forêt.

Alors la petite fille descendit et ferma toutes les portes, mit tous les verrous et monta sur la terrasse.

Le soir venu, les ogres et les ogresses revinrent, ils ne purent rentrer chez eux et entendirent la petite fille qui riait aux éclats sur la terrasse. Ils levèrent la tête et lui dirent : « Pourquoi ris-tu et d'où viens-tu ? – Je viens de Dieu, qui m'a déposée ici, et je ris car il ne tient qu'à vous de faire un bon repas, je suis grasse à point et je me suis sauvée de chez ma mère l'ogresse qui voulait me manger ; mais ma destinée est écrite ; allez chercher du bois, faites un bûcher près de ce mur et, quand la braise sera bien rouge, je tomberai dedans, vous n'aurez qu'à me rôtir et me manger. »

Les ogres partirent aussitôt à la recherche du bois, construisirent le bûcher et y mirent le feu. Les flammes montèrent partout, léchant les murs de la tour où se tenait la fillette. Un des ogres l'interpella : « Qu'attends-tu maintenant pour tomber sur la braise, ô fille d'Adam ? – J'attends que vous ébranliez le mur en le poussant de toutes vos forces avec vos têtes et je tomberai avec le mur. » Et tous les ogres s'arc-boutant, appuyant leurs têtes tous ensemble, voulurent ébranler le mur. Mais ce mur était tellement chaud qu'ils se firent tous d'horribles brûlures dont ils moururent sur l'heure.

Quand elle eut vu, de sa terrasse, que tous les ogres et toutes les ogresses étaient morts, elle s'organisa dans la maison. Elle y découvrit de grandes richesses, des troupeaux, des silos remplis d'orge et de blé, des jarres d'huile et de beurre, enfin tout ce qu'il faut pour vivre heureux.

A quelque temps de là, elle entendit un grand coup de marteau à la porte. Elle demanda : « Qui est là ? » et alla ouvrir. C'était un marchand d'épices qui s'était égaré dans la forêt, à la tombée de la nuit, et qui, tout tremblant, demandait un abri.

Il craignait d'être tombé sur une maison d'ogres et se réjouit à la limite de la réjouissance en trouvant cette belle fille qui lui raconta son histoire.

Quand il eut tout entendu, il l'épousa et ils vécurent heureux jusqu'à l'heure de la mort qui sépare les amants.

(Raconté par Lalla 'Abbouche,
vieille mendiante aveugle.)

XXIII

LE GHOÛL MAÎTRE D'ÉCOLE

Il y avait un Roi qui avait une petite fille qu'il aimait beaucoup. Il demanda à son Vizir de lui procurer un maître d'école pour l'enfant.

Le maître d'école amené par le Vizir vint donc chaque jour, au palais du Roi, donner des leçons à la fillette.

Un jour qu'il était en retard, la petite princesse sortit du palais et alla chez lui, mais elle fut très effrayée, car ce maître d'école était un Ghoûl et elle le trouva occupé à manger un âne mort. Il avait pris sa figure de Ghoûl et, sur ses cornes, les boyaux de l'âne étaient enroulés. Elle se sauva épouvantée.

Alors le Ghoûl, lui courant après, la rattrapa, la battit en disant : « Qu'as-tu vu ? – Je n'ai rien vu », dit l'enfant. Mais elle avait eu si peur qu'elle ne voulait plus voir le Ghoûl au palais de son père. Elle se sauva et, après s'être vêtue de vêtements de garçon pauvre et avoir recouvert sa tête d'un péritoine de mouton qui lui donnait l'air d'un teigneux, elle se présenta chez un marchand d'huile et lui demanda de la laisser dans sa boutique.

Le soir, comme elle était seule, le Ghoûl apparut sous une forme encore plus terrifiante que la première fois et lui dit : « Qu'as-tu vu ? – Je n'ai rien vu », répondit l'enfant.

Alors il brisa toutes les jarres d'huile et les pots de beurre et s'en alla.

Le matin, en voyant le désastre de sa boutique, le marchand la battit encore et la renvoya.

Elle alla alors chez un marchand de charbon et demanda à le servir pour sa nourriture et le droit de coucher dans sa boutique. Le marchand accepta. Le soir venu, le Ghoûl apparut à la jeune fille. Il était encore plus effrayant à voir que les autres fois. Il s'écria : « Qu'as-tu vu ? – Je n'ai rien vu », dit l'enfant. Alors il la battit, mit le feu à la boutique, et la fille du Roi n'eut d'autres ressources que de s'enfuir. Elle quitta la ville de son père et, après avoir marché longtemps et traversé des solitudes et des solitudes, elle arriva dans une autre ville.

Alors elle alla dans un fondouq et trouva des ouvriers couturiers qui cousaient des vêtements. Elle leur demanda de la prendre comme apprenti et de la laisser, le soir, dans la boutique, et ils l'engagèrent.

Le soir venu, le Ghoûl arriva et lui cria : « Qu'as-tu vu ? – Je n'ai rien vu », dit l'enfant. Alors il la battit et déchira toutes les étoffes confiées à sa garde. Le matin, quand les ouvriers arrivèrent et virent le malheur qui était entré la nuit dans leur atelier, ils se saisirent de leur apprenti et, après l'avoir battu, le traînèrent devant le Roi. Mais le Roi, sous les haillons et le péritoine de mouton cachant la chevelure, devina que c'était une jolie fille qui était devant lui.

Il s'écria : « C'est bien, c'est bien, ne brutalisez pas cette enfant, je règle le dégât. » Puis il appela la 'Ârifa du Harem, lui confia l'enfant et lui donna l'ordre de la nettoyer, de la vêtir de beaux vêtements et de la conduire dans son appartement.

Quand il eut terminé les affaires du royaume, il alla la rejoindre et la trouva si belle qu'il l'épousa aussitôt.

Elle devint grosse et mit au monde un garçon qu'on appela Ennaïr Bou Gorn (Janvier père aux cornes), car il avait, sur chaque côté de la tête, une petite mèche d'or.

Comme elle était seule depuis un moment avec son fils nouveau-né, le Ghoûl apparut et lui dit : « Qu'as-tu vu ? – Je n'ai rien vu », dit la jeune mère. Alors il se coupa un doigt et barbouilla de sang la bouche de la Reine, qui s'était évanouie de frayeur, puis, se saisissant de l'enfant, il s'enfuit en l'emportant.

Quand le Roi revint près de sa femme, il la vit avec du sang à la bouche et apprit que l'enfant avait disparu.

On commença à dire dans le palais que le Roi avait épousé une Ghoûl. Mais il aimait tellement sa femme qu'il continua à la considérer comme sa femme préférée. Elle devint de nouveau mère et eut une petite fille qu'on appela Qouwwat Er-roûḥ (Force de l'âme), et cette fille avait des cheveux moitié d'argent et moitié d'or.

Le Ghoûl apparut, comme la première fois, aux yeux épouvantés de la jeune mère. Il s'écria : « Qu'as-tu vu ? – Je n'ai rien vu », dit-elle, et elle s'évanouit. Alors le Ghoûl se coupa un doigt, lui mit du sang à la bouche et emporta la fille de la Reine.

Cette fois, le Roi la relégua aux cuisines, recommandant qu'on lui fît faire les plus rudes besognes. Un jour, il voulut partir en voyage et demanda à toutes ses femmes ce qu'elles voulaient qu'il leur rapportât. Elle demanda le « skîn el-ghder » (le sabre de vengeance) et la « ḥajrat es-ṣabar » (la pierre de patience), et demanda à la mule du Roi de lui rappeler sa commission.

Il partit et acheta tous les cadeaux demandés ; mais au moment de se mettre en route pour revenir, sa mule refusa de marcher. Alors il se souvint qu'il n'avait rien rapporté à sa plus jeune épouse et il se mit à la recherche du sabre de vengeance et de la pierre de patience. Il alla trouver un magicien qui lui procura les objets précieux. Mais en les lui remettant, il lui dit : « Prends bien garde, car celle qui t'a demandé ces objets a un très grand chagrin et veut mourir. »

Quand le Roi rentra de voyage, il envoya à ses femmes tous les cadeaux qu'il leur avait rapportés, puis il alla près de la chambre de la jeune Reine voir ce qu'elle faisait des objets précieux et s'arrangea de façon à ne pas être vu.

Le Ghoûl était aussi près d'elle, mais il était invisible.

Elle se coucha, mit les objets contre sa tête et leur parla.

« Je suis fille de Roi, leur dit-elle. Mon père, qui m'aimait, m'avait donné un maître d'école pour m'instruire. Mais un jour je m'aperçus que cet homme était un Ghoûl et je me sauvai. Il me poursuivit partout où je me réfugiai, il démolit la boutique du marchand d'huile, mit le feu à celle du marchand de charbon, déchira les étoffes des couturiers qui m'avaient secourue. Un bon Roi m'épousa et j'en eus deux enfants. Le Ghoûl me les vola et me barbouilla la bouche de son sang pour faire croire que je les avais mangés, et j'ai perdu l'amour de mon mari qui m'a reléguée aux cuisines. Je n'ai plus qu'à mourir. Sabre de vengeance, pierre de patience, faites votre besogne. » Alors la pierre se lança sur elle pour l'assommer et le sabre se dressa pour lui trancher la tête.

Mais le Roi attrapa la pierre de patience et le Ghoûl éloigna le sabre de vengeance ; enfin le Ghoûl, devenu visible, lui dit : « Voici tes enfants. Tu as été discrète et tu as supporté jusqu'à en mourir un malheur immérité. Pardonne-moi. » Et il disparut à tout jamais.

Quant au Roi, il prit son épouse et ses enfants dans ses bras, redonna le premier rang à sa femme et tous vécurent dans la joie et le bonheur.

(Raconté par la Chérîfa Lalla OURQIYA.)

XXIV

MOULAY ḤAMMAM, LA JEUNE FILLE ET LES GHOÛLES

Il y avait un homme qui avait sept filles et il voulait entreprendre le saint pèlerinage de La Mekke. Quand il partit, chacune de ses filles lui dit : « Porte-moi ceci ou cela en cadeau », et elles demandèrent des bijoux, des vêtements, des soieries.

La septième lui dit : « Porte-moi Moulay Ḥammâm ou 'Imâm », puis elle alla trouver la mule de son père et lui dit : « Si mon père l'oublie, rappelle-lui ce que je désire. » Le père partit, arriva à La Mekke, puis prit le chemin du retour. Il portait tous les cadeaux demandés par les six aînées, mais il avait oublié la demande de la dernière. Alors la mule ne voulut pas se lever. Il la frappa, la secoua et, tout à coup, il mit la main dans sa poche pour prendre un aiguillon pour piquer la bête et trouva le papier sur lequel sa septième fille avait écrit ce qu'elle désirait. Il dit à ses domestiques : « Attendez-moi ici. Moi, je vais chercher Moulay Ḥammâm ou 'Imâm. » Il marcha, marcha jusqu'à un pays lointain. Il rencontra un Ghoûl. Il prit dans sa poche une poignée d'amandes et la lança dans la bouche du Ghoûl. Le Ghoûl lui dit : « Par Allah, si ta nourriture n'avait pas devancé ton salut, les montagnes auraient résonné du craquement de tes os. Maintenant, dis-moi ce que tu veux dans ce pays : je suis ton serviteur. – Je suis venu chercher Moulay Ḥammâm ou 'Imâm. – Va devant toi. Tu rencontreras mon frère qui est plus grand que moi ; il t'indiquera le chemin. »

Il continua sa route, rencontra le second Ghoûl, lui jeta une poignée d'amandes dans la bouche, et le Ghoûl lui dit à son tour : « Si ta nourriture n'avait pas précédé ton salut, les montagnes auraient résonné du craquement de tes os. Maintenant, que veux-tu ? Je suis ton serviteur. – Je veux Moulay Ḥammâm ou 'Imâm. – Va devant toi ; tu rencontreras un village dans la montagne, ce village s'appelle la Dechra des Olives. Tu y rencontreras un Ghoûl qui a sept têtes et il te donnera des nouvelles. Tu te jetteras sur lui et tu embrasseras sa poitrine. »

Il partit, rencontra le Ghoûl, se jeta sur lui, lui embrassa la poitrine, et le Ghoûl lui dit : « Koûn ma slâmek sbeq slâmi, ndir Iḥamek fi dorma, ou demek fi jorma, ou 'Aḍamek ntertkonhoum bin snâni. »

(« Si ton salut n'avait pas devancé mon salut, j'aurais fait de ta chair une bouchée, de ton sang une gorgée, et j'aurais écrasé tes os entre mes mâchoires. »)

« Et maintenant, que veux-tu ? Pour ce que tu es venu faire, Dieu y pourvoira. – Je veux donner cette lettre à Moulay Ḥammâm ou 'Imâm. »

Le Ghoûl prit la lettre, la porta au destinataire qui lui donna en réponse deux noix et un message verbal. En remettant le tout au père des jeunes filles, le Ghoûl répéta le message : « Dis à ta fille de laver sa chambre, de faire son lit et de brûler une noix dans le feu, la nuit venue. »

Le pèlerin retourna chez lui, emportant les noix, et n'oublia pas le message.

Quand il arriva, il donna à ses six filles les cadeaux qu'il avait apportés. A la plus jeune, il dit : « Lave ta chambre, fais ton lit et brûle une de ces noix, la nuit, et tu verras ce que tu verras. » Le soir venu, la septième fille lava sa chambre, fit son lit, brûla la noix dans le feu, et Moulay Ḥammâm ou 'Imâm arriva auprès d'elle sous la forme d'une colombe, avec un frémissement d'ailes.

Puis, abandonnant sa forme d'oiseau, il devint un bel adolescent. Il la salua, elle rendit le salut, il sortit son sabre ; il frappa le sol, il vint des esclaves, des négresses du monde des Jinn qui déposèrent à terre de nombreux plats de nourriture. Ils mangèrent tous deux ; quand ils furent rassasiés, les esclaves disparurent, emportant la vaisselle et les tables. Tous deux restèrent ensemble et ce fut leur mariage. Le matin, Moulay Ḥammâm voulut partir avant que sa jeune femme ne fût éveillée. Il plaça sous le lit un sac d'or et il disparut.

Le matin, les sœurs et les tantes de la jeune fille entrèrent dans sa chambre. Elles firent le lit et trouvèrent le sac d'or. Elles le prirent sans le lui montrer, l'emportèrent et le partagèrent entre elles.

Chaque soir, revint l'époux oiseau qui se transformait en bel adolescent et, chaque matin, avant de reprendre sa forme de colombe, il déposait un sac d'or, que prirent et se partagèrent les tantes et les sœurs de la septième fille du pèlerin.

Un jour, une voisine vint la voir ; elle lui dit : « O mon Dieu, depuis que tu es la femme de Moulay Ḥammâm ou 'Imâm, ne t'a-t-il rien donné ? Il ne m'a jamais rien donné, dit la jeune femme. – Aujourd'hui, quand il viendra, dis-lui : « O mon époux, depuis que je suis ta femme, tu ne m'as même pas donné une bague. »

Et elle partit. Quand l'époux oiseau arriva, elle le laissa venir à elle et lui dit en badinant : « Tu ne m'as encore jamais rien offert, pas même une bague dans laquelle je retrouverais ton parfum quand tu t'en vas. – Ce n'est donc pas toi qui fais ton lit le matin ? lui répondit-il. – Je ne le fais jamais. – Eh bien, demain matin, fais-le toi-même et vois ce que tu trouveras. Et ce que tu trouveras, je te l'ai laissé chaque jour. »

Le matin, quand son mari fut parti, elle fit son lit et trouva un sac d'or. Elle le cacha dans son coffre et elle s'assit. Ses sœurs et ses tantes arrivèrent et s'écrièrent : « Qui est-ce qui a fait ton lit aujourd'hui ? – C'est moi qui l'ai fait, et je le ferai chaque jour. »

Chaque jour, elle trouva sous le lit un sac d'or.

Alors ses sœurs et ses tantes lui dirent : « Viens au bain avec nous. » Et pendant qu'elles étaient au bain, l'une d'elles voulut briser la fenêtre pour empêcher la colombe de rentrer le soir. Elle fit exprès d'oublier son peigne à la maison ; elle y revint sous prétexte de le chercher et brisa la fenêtre.

Quand Moulay Ḥammâm arriva sous la forme d'oiseau, il se blessa aux vitres brisées de la fenêtre et s'en retourna.

Sa femme l'attendit toute la nuit et les nuits suivantes.

Quand elle vit qu'il ne revenait pas, elle prit son or, se revêtit de vêtements d'homme, acheta un cheval et partit à sa recherche, après avoir pris les provisions de route.

Elle voyagea jusqu'à un désert tout à fait vide d'habitants. Elle trouva un arbre, attacha son cheval à cet arbre et se coucha sous son ombre.

Elle entendit alors l'arbre qui disait à son voisin : « 'Ammtî Zîwâna ? (O ma tante Zîwâna ?) – Na 'am 'Ammtî Kîwâna ? (Qu'y a-t-il, ma tante Kîwâna ?) – Le pauvre Moulay Ḥammâm est près de mourir. Ne le sais-tu pas ? Il y a quatre-vingt-dix docteurs, moins un, qui sont venus le soigner. Aucun ne l'a guéri et on leur a coupé la tête à tous. Et maintenant, qui le guérira ? Warqa mennî, Warqa mennek, ou Qtîb mennî ou Qtîb mennek. (Une de mes feuilles, une de tes feuilles. Une de tes petites branches, une de mes petites branches.) Il faudra, en outre, piler les feuilles dans un mortier jusqu'à ce qu'elles soient en poudre. Il faudra tuer sept moutons et, pendant qu'ils seront encore tout chauds, il faudra porter Moulay Ḥammâm au bain, l'asperger d'eau chaude, le rentrer dans le ventre d'un mouton, et, avec les baguettes, frapper le mouton, le sortir du premier mouton, le mettre dans le second et ainsi de suite jusqu'au septième, et ainsi toutes les parcelles de verre qui le blessent sortiront de son corps. Ensuite, on le poudrera de la poudre de nos feuilles et il guérira. »

Elle entendait tout cela sous l'arbre. Le matin, elle prit les feuilles, les branches des arbres, monta sur son cheval et partit.

Elle marcha jusqu'à ce qu'elle fut arrivée au pays de Moulay Ḥammâm.

Elle demanda où était sa maison. On lui dit : « Il est mourant. Quatre-vingt-dix docteurs, moins un, l'ont soigné sans le guérir. – Je viens le soigner pour l'amour de Dieu. – Pourquoi veux-tu te faire couper la tête ? »

Elle s'annonça à lui en disant : « C'est un docteur qui vient guérir Moulay Ḥammâm. »

Elle prépara les médicaments et fit tout ce que les arbres s'étaient dit entre eux, et il guérit.

Quand il fut guéri, il se rendit chez sa mère, qui était une Ghoûle, et lui dit : « La figure de mon docteur est celle de ma femme, mais elle a pris pour moi l'aspect d'un homme, et je ne sais s'il est un homme ou bien ma femme. – Fais préparer une tête de mouton, dit la Ghoûle, les femmes aiment la langue, les oreilles et les yeux dans la tête cuite, tu verras ce qu'elle mangera. »

Le cheval de la jeune fille lui répéta tout ce que la Ghoûle avait dit. Elle toucha à peine aux mets, disant : « C'est un plat que les femmes aiment. » Et Moulay Ḥammâm se tut.

Il retourna chez sa mère et lui dit : « La figure est celle de ma femme. Je lui ai donné à manger une tête de mouton, elle l'a à peine goûtée. – Va examiner la luzerne de son cheval : si elle a jauni, c'est que le maître du cheval est une femme. Si elle est, au contraire, restée bien verte, c'est que c'est un homme. » Le cheval lui dit : « Lève-toi de bonne heure et change ma luzerne avec celle du cheval de Moulay Ḥammâm. On va l'examiner. » On trouva la luzerne verte.

Alors il alla tout raconter à sa mère, qui répondit : « C'est bien un homme. Emmène-le cependant au jardin : s'il mange des fruits et cueille des fleurs, c'est que c'est une femme. »

Moulay Ḥammâm l'emmena au jardin : mais, prévenue par son cheval, elle ne toucha à rien.

Alors la mère lui dit : « Allez vous baigner ensemble à la rivière. » Ils allèrent à la rivière ; mais le cheval de la femme se

129

mit à se battre avec l'autre ; Moulay Ḥammâm les sépara et, pendant ce temps, elle prit rapidement son bain et, quand il revint, elle en était déjà sortie.

Alors la Ghoûle lui dit : « Cette fois, c'est bien un homme. »

Le lendemain, la jeune femme dit à Moulay Ḥammâm : « Maintenant que je t'ai guéri, je veux m'en aller. »

On lui apporta des présents, elle les refusa et dit à Moulay Ḥammâm : « Je vais te poser une condition : ceux qui se mettront sous ta protection et sous celle du docteur qui t'a soigné, ne leur fais jamais de mal. Et donne-moi la bague qui est à ton doigt. » Il fit le serment, prit sa bague, la lui donna et elle s'en alla.

Arrivée chez elle, elle fit préparer sa chambre, réparer sa fenêtre pour recevoir Moulay Ḥammâm, brûla la seconde noix, et son mari lui apparut son sabre à la main pour la tuer.

Elle se mit sous sa protection et sous celle du docteur qui l'avait soigné.

« Que Dieu ne rende jamais riche, ni toi, ni celui qui t'a informée de cela, s'écria-t-il. Montre-moi qui t'a appris cette parole. – Donne-moi la sécurité et je te le dirai. »

Il lui donna la sécurité. Alors elle lui raconta tout ce qui s'était passé et ajouta : « Voilà pour preuve la bague que tu m'as donnée. »

Alors il lui dit : « Je ne veux pas te laisser ici. »

Il la prit sous son aile et l'emporta dans son pays et la confia à sa mère, mais sa mère était une méchante Ghoûle.

Elle remplit la maison d'ordures et dit à la jeune fille : « Tu vas nettoyer cette maison et l'arroser de façon que chaque goutte soit à égale distance des autres gouttes, sinon je te dévorerai. »

La jeune femme se mit à pleurer et Moulay Ḥammâm la trouva pleurant. « Qu'as-tu ? », lui demanda-t-il. Et elle lui répéta ce que sa mère avait dit.

Il partit appeler son 'afrît, qui était son serviteur, et l''afrît fit toute la tâche imposée par la Ghoûle.

Quand la Ghoûle revint et qu'elle vit le travail terminé, elle s'écria : « Je reconnais là l'œuvre de mon fils, Moulay Ḥammâm ou 'Imâm. »

Ensuite elle apporta une charge de maïs, une charge de blé, une d'orge, une de fèves, une de lentilles ; elle les mélangea et lui dit : « Que chaque sorte de graines soit séparée quand je rentrerai ou je te mangerai. »

La jeune femme se mit à pleurer. Vint Moulay Ḥammâm, qui la trouva pleurant. Elle lui dit : « Ta mère a tout mélangé et je dois tout séparer ou elle me mangera. »

Il appela tous les oiseaux du monde, dont il était le Roi, et leur dit : « Séparez-moi toutes ces graines. »

Les oiseaux se mirent à l'œuvre et séparèrent toutes les graines comme le voulait la Ghoûle. Une petite bergeronnette qui allait pondre eut envie d'une lentille et l'avala.

Quand vint la Ghoûle, elle dit à la jeune fille : « Tu as séparé les graines ? C'est encore l'œuvre de Moulay Ḥammâm. » Puis elle cria : « Il manque une lentille, cherche-la, et, si tu ne me la rapportes pas, je vais te manger. » La pauvrette se mit à pleurer et Moulay Ḥammâm la trouva pleurant et lui en demanda la raison. Quand elle lui eut dit l'affaire de la lentille, il appela tous les oiseaux et demanda : « Quel est celui d'entre vous qui a mangé une lentille ? »

La Bergeronnette dit : « Moi. Je vais être mère et j'ai eu une envie. – Eh bien, vomis cette lentille. »

Quand la Ghoûle vint, elle trouva le nombre de lentilles. « C'est encore l'œuvre de mon fils », dit-elle.

Alors elle pensa : « Il faut que je le marie. »

Elle remplit une lampe d'huile, y mit une mèche et dit à la jeune fille : « Reste éveillée et tiens toute la nuit cette lampe allumée : on va mettre le henné à mon fils pour son mariage et, si la mèche est brûlée et que la lumière s'éteigne, je te mangerai. »

Tous les Ghoûl et tous les esprits invisibles se réunirent pour mettre le henné à Moulay Ḥammâm ; et la jeune femme resta debout à les éclairer.

Quand la mèche fut brûlée, elle en fit une autre de ses cheveux et la mit dans la lampe et pleura ; ses larmes tombèrent et l'une d'elles alla sur la figure de Moulay Ḥammâm ; il se leva et vit que le feu allait prendre à la tête de la jeune fille. Il l'éteignit et mit une autre mèche et ralluma la lampe.

Quand la Ghoûle vint et vit une autre mèche, elle dit : « Hum, c'est l'œuvre de Moulay Ḥammâm, ce fils de mécréant. »

Alors elle envoya la jeune femme chercher un tamis chez sa sœur la Ghoûle. Elle pensait que cette Ghoûle la prendrait et la mangerait.

La jeune femme se mit encore à pleurer. Moulay Ḥammâm la trouva pleurant et lui demanda : « Qu'as-tu ? – Je vais chercher un tamis chez la Ghoûle, sœur de ta mère. – Va. Tu rencontreras en chemin un âne et un chien. Devant l'âne, il y aura des os et devant le chien il y aura de la paille ; tu mettras la paille devant l'âne et les os devant le chien. Tu rencontreras une poutre dressée sur le chemin, tu la coucheras par terre. Tu rencontreras une rivière qui coule, tu lui diras : « Salut, ô rivière de miel », et tu passeras. Tu rencontreras une impasse et tu lui diras : « Salut, ô large route », et tu passeras. Tu rencontreras ma tante qui aura fait passer ses seins par-dessus ses épaules et qui sera appuyée la face contre le mur : tu la tèteras. »

Enfin la jeune fille partit et rencontra l'âne, et devant lui un tas d'os, et le chien, et devant lui un tas de paille ; elle changea la nourriture de place et donna à chacun ce qui lui convenait. L'ogresse cria : « O âne, ô chien, mangez-la. » Mais eux répondirent : « Elle nous a donné la nourriture qui nous convient et toi tu nous avais maltraités, nous ne la mangerons pas. »

A la rivière, elle cria : « Prends-la, ô rivière de sang. » Et la rivière répondit : « Elle m'a saluée et appelée rivière de lait, rivière de miel, je ne la prendrai pas. »

Et à la poutre : « Prends-la, prends-la, ô poutre debout. – Elle m'a couchée, tu m'avais mise debout pour me fatiguer, je ne la prendrai pas. »

Et à l'impasse : « Prends-la, prends-la, ô impasse étroite. – Tu me dis étroite et elle m'a dit large route ; je ne la prendrai pas. »

Elle rentra enfin à la maison de la Ghoûle, la trouva appuyée au mur, les seins rejetés par-dessus ses épaules ; elle attrapa le sein droit et le téta. Et la Ghoûle, mère de Moulay Ḥammâm, s'écria : « O ma sœur, prends-la et mange-la. » Mais la Ghoûle répondit : « Elle a tété mon sein droit ; je ne la mangerai pas », et elle lui donna le tamis.

Quand la Ghoûle, mère de Moulay Ḥammâm, la vit revenir, elle lui dit : « C'est encore l'œuvre de mon fils le mécréant. » Elle lui dit ensuite : « C'est le jour du henné pour ma belle-fille. Tiens cette lampe dans ta main jusqu'à ce qu'on ait terminé. »

Elle tint la lampe et, quand la mèche fut brûlée, elle mit son autre tresse de cheveux à la place et pleura. Une de ses larmes tomba sur la joue de Moulay Ḥammâm endormi. Il se leva, la délivra avant qu'elle ne soit brûlée ; il la mit sous son aile et retourna avec elle dans son pays, où ils vécurent heureux, loin des Ghoûl.

(Raconté par JEMA 'A, ancienne esclave du Sultan MOULAY-ḤASAN.)

XXV

LOUNDA ET LE GHOÛL

(OU L'ENLÈVEMENT DE LA FIANCÉE)

Il y avait un homme qui avait une fille qu'il aimait plus que tout au monde. Elle s'appelait Lounda. Elle ne sortait jamais et s'occupait des soins du ménage.

Elle avait été demandée en mariage et donnée à son cousin depuis sa plus tendre enfance. Mais le mariage n'avait pas encore été consommé, le fiancé voyageant au loin pour son commerce.

Un jour, les compagnes de Lounda vinrent la chercher pour aller ramasser du bois dans la forêt. Elle refusa d'abord d'y aller ; mais l'insistance des jeunes filles fut telle qu'elle céda.

Le soir venu, les jeunes filles prirent le chemin du village, portant chacune un fagot sur la tête ; mais le fagot de Lounda se fit si lourd, si lourd, qu'elle le déposa à terre tant elle était fatiguée, et dit à ses compagnes : « Allez chercher ma mère pour qu'elle m'aide à porter mon fagot. » Dans le milieu du fagot, une branche s'était transformée en barre de fer d'un poids considérable.

Dès que les jeunes compagnes de Lounda furent parties, la barre de fer disparut et un Ghoûl hideux apparut devant la jeune fille épouvantée.

« Viens avec moi dans ma demeure de ton plein gré, dit le Ghoûl. — Je n'irai ni de mon plein gré ni autrement, dit Lounda. — C'est bon, ajouta alors le Ghoûl, je t'enlèverai par une nuit ténébreuse, pendant qu'il pleuvra, qu'il ventera et qu'il tonnera. »

A ce moment, le Ghoûl disparut et la mère de Lounda arriva. « Qu'as-tu à pleurer, ô Lounda ? lui dit-elle. – Rien, mère, je suis seulement très fatiguée et j'ai eu peur toute seule. »

La mère prit le fagot sur sa tête et le trouva très léger. Elle rentra à la maison avec sa fille.

Quand elles furent arrivées, ne craignant plus le Ghoûl, Lounda raconta tout à ses parents.

Quelque temps après, par une nuit ténébreuse, alors qu'il pleuvait, qu'il ventait et qu'il tonnait, arriva le Ghoûl. Il frappa à la porte de Lounda et lui cria : « Prends une broche pour cuire les brochettes et passe-la moi. » Or, toute la famille de Lounda veillait pour la garder et la jeune fille répondit qu'elle ne lui passerait pas la broche. Alors il fit un tel vacarme, menaçant de démolir la maison si elle n'obéissait pas, que sa vieille négresse la prit sur ses épaules pour la protéger, ouvrit la porte et tendit la broche au Ghoûl. Celui-ci s'en saisit et creva les yeux de la négresse, s'empara de Lounda, l'enleva dans ses bras puissants et s'envola avec elle.

Il passa au-dessus de la montagne verte, qui changea de couleur et devint toute jaune ; il passa au-dessus de la montagne bleue, qui devint toute rouge, et de la montagne blanche, qui devint noire ; puis il installa Lounda dans sa demeure.

Pendant ce temps, le cousin fiancé revenait. Quand il arriva dans le pays, il se rendit aussitôt chez les parents de Lounda et demanda après la jeune fille. On lui dit qu'elle était morte, on l'amena au cimetière et on lui montra sa tombe. Alors, nuit et jour, inconsolable, il pleura sur la tombe de la jeune fille.

Un jour, une vieille le voyant si malheureux, lui dit : « Mon fils, on t'a trompé ; Lounda a été enlevée par un Ghoûl, par une nuit ténébreuse, pendant qu'il pleuvait, qu'il ventait et qu'il tonnait, et, dans cette tombe, il y a tout juste un morceau de bois. »

Il creusa la tombe et n'y trouva qu'un morceau de bois.

Alors il rentra chez lui, dit à sa mère de lui préparer les

provisions de route, sella son cheval et partit, suivi de sa fidèle sloûguiya.

Quand il arriva à la montagne verte et qu'il vit qu'elle était devenue jaune, il s'écria : « O montagne, pourquoi as-tu changé de couleur ? – C'est que Lounda est passée au-dessus de moi. »

A la montagne bleue, qui était devenue rouge, il posa la même question, et la montagne fit la même réponse. A la montagne blanche, qui était devenue noire, il dit encore : « Pourquoi, ô montagne blanche, ce changement de couleur ? – C'est que Lounda habite près de moi, chez le Roi des Ghoûls. »

Il continua sa route et arriva à un puits. Il attacha son cheval dans la forêt pour le faire boire.

Soudain apparut une négresse. « Va, lui dit-il, appelle ta maîtresse et amène-la moi. »

La négresse refusa : « Ma maîtresse ne quitte jamais la maison », dit-elle. Elle tira un seau d'eau et l'emporta. Il jeta alors dans le seau une bague que lui avait donnée Lounda.

Lorsque la jeune fille eut entendu le rapport de son esclave, elle comprit que son fiancé s'était mis à sa recherche et trembla de frayeur pour ce qui pourrait lui arriver. Mais elle ne sortit pas.

Alors le coq de Lounda vint boire au puits. En le voyant, le pauvre fiancé lui dit : « Va dire à ta maîtresse de venir au puits. – Elle ne sort jamais et n'y viendra pas, dit le coq. – Que fait-elle en ce moment ? – Elle file de la laine. – Eh bien, va lui voler un brin de laine, reviens ici et elle te suivra. »

En effet, le coq revint bientôt, suivi de Lounda. Elle se mit à pleurer et dit au jeune homme : « Qu'allons-nous devenir maintenant ? Il nous mangera tous deux dès qu'il connaîtra ta présence. – Je veux, cependant, que tu m'introduises dans ta maison. »

Il laissa son cheval caché dans le bois et il entra, avec Lounda, dans la maison de l'ogre, et Lounda le cacha dans un silo profond.

Le soir, le Ghoûl arriva. En entrant, il renifla l'air et s'écria :
« L'odeur de l'homme est entrée dans la maison. »

Mais Lounda lui répondit : « Il n'est rentré personne ici. Je
suis seule avec toi et Dieu. Va dormir. »

Alors elle pila des clous de girofle, puis alla faire le lit de
l'ogre.

De la moitié de ses cheveux elle lui fit sa couche et le
recouvrit de l'autre moitié de sa chevelure, et il s'endormit.

Quand il fut endormi, elle appela son cousin qui sortit du
silo, coupa ses cheveux, pour ne pas déranger le Ghoûl, et
s'enfuit avec elle. Avant de partir, Lounda prit la poudre de
clou de girofle et la sema dans toute la maison pour enlever
l'odeur de la chair humaine. Mais elle fut à peine partie que le
mortier et le pilon se lancèrent en l'air et allèrent frapper la tête
du Ghoûl en criant : « Réveille-toi, Lounda s'est sauvée. »

Le Ghoûl se réveilla et se mit à poursuivre les fugitifs. Ils se
changèrent en buisson d'épines, le Ghoûl coupa les épines. Ils
se changèrent en lances, qui lui tailladèrent les pieds.

Le Ghoûl continua sa route, cependant.

Alors ils se changèrent en sel, qui pénétra dans les plaies
saignantes de ses pieds et le firent tant souffrir qu'il tomba sur
le sol, vaincu, et il s'écria : « Puisque vous avez eu la victoire,
je veux vous donner un bon conseil : si vous rencontrez un
fuseau de laine qui vous dit : « Prends-moi », ne le prenez pas.
Si vous passez devant un temple qui vous dit : « Entrez prier
en vous reposant », n'y entrez pas. Si vous entendez un oiseau
qui vous dit : « Venez sous mon aile, je vous porterai où vous
allez », ne l'écoutez pas. »

Ensuite, laissant le Ghoûl, Lounda et son fiancé continuèrent
leur route avec le cheval et la sloûguiya. Ils rencontrèrent un
fuseau de laine qui leur dit : « Prenez-moi. »

Lounda refusa de le prendre, mais son cousin dit : « Moi,
je n'écoute pas le Ghoûl. » Il prit le fuseau, qui se colla dans
sa main, et il fallut à Lounda beaucoup de force magique pour
l'arracher.

Ils rencontrèrent ensuite le temple, qui leur dit : « Entrez prier et vous rafraîchir. »

Lounda continua sa route, mais son cousin entra dans le temple, qui se referma sur lui, et Lounda, aidée de la sloûguiya, le délivra avec beaucoup de peine.

Enfin ils entendirent l'oiseau, qui leur dit : « Logez-vous sous mon aile et je vous emporterai où vous allez. »

Lounda ne répondit rien, mais, lui, dit : « La route sera moins pénible. » Et il se logea sous l'aile de l'oiseau, qui l'enleva dans les nues.

Alors il comprit sa folie et s'écria : « Lounda, Lounda, tue ma sloûguiya, recouvre-toi de sa peau, puis tiens la bride du cheval, et la bride vous conduira où vous devez aller. »

L'oiseau l'emporta à tire d'ailes.

Alors Lounda exécuta toutes ses recommandations et arriva enfin, chez les parents de son mari, sous la forme d'une chienne lévrier, tenant la bride du cheval.

En reconnaissant le cheval et la sloûguiya de leur fils, ils pensèrent qu'il était arrivé malheur à celui-ci.

Ils mirent le cheval et la sloûguiya à l'écurie et leur firent donner leur nourriture.

Pendant la nuit, un oiseau vola au-dessus de la maison et une voix dit : « Ma femme, ma femme, que t'a-t-on donné pour ton dîner ? »

La chienne répondit : « Du son et de la paille. »

Alors, de l'oiseau, une voix cria : « J'ai du chagrin, j'ai du chagrin. » Et l'oiseau s'envola.

Or, il y avait dans le village un vieillard qui passait ses nuits en prière. Il remarqua l'oiseau et, quand il eut compris la question posée et la réponse de la chienne, il alla trouver les parents du fiancé disparu et leur raconta ce qu'il avait entendu.

Le soir suivant, ils firent rentrer la chienne dans leur chambre et la firent dîner avec eux ; puis ils veillèrent et ils entendirent la voix partie de l'oiseau et qui demandait : « Ma femme, ma femme, qu'as-tu mangé à ton dîner, ce soir ? » Et la chienne répondait : « Ils m'ont fait entrer dans la maison et manger à leur table. – Je suis bien heureux, je suis bien heureux, dit la voix. » Et l'oiseau s'envola.

Le matin, les gens de la maison allèrent demander conseil à un magicien. Le magicien leur dit : « Il me faut deux taureaux, j'irai les sacrifier sur la montagne et les partager aux oiseaux, et vous ramènerai votre fils. »

En effet, le sacrifice fait, les oiseaux se précipitèrent pour manger la proie qui leur était offerte, et le ravisseur du fiancé le laissa tomber à terre. Le magicien se saisit de l'homme, l'emporta au village, et le rendit à ses parents.

Après des transports de joie et les fêtes données pour son retour, le jeune homme leur dit : « Préparez ma fête de mariage. – Qui veux-tu épouser, dit le père. – Je prends pour femme ma sloûguiya. »

Le père était si heureux d'avoir retrouvé son fils qu'il ne s'opposa pas à son désir ; mais, cependant, il n'invita personne à la noce.

Le soir du mariage, le fiancé fit entrer la chienne dans sa chambre, puis lui jeta trois seaux d'eau chaude en disant des paroles magiques, et Lounda apparut à ses yeux belle d'une beauté sans pareille. Une petite esclave qui avait mis son œil à la serrure, courut aux vieux parents et leur dit : « Sa beauté est merveilleuse. » Mais on la battit en criant : « Quelle peut être la beauté d'une chienne ? » Mais l'enfant ne cessait de dire : « Elle est si belle que c'est la plus belle femme du monde. »

Alors les parents se décidèrent à aller à l'appartement de leur fils et, quand ils virent Lounda devant eux, ils s'écrièrent : « Louange à Dieu qui nous a rendu notre fille, la belle Lounda. » Ils convoquèrent tous les gens du pays à une grande fête et, depuis, tous vécurent heureux et jamais ne revint le Ghoûl ravisseur.

(Raconté par Lalla El-Ghaliya Raḥmaniya.)

XXVI

LES DEUX FRÈRES CHEZ LES GHOÛLS

Il y avait deux frères. L'un était riche et sans enfants, et l'autre était pauvre et chargé de famille. Le frère riche était très avare et ne donnait jamais rien à son frère pauvre. Tellement que les gens lui firent honte et lui dirent : « Toi, qui as des troupeaux, des jardins, des maisons, pourquoi ne partages-tu pas avec ton frère ? » Alors il leur dit : « A l'avenir, je partagerai. » En rentrant chez lui, il appela une de ses esclaves et lui donna l'ordre de prendre le lait aigre restant dans les outres, après qu'on eût fait le beurre, et de le jeter dans un cimetière abandonné. Et à ceux qui lui firent des reproches, il répondit : « Mais j'ai donné l'ordre de lui donner tout le lait aigre. » Le frère pauvre, apprenant sa réponse, alla trouver l'esclave et lui dit : « Pourquoi ne me donnes-tu pas le lait aigre comme mon frère te l'a commandé ? – Parce que, dit l'esclave, il m'a ordonné de le jeter dans un cimetière abandonné. » Alors le pauvre se mit à pleurer, pensant : « voici donc ce que je suis pour mon frère : un cimetière abandonné… » Et il partit sur sa mule, marchant toujours droit devant lui.

Il arriva au pays de la Peur et de la Solitude et vit un arbre près d'un grand palais isolé. Il cacha sa mule, puis grimpa sur l'arbre pour surveiller les lieux et il vit arriver une troupe de Ghoûls, qui s'écria : « Je t'encense, ô Lalla Mimouna, avec le cumin. » Et la porte s'ouvrit seule et ils rentrèrent. Le matin, au petit jour, il entendit les Ghoûls répéter la même formule, et la porte s'ouvrit pour les laisser passer. Alors il attendit qu'ils se fussent éloignés, se présenta devant la porte et s'écria : « Je t'encense, ô Lalla Mimouna, avec le cumin. » Et la porte s'ouvrit. Il entra et trouva des richesses amoncelées dans le palais. Il en mit sur son mulet tant qu'il put en porter et, chaque jour, il vint ainsi aux provisions, si bien qu'il finit par avoir une fortune considérable, fit bâtir un palais, acheta des esclaves et vécut heureux.

Un jour, son frère vint le féliciter de sa nouvelle fortune et se fit raconter comment il l'avait gagnée. Le lendemain, ce frère partit à son tour avec des mulets, traversa le pays de la Peur et de la Solitude, arriva au palais des Ghoûls, cacha ses animaux, monta sur l'arbre et attendit. Il vit les Ghoûls arriver et les entendit dire : « O Lalla Mimouna, je t'encense avec le cumin. » Il vit la porte s'ouvrir et entrer les Ghoûls. Le lendemain, après leur départ, il prononça à son tour la formule. La porte s'ouvrit, il entra avec ses animaux et accumula les richesses sur leur dos. Mais, au moment de sortir, il ne put se souvenir du nom de la jenniya gardienne de la porte. Il dit : « Lalla Temîra, madame petite datte, Lalla Zbîba, madame petit raisin sec, Lalla Louîsa, madame petite amande », mais la porte ne s'ouvrit pas.

Enfin les Ghoûls revinrent. En les entendant dire : « Lalla Mimouna », il s'écria de l'autre côté de la porte : « Je vous remercie, c'est bien le nom que je cherchais. » Et il se disposa à sortir par la porte ouverte. Mais les Ghoûls l'en empêchèrent ; cependant, avant d'être mangé, il trahit son frère et leur dit : « C'est mon frère, qui habite à tel endroit, qui vous a volés et m'a indiqué votre demeure. »

Quand ils l'eurent mangé, les Ghoûls se consultèrent entre eux et dirent : « Il nous faut maintenant ajouter la chair du frère. » Le chef des Ghoûls fit coudre tous les Ghoûls dans des tellîs (paniers doubles que l'on met sur les mulets ou les chameaux et dans lesquels on coud la laine, le grain, les outres d'huile), puis il se déguisa en marchand allant au marché. Il arriva la nuit à la demeure du frère. Il lui dit : « Je me suis attardé et ne trouve plus de fondouq où remiser mon huile que je veux vendre au marché, demain, et je viens te demander l'hospitalité. » Le frère, sans méfiance, fit mettre les bêtes à l'écurie, les fit décharger et envoya à dîner au Ghoûl qui les conduisait, pensant que c'était un homme comme lui. Le soir, une petite esclave se dit : « je vais percer une de ces outres et voler un peu d'huile pour m'en frotter les cheveux. » Elle prit une aiguille et alla piquer une outre ; mais une voix sortit de l'outre qui disait : « Ils dorment déjà ? » Effrayée, elle se sauva et alla raconter la chose à son maître. Celui-ci alla piquer une deuxième outre et une voix sortit de l'outre, disant : « Je suis prêt, s'ils dorment déjà. » Il comprit alors toute l'histoire. Il alla chercher ses voisins et ses esclaves, amoncela du bois et de la paille autour de l'écurie, y mit le feu, et tous les Ghoûls, y compris le muletier, périrent dans les flammes. Alors il alla de nouveau à la maison des Ghoûls, en rapporta toutes les richesses et devint l'homme le plus riche du monde.

(Raconté par JEMA ʿA, ancienne esclave
du Sultan MOULAY-ḤASAN.)

XXVI

LALLA SETTI LA GHOÛLE

Il y avait un homme et une femme qui avaient un garçon et une fille ; l'homme s'appelait Moḥammed et la femme 'Âïcha.

C'était l'époque des semailles et Moḥammed était paresseux et ne s'en préoccupait pas.

Un jour, cependant, sa femme lui dit : « Moḥammed, voilà l'époque des semailles. Prends ces deux mesures de fèves et va les semer. »

Il prit les deux mesures de fèves et s'en alla.

En route, il en mangea une grande partie et jeta le reste aux pigeons. Quand il rentra, sa femme lui dit : « As-tu semé, Moḥammed ? – Oui, j'ai semé, 'Âïcha », répondit-il.

Vint l'heure de la récolte ; sa femme lui dit : « Les fèves doivent être mûres, il faudrait nous en faire goûter. »

Il partit et arriva au jardin d'une Ghoûle. Il ramassa des fèves et les rapporta à sa femme, qui les prépara pour le dîner.

Elle les trouva si bonnes que le lendemain, elle dit à son mari : « Amène-moi voir la récolte de fèves ».

Le mari ne put refuser. Ils partirent avec les enfants au jardin de la Ghoûle, où ils récoltèrent la moitié des fèves.

Le lendemain, ils y retournèrent. Mais la Ghoûle s'était aperçue, la veille, qu'on avait volé ses fèves. Elle avait pris l'apparence d'une vieille femme et se promenait près du jardin.

Quand ils y arrivèrent, elle les salua ; ils rendirent le salut et l'invitèrent à manger avec eux. Mais elle refusa. « Je n'accepterai votre hospitalité qu'après vous avoir reçus chez moi », leur répondit-elle, et elle les décida à la suivre.

Ils arrivèrent à une maison isolée qui était la maison de la Ghoûle. Elle ouvrit une première porte, puis une deuxième, puis une troisième.

En voyant toutes ces portes, 'Âïcha prit peur et dit à son mari : « C'est une Ghoûle. » Alors lui s'écria : « Lalla Setti, ô ma tante, ma femme dit que tu es une Ghoûle. »

Elle se mit à rire et répondit : « Elle est folle. »

Elle les introduisit dans sa chambre et leur prépara à dîner.

Quand ils eurent mangé, elle les fit coucher et, pendant la nuit, elle voulut manger les enfants. Elle appela : « Tu dors, 'Âïcha ? – Pas encore, Lalla. »

Alors elle attendit. Enfin elle appela et 'Âïcha s'étant endormie, elle attrapa la fille et la mangea, puis elle attrapa le garçon et s'en rassasia, et s'écria : « Comme j'ai bien mangé. » Lorsque Moḥammed et 'Âïcha se réveillèrent, le matin, ils ne trouvèrent plus leurs enfants et comprirent qu'ils étaient bien chez une Ghoûle. Le matin, avant de partir chasser et de fermer sa porte, la Ghoûle appela la femme et lui dit : « Tu vas faire cuire ta propre tête dans ce chaudron et je la mangerai en rentrant. Prends garde de ne pas le faire, sinon je te mangerai crue au lieu de te manger cuite. » Puis elle partit. Quand elle fut loin, 'Âïcha fouilla la maison et trouva un charnier où la Ghoûle cachait ses provisions. Elle prit une tête d'âne, la nettoya, la mit au feu avec beaucoup d'oignons et de beurre, puis monta se cacher derrière les toiles d'araignée du grenier. Quand la Ghoûle rentra, elle s'écria : « Que Dieu te bénisse et bénisse tes parents, ô 'Âïcha, tu sens bien bon. » Elle alla chercher Moḥammed, le fit dîner avec elle et, quand ils eurent fini, elle lui dit : « Ta femme a un goût exquis, n'est-ce pas ? Demain, ce sera ton tour. Tu feras toi-même cuire ta tête, sinon je te mangerai cru au lieu de te manger cuit. »

Le lendemain, quand elle fut partie, Moḥammed mit le chaudron sur le feu. Quand l'eau commença à bouillir, il essaya d'y mettre le doigt, il se brûla et cria : « Aï ! » Il y mit un pied et cria : « Aï ! », en le sortant vivement.

Il pencha sa tête au-dessus du chaudron en criant : « Aï, aï, aï ! » Alors la jeune femme, qui le voyait de sa cachette, lui cria : « Ce n'est pas ainsi qu'il faut faire. Va au charnier, prends une tête d'âne, mets-la à cuire et viens te cacher avec moi. »

Il le fit aussitôt et rejoignit sa femme.

Quand la Ghoûle revint, elle renifla, fit la grimace et s'écria : « Quelle puanteur. Que Dieu te brûle et brûle tous ceux qui t'ont engendré, ô Moḥammed. »

Elle se mit à manger et s'écria : « Certes, Moḥammed ne vaut pas 'Âïcha. »

Alors Moḥammed, du haut de sa cachette, cria : « Mais ce n'est pas Moḥammed que tu manges ! » En même temps, 'Âïcha, qui était enceinte, accoucha de peur, et le nouveau-né poussa des gémissements. Alors la Ghoûle cria : « Ma maison est habitée par les démons ; ma maison est habitée par les démons. » Et elle s'enfuit épouvantée et ne revint jamais plus.

Quand ils furent rassurés, 'Âïcha et Moḥammed visitèrent la maison et la trouvèrent pleine de richesses. Ils les prirent et s'en retournèrent chez eux.

…Et ils furent tellement riches qu'ils n'eurent plus besoin de récolter les fèves de la Ghoûle…

(Raconté par Lalla OURQIYA, vieille Chérîfâ.)

XXVIII

LE FILS DU ROI, LA FILLE DU ROI ET LE ROI DES GHOÛLS

Il y avait une fois un jeune homme, fils de Roi, qui songeait à se marier. Et comme il ne savait sur quelle jeune fille fixer son choix, une vieille femme lui dit : « C'est la fille de tel Roi que tu dois épouser. Elle est cachée à tous les yeux, dans un château entouré de cent murailles ; chaque muraille est percée d'une porte, gardée par un esclave, et il se lève de terre des piques qui empalent celui qui veut pénétrer auprès d'elle. Cette jeune princesse a pour compagnes cent adolescentes vierges et cent vieilles femmes qui la distraient en lui racontant des contes. »

Alors le jeune homme dit : « Je la veux et pars à sa recherche, et même s'il ne me restait qu'un jour à vivre après l'avoir possédée, je l'épouserai. » Et il partit. Après un pénible voyage à travers des déserts et des solitudes, il arriva dans la ville du Roi, père de la princesse.

En entrant dans cette ville, il trouva qu'on y préparait le supplice d'un homme, et ce malheureux était déjà écartelé par des chaînes qui lui tiraillaient les membres, et il était également pendu par le cou à l'aide d'une autre chaîne. Alors, ému de pitié, le fils du Roi s'écria : « En vérité, le Roi qui règne dans ce pays ne sait pas ce qu'est la crainte de Dieu, car s'il avait une petite parcelle de respect de Dieu, il n'infligerait pas un supplice aussi affreux à un fils d'Adam. »

Or, le Roi entendit sa réflexion et lui répondit : « O homme, tu as raison et je fais grâce à ce condamné. » Et il emmena avec lui le fils de Roi et lui offrit une large hospitalité, puis le laissa s'en retourner après lui avoir fait de grands cadeaux.

Lorsque celui-ci se retrouva hors du palais, il fut abordé par l'homme qu'il avait délivré. Cet homme était un puissant magicien. Il dit au fils du Roi : « Qu'es-tu venu faire ici ? » Le fils du Roi ne voulut pas lui répondre ; alors le magicien, qui devinait toute chose, lui dit : « Tu es venu pour épouser la fille de ce Roi qui est enfermée dans un château, entouré de cent murailles, percées de cent portes, gardées par cent esclaves. Puisque tu m'as délivré, je vais t'aider à y arriver. – Mais, répondit le fils du Roi, comment peux-tu savoir ce que je suis seul à connaître ? »

Alors le magicien tira aussitôt son poignard hors de sa gaine et apparut, à leurs yeux, un horrible 'afrît qui dit : « Commande et j'obéis ; faut-il boire une rivière ? Je la boirai ; faut-il aplanir une montagne ? Je l'aplanirai. – Il te faut prendre sur tes épaules ce fils de Roi et le transporter dans la chambre de la fille du Roi, qui est enfermée dans un château entouré de cent murailles, percées de cent portes, gardées par cent esclaves. » L' 'afrît se fit tout petit, présenta son dos, et le fils du Roi monta dessus et se trouva en un clin d'œil transporté dans la chambre de la jeune fille.

Celle-ci dormait. Elle était d'une si grande beauté, couverte de sa seule chevelure, que le jeune homme en devint éperdument amoureux. Il respecta son sommeil, mais il mit du désordre dans la chambre pour montrer qu'il était venu. Il mit au pied du lit le flambeau allumé qui était à la tête, à droite celui qui était à gauche, déposa ses chaussures d'homme à la place des petits souliers de la belle endormie qu'il emporta, monta sur le dos de l'afrît , qui devint invisible, et se trouva transporté hors du palais sans qu'aucune des cent esclaves ne se soit aperçue de sa présence.

Alors il alla dire au portier de la dernière porte : « Avertis les quatre-vingt-dix-neuf autres portiers que le Roi va faire voler leurs têtes avec la tienne et fuyez vivement. » Mais celui-ci ne voulut rien entendre et l'éloigna en se fâchant. Cependant, à son réveil, la jeune fille fut toute surprise de trouver, dans sa chambre en désordre, des chaussures d'homme à la place de ses chaussures brodées. Elle envoya aussitôt à son père un message qui disait : « Ma retraite a été violée et voici les chaussures de l'homme. »

Le Roi, en recevant ce message, entra dans une violente colère. Il envoya d'abord son bourreau faire voler les cent têtes des portiers et mit des nouveaux gardes à leur place.

La nuit suivante, le magicien, ouvrant le poignard, appela l' 'afrît qui, sur l'ordre donné, se fit tout petit, présenta son dos au fils du Roi et le transporta dans la chambre de la princesse.

Or, celle-ci n'était pas couchée. Armée d'un sabre, elle attendait l'audacieux.

Quand elle le vit arriver, elle le frappa de son sabre. Mais comme il était sur le dos de l''afrît , celui-ci lui communiquait ses vertus magiques et le rendait invulnérable.

D'un geste, il la désarma et elle s'écria : « Tu es mon maître et je t'accepte pour époux. » Et ils passèrent ensemble cette nuit dans la joie et le bonheur.

Le matin, avant de se séparer de son amant, la jeune princesse lui remit une bague et lui dit : « Ceci est le signe qui doit prouver à mon père que je t'accepte comme époux. Tu n'as plus qu'à aller la lui remettre. » Le fils du Roi, emporté par l''afrît hors du palais, se rendit auprès du Roi, lui remit la bague, et le mariage fut aussitôt conclu. On réunit les notaires, qui écrivirent l'acte de mariage, puis le Roi fit annoncer qu'à l'occasion du mariage de sa fille il donnait de grandes réjouissances publiques et de grands festins.

Quant aux nouveaux mariés, ils décidèrent de quitter aussitôt le pays et de se rendre chez le Roi, père du jeune homme.

On organisa leur caravane et ils se mirent en route. Le magicien reconnaissant les accompagna. Après avoir marché des jours et des jours, ils arrivèrent à la lisière d'une forêt. Cette forêt était habitée par le Ghoûl de la forêt, qui était le Roi des Ghoûls. Lorsqu'ils eurent installé leur campement pour passer la nuit, une armée de Ghoûls arriva qui dispersa la caravane et enleva la jeune femme. Le fils du Roi demanda son aide au magicien, mais celui-ci répondit : « Je n'ai aucun pouvoir contre les Ghoûls. J'ai fait pour toi tout ce que je pouvais. » Alors le jeune prince monta se cacher dans un arbre et attendit.

Or, ce Ghoûl enlevait toutes les jeunes mariées pour en faire ses épouses. Quand on les amenait en sa présence, il avait coutume de leur dire : « Me voulez-vous pour époux ? »

Après leur réponse négative, pour les humilier, il les obligeait à traire ses brebis quand, le soir, le berger les ramenait des champs. Puis il leur posait de nouveau la question : « Me voulez-vous pour époux ? » Et comme toutes les jeunes filles répondaient toujours négativement, il les obligeait à prendre le berger sur leurs épaules et à l'apporter dans son lit, où il faisait d'elles ce qu'il voulait.

Et le berger avait raconté tout cela au mari de la princesse. Alors le fils du roi lui dit : « Cède-moi ton tour et je t'enrichirai et te donnerai toutes les brebis que tu mènes paître. » Le berger laissa donc le fils du Roi se déguiser de ses vêtements et conduire le troupeau pour le rentrer aux étables. En voyant arriver le berger, le Ghoûl fit venir la princesse devant lui et lui dit : « M'acceptes-tu pour époux ? – Non », dit la princesse. Alors il lui fit traire les brebis. Pendant qu'elle trayait, le berger, sous prétexte de tenir les brebis, se fit connaître et lui dit : « Il faut que je sache où est cachée son âme. » Alors, quand elle eut fini de traire le lait des brebis, il posa à nouveau sa question et elle répondit : « Non, même si je savais où est cachée ton âme. »

Alors, par bravade, le Ghoûl lui dit : « Mon âme est dans un œuf, l'œuf dans une pigeonne, la pigeonne dans une source gardée par une Ghoûle. Pour avoir mon âme, il faudrait tuer la Ghoûle et sacrifier un Juif sur la source. » Puis il lui fit prendre le berger sur ses épaules et elle fit mine de le porter dans son lit. Mais dès que le Ghoûl fut parti, le faux berger se mit à la recherche de la source gardée par la Ghoûle. Il y arriva la nuit même. En le voyant, la Ghoûle qui gardait la source s'écria : « Que viens-tu faire ici, où jamais aucun être humain n'a mis les pieds ? – Je viens pour te tuer », répondit le fils du Roi, et, d'un coup de sabre, il fit voler la tête de la Ghoûle. Et, soudain, il entendit un grand bruit. C'est que, aussitôt après la mort de la Ghoûle, l'eau avait jailli en abondance et coulait vers la plaine en se creusant un lit. Et les gens du village, épouvantés, criaient tous et envoyaient un teigneux en ambassade vers la Ghoûle, car ils ne savaient pas pourquoi l'eau coulait ainsi toute seule alors que d'habitude ils étaient tributaires de la Ghoûle, à qui ils devaient faire des sacrifices pour en avoir. Le teigneux, qui avait plus peur que les autres, criait plus fort qu'eux. Il disait : « O, madame la Ghoûle, je ne suis qu'un pauvre teigneux qu'on envoie auprès de toi ; ne me mange pas, car ma tête de teigneux te donnerait une mauvaise haleine. »

Voyant tout cela, le fils du Roi rassura le teigneux et lui dit qu'il avait tué la Ghoûle qui, désormais, ne ferait plus de mal aux gens du village. Et il ajouta : « Va prévenir ces gens et amène-les moi. »

Et, en quelques instants, tout le village fut sur les lieux à contempler le cadavre de la Ghoûle et l'eau jaillissante.

Quand ils eurent bien regardé, le fils de Roi leur dit : « Et maintenant, pour que cette horrible Ghoûle ne revienne jamais vous torturer, il faut que vous m'ameniez un Juif et que je le sacrifie à la source. » Alors tous les gens du village partirent en courant, se saisirent du premier Juif qu'ils rencontrèrent et le remirent entre les mains du fils de Roi. Son sang jaillit aussitôt sur la source, et la pigeonne qui y était retenue sortit et vint se poser sur l'épaule du jeune homme ; il la prit et la mit dans sa poitrine, puis, s'adressant aux gens du village, il leur désigna le teigneux comme Roi et il partit rejoindre sa femme, à qui il remit la pigeonne.

Quand, le soir, le Ghoûl vit de nouveau la princesse, il lui dit : « Me veux-tu pour époux ? » Mais elle répondit : « Non ; même si je savais où est ton âme, je ne voudrais pas de toi. »

Alors le Ghoûl, pour se moquer d'elle, répéta : « Mon âme est dans un œuf, l'œuf est dans une pigeonne, la pigeonne dans une source, la source est gardée par une Ghoûle et, pour avoir mon âme, il faudrait tuer la Ghoûle et sacrifier un Juif à la source. »

Mais la jeune princesse ne l'écoutait plus. Elle tira la pigeonne de son sein où elle l'avait cachée, lui pressa sur le ventre, l'œuf tomba à terre, se brisa, et le Ghoûl mourut au même instant. La princesse et le fils de Roi s'emparèrent alors de toutes les richesses du Ghoûl, donnèrent les troupeaux au berger, libérèrent toutes les jeunes femmes retenues prisonnières par le Ghoûl et regagnèrent sans courir d'autres dangers le pays du Roi leur père.

(Conté par ZAHRA, ancienne esclave
du Sultan MOULAY-ḤASAN.)

XXIX

LA GHOÛLE ET LE BOITEUX

Il y avait un homme et une femme qui avaient beaucoup d'enfants et qui étaient très pauvres.

Un jour, n'ayant plus aucune ressource, l'homme dit : « Je vais, sur la route d'Allah, chercher de quoi faire vivre ma femme et mes enfants. »

Il marcha longtemps, longtemps. Enfin, il rencontra une femme qui lui dit : « Où vas-tu ? » et il lui dit la raison de son voyage.

Or, c'était une Ghoûle qui avait pris la forme humaine. Elle s'écria : « C'est Dieu qui m'a mis sur ta route ; je suis riche et je suis seule et sans famille : viens avec moi, tu seras mon frère et je serai ta sœur, et je serai la tante de tes enfants. »

Elle l'emmena chez elle, lui fit un bon repas, lui donna de l'or et des provisions de route et lui dit : « Va chercher ta femme et tes enfants, que j'ai hâte de connaître. »

Il partit les chercher. Mais sa femme lui dit : « Tout cela ne me dit rien de bon, je ne veux pas y aller. »

Il insista tant et tant qu'elle finit cependant par céder.

Ils arrivèrent à la maison de la Ghoûle, qui les fit dîner et les amena se coucher.

Elle mit l'homme seul dans une chambre, et la femme avec les enfants dans une autre.

Quand elle les crut endormis, elle se leva et alla voir s'ils dormaient. Mais elle rencontra un enfant qui veillait dans la cour. Cet enfant était boiteux.

En voyant l'ogresse, il s'écria : « Ils dorment, ils dorment, il n'y a que le boiteux impatient qui veille. – Et pourquoi ne dors-tu pas aussi ? – Parce que tes coqs chantent et m'empêchent de dormir. »

Elle alla au poulailler, tordit le cou à toutes ses volailles et n'en fit qu'une bouchée.

Quand elle revint, elle entendit le boiteux qui disait : « Ils dorment, ils dorment, il n'y a que le boiteux impatient qui veille. – Et pourquoi ne dors-tu pas ? – Parce que ta mule donne des coups de pieds dans l'écurie. »

Elle alla tordre le cou à la mule, en mangea une partie et mit le reste dans la chambre aux provisions.

Elle retourna vers les enfants et elle entendit encore le boiteux : « Et pourquoi ne dors-tu pas ? – Parce que ta vache fait du bruit. »

Elle alla tuer encore la vache et revint.

Mais il disait encore : « Tous dorment, tous dorment, sauf le boiteux qui ne dort pas à cause de tes moutons. » Et elle alla tuer les moutons. Pendant ce temps, l'enfant alla vers sa mère et lui dit : « C'est une Ghoûle, elle a tué les poules, la mule, la vache, les moutons et les a mangés. Il n'y a plus de vivant, dans la maison, que l'âne et nous. Je vais faire semblant de dormir pour voir ce qu'elle va faire maintenant. »

Et l'ogresse remonta, palpa les dormeurs et s'écria : « Enfin, ils dorment. »

Elle alla dans la chambre du père. Elle le réveilla et lui dit : « Par où vais-je commencer à te manger ? – Par l'oreille, qui n'a pas écouté ma femme », et elle le mangea en commençant par l'oreille.

L'enfant, qui les surveillait, dit à sa mère : « Pendant qu'elle dévore notre père, sauvons-nous. » Et ils se sauvèrent.

Quand l'ogresse eut fini de dévorer le père, elle alla dans l'autre chambre pour dévorer la mère et les enfants, mais ils s'étaient enfuis.

Elle les suivit en reniflant et en disant : « Le boiteux s'est moqué de moi. J'ai tué pour eux mon coq, mes poules, ma mule, ma vache, et il s'est moqué de moi. »

En l'entendant, le boiteux dit à sa mère : « Il faut nous cacher. » Ils trouvèrent un silo et il y jeta ses frères et sœurs, s'y jeta ensuite et dit à sa mère : « A ton tour, maintenant. »

Mais sa mère était grosse ; elle entra bien la tête dans l'orifice du silo, mais ne put y faire passer le reste.

Ses robes se relevèrent et il n'y eut plus à l'orifice que son derrière, éclairé par la lune.

La Ghoûle arriva. Elle vit ce derrière si blanc qu'elle le prit pour une pierre. Elle frappa dessus et dit : « O pierre ! N'as-tu pas vu une femme et des enfants qui se sauvaient ? »

La femme, épouvantée, fit un pet. La Ghoûle, en l'entendant, s'écria : « Ne fais pas de serment, je te crois, je te crois. » Puis elle s'en alla.

Au matin, le boiteux aida sa mère et ses frères à sortir du silo et tous s'enfuirent du pays des Ghoûls.

(Raconté par JEMA 'A, ancienne esclave
du Sultan MOULAY-ḤASAN.)

XXX

LE GHOÛL ET LE FILS DU BÛCHERON

Il y avait un bûcheron qui était très pauvre. Il avait sept enfants, tous des garçons.

Un jour, il se plaignit de sa misère à un Ghoûl qui était le génie de la forêt. Celui-ci lui dit : « Je t'aiderai, mais tu me donneras celui de tes fils qui est ton enfant préféré. » Le bûcheron amena donc tous ses enfants dans la forêt. Le Ghoûl leur apparut aussitôt et remit au père sept brochettes à rôtir la viande. L'une était d'or, les autres d'argent et de fer. Le bûcheron distribua les brochettes à ses enfants. Le Ghoûl avisa alors celui qui tenait la brochette d'or et dit : « Je prends celui-ci parce qu'il est ton préféré. »

Il le fit entrer dans sa caverne, puis il fit avancer sept mulets chargés de richesses, qu'il remit au bûcheron. Chaque enfant monta sur un mulet, le bûcheron sur le septième mulet et tous partirent heureux d'être riches, mais tristes de laisser derrière eux l'enfant préféré. Lorsqu'ils furent tous partis, le Ghoûl alla chercher l'enfant dans la caverne, et tous deux montèrent sur une petite colline, d'où ils aperçurent encore la caravane du bûcheron et de ses fils qui cheminait vers la ville.

Puis le Ghoûl remit à l'enfant un somptueux costume, il lui fit présent d'un cheval harnaché d'or et de velours, passa à son doigt une bague de commandement (anneau magique) et lui dit : « Puisque ton père a été un homme de parole et t'a donné à moi, toi, son fils préféré, je te rends la liberté. Va le rejoindre et si tu as besoin de moi frotte cet anneau et j'accourrai auprès de toi. Pars, je te protège ; je suis devant et derrière toi. »

Et l'enfant partit. Il arriva chez lui au moment où son père et ses frères pleuraient son absence. Le bûcheron, cependant, en le voyant, s'écria : « Il faut t'en retourner à la forêt, ô mon enfant chéri ; je t'ai donné et je ne puis te reprendre. » Et il le ramena à la forêt et le rendit lui-même au Ghoûl qui devint encore davantage son ami devant cette preuve de sa fidélité à la parole donnée. Il leur donna de nouvelles richesses et les renvoya tout heureux à la ville.

Or, le Roi de la ville avait sept filles ; il fit publier qu'il voulait les marier et que tous les jeunes gens fils de notables étaient invités à venir devant le palais pour que les jeunes filles puissent choisir leur époux. Il en vint un très grand nombre.

Le jeune fils du bûcheron, possesseur de l'anneau magique, vint à passer, par hasard, auprès de la place où tous les jeunes hommes étaient réunis. Il se tint à l'écart, pensant en lui-même : « je ne grossirai pas leur nombre. »

Les filles du Roi montèrent sur la terrasse pour faire leur choix, et chacune lança à celui qu'elle désirait pour mari une pomme et un mouchoir.

La plus jeune des filles, qui était la plus aimée du Roi, lança la pomme et le mouchoir au fils du bûcheron. Mais les gardes, pensant que c'était par erreur, se précipitèrent sur lui et lui arrachèrent pomme et mouchoir, qu'on rendit à la jeune fille ; mais, de nouveau, elle les lança au fils du bûcheron qu'elle aimait et qu'elle choisissait pour mari.

Le Roi devint furieux. Cependant, il la donna à l'homme qu'elle avait choisi ; mais comme ce mariage lui déplaisait, il lui fit arranger une chambre dans le quartier des cuisines et on la meubla seulement de matelas de paille.

Lorsque le jeune mari entra auprès de sa femme, le soir du septième jour, il frotta son anneau : le Ghoûl lui apparut et il lui dit : « Meuble-moi cette pièce et transforme-la en palais pour ma bien-aimée. »

Et aussitôt les murs furent garnis de belles étoffes, les parquets recouverts de somptueux tapis, si bien que l'esclave qui servait la nouvelle mariée en fut tout étonnée et muette d'admiration.

Alors le Roi tomba gravement malade. Il fit venir tous les médecins réputés du monde entier, et celui qui était réputé le plus savant lui dit : « Il te faut, pour guérir, du Lait de la Lionne dans la peau chaude d'un de ses petits. »

La Lionne dont il s'agissait était une Ghoûle et habitait au pays des Ghoûls.

Le Sultan convoqua ses gendres, à l'exception du fils du bûcheron, et leur dit : « Telle est la prescription du médecin. Partez et allez me chercher le Lait de la Lionne. » Ils sellèrent leurs chevaux et se mirent en route aussitôt. Le soir, ils arrivèrent à la lisière de la forêt, dressèrent leurs tentes pour se reposer et se mirent à se lamenter, disant : « Où irons-nous chercher le Lait de la Lionne ? » A ce moment, apparut devant eux un superbe cavalier, dans lequel il leur fut impossible de reconnaître le mari de la plus jeune fille du Roi.

C'était pourtant le fils du bûcheron. Il leur dit : « O, voyageurs, pourquoi vous lamentez-vous et où allez-vous ? » Les six gendres répondirent : « Notre beau-père, le Roi, est très malade et il nous faut aller au pays des Ghoûls chercher le Lait de la Lionne dans la peau chaude de l'un de ses petits lionceaux ; mais nous ne savons même pas où est le pays des Ghoûls. »

« O, amis, que me donnerez-vous si je vous apporte la chose ? – Nous te donnerons tout ce que tu voudras. – Eh bien, donnez-moi chacun la pomme et le mouchoir de mariage que vous a jetés votre femme et je vous rapporterai ça tout à l'heure. »

Ils remirent tous leur pomme et leur mouchoir au fils du bûcheron, qui enfourcha son cheval et partit aussitôt. Dès qu'il fut hors de leur vue, il frotta sa bague et le Ghoûl de la forêt apparut et lui dit : « Qu'y a-t-il, ô mon enfant, et pourquoi m'appelles-tu ? »

Le jeune homme raconta alors la maladie du Roi et le remède qu'il fallait pour le guérir. Le Ghoûl lui dit : « Reste ici et attends-moi. » Il fut, en un clin d'œil, au pays de la Ghoûle.

Elle dormait, entourée de ses petits. Il en tua un, le dépeça, cousit la peau, se mit à traire la Lionne dans l'outre ainsi faite, la cousit encore et la rapporta au jeune fils du bûcheron, qui, aussitôt, alla la remettre aux six gendres.

Il partit de son côté, les précéda au palais du Sultan, gagna les cuisines, cacha les pommes et les mouchoirs, reprit ses pauvres vêtements et alla rôder vers la porte d'entrée du palais.

Les six gendres firent alors une entrée triomphale avec leur outre de Lait de la Lionne et, en passant auprès de lui, et ne le reconnaissant pas, chacun des six gendres lui cracha à la figure.

Mais le remède ne guérit pas le Sultan. Alors le médecin demanda, pour le guérir, de l'Eau qui pousse des youyous et le Roseau qui danse. (Elma ellî tzghert wa el-qṣab ellî ichṭaḥ.) Et, de nouveau, tous partirent, et comme la première fois, pendant qu'ils se lamentaient, le soir de la première halte, le fils du bûcheron leur apparut, vêtu de somptueux habits, et leur demanda pourquoi ces soupirs et ces lamentations.

Lorsqu'ils eurent raconté l'histoire, le jeune homme leur dit : « Que me donnerez-vous, si je vous apporte l'Eau qui pousse les youyous et le Roseau qui danse ? – Ce que tu voudras, répondirent les six gendres. – Eh bien, donnez-moi chacun le petit doigt de votre main droite et vous aurez ce que vous désirez. »

Les six gendres tendirent leur main droite, le fils du bûcheron coupa les six petits doigts, les roula dans le sel, les enveloppa dans un mouchoir, mit le tout dans son sac et, dès qu'il fut hors de vue, appela à son secours son père le Ghoûl en frottant sa bague.

Le Ghoûl apparut aussitôt. Le jeune homme lui exposa sa demande et le Ghoûl répondit : « Ferme les yeux, ouvre les yeux. » Il ferma les yeux, les ouvrit et se trouva transporté sur le sommet d'une haute montagne où se trouvait l'eau qui pousse les youyous et le Roseau qui danse. Il s'en empara, ferma les yeux, les ouvrit et se trouva près de la tente des six gendres, auxquels il remit les objets précieux. Puis, enfourchant son cheval, il partit au galop, arriva, se changea, mit les doigts dans un coffre et alla se placer près de la porte d'honneur du palais du Roi.

Comme la première fois, les six gendre descendirent de leurs montures, lui crachèrent au visage et allèrent remettre au Roi, et l'Eau qui youyoute et le Roseau qui danse. Mais le Roi ne guérit toujours pas. Alors le docteur prescrivit une Pomme du jardin d'El-Ghalliya Bent Manṣour, qui habite la septième mer (Tffâḥ dial El-Ghalliya Bent Manṣour ellî sâkna seb'abḥoûr). Comme les deux autres fois, le soir de la halte, les six gendres pleuraient et se désolaient quand apparut le beau cavalier. Il leur dit : « Pourquoi ces larmes ? »

Et eux répondirent : « Parce qu'il nous faut la Pomme d'El-Ghalliya Bent Manṣour, qui habite la septième mer. – Que me donnerez-vous si je vous l'apporte ? – Ce que tu voudras. – Eh bien, je veux l'oreille droite de chacun de vous. »

Les six gendres tendirent la tête, il leur coupa une oreille à chacun, ce qui lui fit six oreilles, les sala, les mit dans un mouchoir dans son sac, partit et lorsqu'il fut hors de vue il frotta la bague de commandement : le Ghoûl apparut aussitôt. Le fils du bûcheron lui dit : « O mon père, je t'ai appelé pour telle chose. »

Mais le Ghoûl répondit : « Il y a de la vie et de la mort dans cela. Nous réussirons si Allah nous aide ».

Il se transforma en faucon, remit sept morceaux de viande au fils du bûcheron, le chargea sur son dos et lui dit : « Je m'arrêterai sept fois, chaque fois au-dessus d'une des sept mers, et tu me feras manger un morceau de viande à chaque arrêt. »

Puis il s'envola. Il se posa une première, une deuxième, une troisième, jusqu'à une sixième fois et, à chaque arrêt, le fils du bûcheron lui mit dans le bec un morceau de viande. Mais, avant le dernier arrêt, le septième morceau de viande tomba à la mer. Alors le fils du bûcheron se coupa un morceau de la chair de son bras, qu'il donna au faucon. Aussitôt, la septième mer s'entrouvrit et le faucon arriva sans encombre au palais d'El-Ghalliya Bent Manṣour.

Or, cette jenniya dormait et son sommeil durait un mois et son réveil un mois.

Le Ghoûl et le fils du bûcheron commencèrent par mettre, au pied de son lit, le cierge qui brûlait à la tête, et à la tête celui qui brûlait au pied, afin de lui faire comprendre qu'ils étaient venus ; ils s'emparèrent de la Pomme puis le fils du bûcheron, la trouvant merveilleusement belle, lui ravit sa virginité.

Ensuite ils repartirent comme ils étaient venus, sans courir aucun danger. Avant de partir, cependant, ils laissèrent une lettre à la jenniya, dans laquelle le fils du bûcheron lui disait : « Il n'est venu auprès de toi que Un Tel, fils de bûcheron et du Ghoûl de la forêt. C'est lui qui t'a pris ta virginité. »

Le fils du bûcheron remit la Pomme aux six gendres et s'en retourna comme les autres fois et reçut leurs crachats sur le visage, devant la porte d'honneur du palais.

Cette fois, le Roi guérit après avoir mangé la Pomme d'El-Ghalliya Bent Manṣour.

Il pensa alors à son septième gendre et le fit appeler. Comme celui-ci allait franchir le seuil de sa chambre, le Roi s'écria : « O, mauvais fils, reste loin de moi, toi qui ne t'es jamais inquiété de moi pendant ma maladie. »

Puis s'adressant à ses six gendres, il dit : « Ceux-ci sont mes enfants et je leur partagerai mes richesses. »

Alors le fils du bûcheron répondit : « Demande à ces six de te remettre sur l'heure la pomme et le mouchoir du mariage, de te montrer leur main droite, de découvrir leurs oreilles qu'ils cachent sous le liṭâm, comme des femmes. »

Ceux-ci se mirent à trembler ; le Roi exigea qu'ils montrent leur main droite, leurs oreilles et qu'ils lui remettent la pomme et le mouchoir de mariage, et fut au comble de l'étonnement quand le fils du bûcheron lui présenta le tout sur un plateau, et, relevant la manche de son vêtement, lui montra la plaie saignante de son bras qu'il avait donné en pâture au faucon pour le sauver.

Le Roi reconnut alors son injustice. Il chassa les six gendres et combla de faveurs sa fille chérie et son mari, le fils du bûcheron.

Cependant, vint l'heure de la prière, et le mou'eddin, au lieu de crier : « Allah ou 'Akbâr », s'écria : « El bâb ya El Aḥbeb » (La porte, ô amis), et apparut El-Ghalliya Bent Manṣour, la jenniya, dans toute la splendeur de sa beauté. Elle venait provoquer le fils du bûcheron, le voleur de la Pomme et le ravisseur de sa virginité.

Celui-ci crut que sa dernière heure était arrivée. Il appela aussitôt le Ghoûl de la forêt à son secours en frottant l'anneau magique.

El-Ghalliya avait avec elle sept bourreaux et sept mahalla (bataillons) tout armés.

Le Ghoûl donna au fils du bûcheron un tout petit sabre et lui dit : « Cela te suffit, car je suis avec toi. »

Il provoqua la belle Reine en combat singulier et celle-ci dit les conditions du combat : « Si je te blesse, je ferai immédiatement brûler ton corps ; si tu me blesses, je serai ta femme. »

Le Roi et toute sa cour vinrent assister au combat.

Le fils du bûcheron l'emporta rapidement, il lui arracha son voile, la fit tomber de sa monture, et elle s'écria : « Je reconnais mon maître. »

On fit alors de belles fêtes pour le mariage du fils du bûcheron et de la Reine de la septième mer.

Il eut ainsi deux femmes et gouverna le royaume avec son beau-père le Roi. Un régnait un jour, l'autre le lendemain. Et mon récit file dans le courant de la rivière, et moi je reste avec la noble assemblée des gens qui m'ont écoutée.

(Conté par Lalla EL-GHALIYA RAḤAMANIYA.)

XXXI

CHOUITER[1] OU LE SEPTIÈME FRÈRE

Il y avait un homme qui avait sept fils. C'était un astrologue.
Un soir, en consultant les étoiles, il vit qu'il n'avait plus que
sept jours à vivre. Alors il appela ses fils et leur dit : « Attachez-
moi sur une mule et suivez-moi. Vous m'enterrerez à l'endroit
où je mourrai. » Le septième jour, le père mourut et ses fils
l'enterrèrent, puis continuèrent leur chemin. Ils rencontrèrent
un 'afrît à sept têtes qui, en les voyant au nombre de sept, les
emmena chez lui et les fit dîner en attendant de les manger.

La mère de l''afrît lui dit : « Pourquoi vas-tu tuer ces sept
hommes ? Tu as sept sœurs, marie-les avec. Donne l'aînée à
l'aîné et la plus jeune au plus petit. »

Et l''afrît écouta sa mère.

Le vingtième jour après le mariage, il n'avait pas trouvé
à manger dans la journée et il dit à sa mère : « Aujourd'hui,
c'est décidé, je les mange. Je n'ai qu'eux à me mettre sous la
dent. »

Chouiter l'entendit. Alors il alla trouver ses frères et leur
dit : « Ce soir, l''afrît va nous manger. Mais c'est le jour de
notre mariage ; nous allons, à cette occasion, changer de
vêtements avec nos femmes, de même que de coiffures, et
quand il viendra, la nuit, pour nous chercher, il les tuera au lieu
de nous tuer nous-mêmes. »

---

1. Chouiter : le petit dégourdi, avisé.

162

Et ils le firent, puis ils s'endormirent ; le matin, de bonne heure, ils s'enfuirent de chez l'"afrît , laissant leurs femmes mortes, tuées par l'"afrît .

Chouiter dit à ses frères : « Si nous partons tous ensemble et que l'"afrît nous trouve, il nous mangera tous, tandis que s'il nous rencontre séparément, il n'en mangera qu'un seul. Il faut donc nous séparer. » Et ils se séparèrent et partirent chacun de leur côté. Chouiter arriva près de la mehalla[2] du Roi. Personne ne pouvait, sans se faire tuer, traverser cette mehalla, mais Chouiter traversa les rangs des soldats en se jouant. Alors le Roi l'appela et lui dit : « Tu es brave et tu me plais, reste avec moi. » Il lui offrit le thé. Chouiter prit le plateau de thé et le brisa avec tout ce qui était dessus.

« Pourquoi fais-tu cela ? », dit le Roi. – Parce que l'"afrît a un plateau plus beau que le tien, tout en or, garni de diamants et d'émeraudes, et je pars te le chercher. »

Il prit un cheval et s'en alla chez l'"afrît et ne trouva que sa mère qui cuisait le dîner. Il remplit le chaudron de sel pour assoiffer l'"afrît , il vida les cruches d'eau, il jeta la corde et le seau dans le puits et ne laissa pas une goutte d'eau dans la maison. Puis il se cacha et attendit l'"afrît .

L' 'afrît mangea et dit : « Comme j'ai soif, donne-moi de l'eau, ô mère ! » Mais il n'y avait pas d'eau dans les cruches et la corde du puits était tombée dedans. Alors sa mère lui dit : « Prends ton plateau, va à la rivière et tu boiras de l'eau dans tes verres de cristal. » L' 'afrît partit et Chouiter le suivit en se cachant. Quand l'"afrît arriva à la rivière, il déposa le plateau à terre et s'apprêta à prendre un verre pour puiser de l'eau. Mais Chouiter s'empara du plateau et sauta dans la rivière.

Or, l'"afrît ne pouvait traverser la rivière pour lui courir après, aucun 'afrît ne traversant jamais les rivières, sous peine de s'y noyer. Il s'écria : « C'est toi, Chouiter, qui m'as pris le plateau. C'est une trahison. – Ta trahison a précédé la mienne, dit Chouiter, et je reviendrai te tuer, mangeur de tes

---

2. Mehalla : l'armée qui gardait le roi.

sept sœurs. » Il porta ensuite le plateau au Roi, qui le remercia et qui en fut émerveillé. Quelque temps après, le Roi dit à Chouiter : « Nous allons aux écuries prendre des chevaux et nous jouerons à la course. » Il emmena Chouiter aux écuries, mais celui-ci lui dit : « Tu n'as pas de beaux coursiers. Je vais te chercher le cheval de l'afrît ; quand il hennit, il fait avorter cent femmes enceintes et tomber cent remparts. Son pas : en une minute, il fait la marche de huit jours et, en une semaine, la marche d'une année. Il a deux baguettes, une d'or et une d'argent. Lorsqu'on le frappe avec la baguette d'or, il s'envole dans les airs ; quand on le frappe avec celle d'argent, il traverse les mers. »

Et il partit chez l'afrît ; il trouva l'afrît endormi. Cet 'afrît dormait les yeux ouverts et veillait les yeux fermés. Il alla à l'écurie, il caressa le cheval et il lui donna à boire de l'eau de roses et à manger des graines d'alpiste, de l'anis, et lui dit : « Si tu veux que je t'emmène, ce sera toujours ainsi. »

Alors, de contentement, le cheval hennit et réveilla l'afrît. Chouiter se cacha dans la paille. L' 'afrît vint à l'écurie ; ne trouvant rien d'anormal, il repartit se coucher. Alors Chouiter monta sur le cheval, le frappa successivement avec les baguettes d'or et d'argent, le cheval s'envola et traversa la rivière ; puis il s'arrêta et se mit à hennir. L' 'afrît se réveilla de nouveau et arriva en courant près de la rivière, qu'il ne put traverser, et s'écria : « Chouiter, tu m'as trahi. » Mais Chouiter lui répondit : « Ta trahison a précédé la mienne et je reviendrai te tuer, mangeur de tes sept sœurs. »

Et il partit sur le cheval de l'afrît, qu'il offrit au Roi.

Le Roi fut si heureux qu'il dit à Chouiter : « Nous allons jouer de la guitare pour nous divertir. »

Mais Chouiter prit la guitare et la brisa, et lui dit : « Cette guitare n'est pas digne d'un Roi tel que toi. Je vais te chercher la guitare de l'afrît. » Il arriva chez l'afrît et le trouva endormi les yeux ouverts. Il lui vola sa clef, ouvrit la boîte de la guitare, la prit et l'emporta.

Il traversa la rivière, s'assit et se mit à jouer de la guitare.

Alors l''afrît se réveilla, arriva au bord de la rivière et vit Chouiter qui continuait à se moquer de lui.

Chouiter partit vers le Roi, lui donna la guitare, et le Roi fit porter un tapis pour faire asseoir Chouiter, mais celui-ci le déchira et lui dit : « Ce tapis est indigne d'un Roi tel que toi. » Il partit voler le tapis sur lequel était couché l''afrît. Il le sema d'aiguilles qui lui piquèrent la peau. Alors l''afrît se fâcha et, croyant qu'il était piqué par des puces, se coucha à côté du tapis, que Chouiter emporta et donna au Roi.

Puis il lui dit : « Il y a chez l''afrît une poule d'or, avec ses petits poulets d'or et ses œufs d'or. Je vais te les chercher ; mais si je n'étais pas revenu dans un mois, c'est que je serais mort. Cette poule, en gloussant, répète tout ce qu'elle voit. »

Et il partit. Il arriva chez l''afrît qui dormait, mais la poule le vit et cria : « Chouiter est sur la fenêtre. » L' 'afrît se réveilla, l'attrapa et lui dit : « Cette fois, je te tiens et je vais te manger. » Alors Chouiter répondit : « Cela te ferait peu d'honneur de me manger à toi tout seul. Engraisse-moi d'amandes et de bonne nourriture et, quand je serai gras à point, invite tes amis et régale-toi. »

L' 'afrît l'écouta et le mit dans une chambre, à l'engrais.

De temps en temps, il venait le voir et lui disait : « Où en es-tu de ton engraissement ? » La première fois, Chouiter lui fit voir un bout de bois et lui dit : « Je suis sec et dur. »

La deuxième fois, il lui montra un gros madrier et lui dit : « Je suis à point ; va faire tes invitations. »

L' 'afrît partit et dit à sa mère : « Il est comme un madrier, coupe-le en quatre et fais-le cuire. » La mère entra dans la chambre et ne trouva plus que le madrier ; elle le prit, le coupa en quatre, et Chouiter, qui était caché, s'écriait : « O mère, tu me tues cheveu par cheveu. » Quand elle eut fini, elle jeta la hache ; Chouiter s'en saisit, tua la Ghoûle, la fit cuire, puis se sauva avec la poule d'or, les poussins d'or et les œufs d'or, et mit la rivière entre l''afrît et lui.

Quant à l'afrît , il se régala et dit, avec les autres 'afrît : « Comme ce Chouiter est bon ! Quel régal ! » Quand, tout à coup, ils entendirent la poule glousser et crier : « Chouiter m'a fait traverser la rivière. » Alors l'afrît se précipita et lui dit : « C'est une trahison, ô Chouiter. – Ta trahison a précédé la mienne, ô mangeur de ta mère et de tes sœurs, et je reviendrai te tuer. »

Chouiter apporta la poule, les poussins et les œufs d'or au Roi ; puis il lui dit : « Je repars tuer l'afrît . » Il prit un sabre et arriva chez l'afrît . Il le trouva endormi ; il l'attacha avec sa ceinture ; il lui trancha six têtes. Mais l'afrît , qui s'était réveillé, s'écria : « O Chouiter, laisse-moi ma septième tête. – Non, dit Chouiter, tu tuerais encore d'autres hommes. » Et il lui coupa la septième tête et porta les sept langues salées au Roi. Alors le Roi lui dit : « Tu es le plus fort et le plus courageux des hommes, ô Chouiter ! Tu seras Roi et je ne veux être que ton Vizir. »

(Raconté dans le Mellâḥ de Marrakech,
par FREḤA BENT ḤAMOU.)

XXXII

LA JEUNE FILLE MARIÉE À UN GHOÛL

Il y avait un homme très riche qui avait une fille et un ami. La jeune fille était belle et lettrée et, un jour, l'ami la demanda en mariage. Le père consentit à ce mariage.

Au moment de sa mort, il fit venir les adoul et écrivit le contrat de sa fille ; il lui donnait cent mulets chargés de marchandises, cent esclaves pour les conduire, cent petites esclaves vierges pour amuser la jeune femme, et son cheval, appelé Dada Zokia Kenaden. Le père mort, le mariage fut célébré ainsi qu'il l'avait décidé et le nouveau marié voulut emmener sa femme dans sa demeure. Or, il habitait dans un autre pays et, un matin, toute la caravane se mit en route.

La jeune fille montait le cheval Dada Zokia Kenaden et ce cheval, qui parlait et comprenait le langage des animaux et des hommes, l'exhortait à la patience. Car, dès la première nuit, la pauvre enfant s'aperçut qu'elle était mariée à un Ghoûl de la plus terrible espèce. En effet, lorsque le soleil se couchait, son mari qui, le jour, avait forme humaine, prenait une figure hideuse de Ghoûl et dévorait tous les animaux de la caravane. Après avoir marché longtemps, longtemps, bêtes et gens furent tous mangés et, en arrivant à la demeure du Ghoûl, il ne restait plus de vivant que la mariée, son cheval et le Ghoûl lui-même.

Or, ce Ghoûl était d'une espèce qui dort sept jours et veille sept jours. L'heure du sommeil approchant, il attacha solidement le cheval à l'écurie, lui mit des chaînes au cou et aux pieds, ferma les chaînes avec une clef et attacha la clef à sa ceinture, puis il alla se coucher pour dormir sept jours. Quand il fut endormi, la jeune femme alla à l'écurie voir son cheval ; elle jeta ses bras autour du cou de l'animal et se mit à pleurer. Le cheval versait, lui aussi, d'abondantes larmes. Enfin elle lui dit : « Il faut trouver le moyen de me délivrer. – Trouve d'abord, lui répondit le cheval, le moyen de m'enlever ces chaînes, car, enchaîné, je ne puis rien pour toi. Tâche de lui prendre la clef des fermetures et après je t'emporterai. »

Pendant cette semaine de sommeil, la jeune femme ne put s'emparer de la clef. Le Ghoûl se réveilla, se mit à manger des chairs pantelantes et appela la jeune femme. « Prends le râteau, dit-il, et nettoie-moi les dents, j'ai des brins de viande qui me font mal. » Et la jeune femme dut, chaque jour, après chaque repas, nettoyer la bouche de l'ogre avec le râteau ; alors elle se promit de voler la clef pour s'enfuir.

Le septième jour du sommeil, alors que l'ogre dormait le plus profondément, elle lui prit doucement la clef, enleva les chaînes du cheval, remit la clef à sa place et attendit toute la semaine, car le cheval était trop malade pour pouvoir partir aussitôt.

Comme ce cheval ne se nourrissait que de riz et de lait, elle lui prépara chaque jour de bonnes bouillies.

Enfin le jour du réveil arriva, le Ghoûl constata qu'il avait bien sa clef à sa ceinture ; pour plus de sécurité, il passa à l'écurie voir le cheval, il le trouva accroupi et toutes ses chaînes en place. « Pourquoi ne te lèves-tu pas pour me saluer, lui dit-il. – Parce que je suis depuis longtemps enchaîné et que je suis très fatigué. »

Alors le Ghoûl partit sans méfiance. Dès qu'il fut à une certaine distance, la jeune femme vint retrouver son cheval. Elle sauta sur son dos et le cheval partit à grande vitesse. Il traversa toute la solitude du pays des Ghoûls. En route, fatigué, il urina abondamment et reprit sa course ; le Ghoûl, qui chassait, passa près de la flaque d'urine, se mit à renifler et s'écria : « Mon cheval s'est enfui, c'est l'odeur de Dada Zokia Kenaden. » Mais les autres Ghoûls se mirent à se moquer de lui, disant : « Tu as la clef après toi, ton cheval est enchaîné, comment peux-tu croire qu'il soit passé par ici ? » Et ils l'empêchèrent de rechercher l'animal. Et voilà pour le Ghoûl.

Quant à la jeune femme, après avoir longé des murailles et des murailles, ceinturant des villes et des villes, elle arriva au bout de son voyage. Son cheval, en effet, s'arrêta dans une ville où il entra et la jeune femme mit pied à terre. Elle était vêtue en homme, ses beaux cheveux tressés sous la rezza, et, comme elle était fort lettrée, elle pensa utiliser son savoir pour vivre et faire vivre son ami le cheval. Elle avisa des enfants qui jouaient et leur dit : « Enfants, votre père ne voudrait-il pas un bon țâleb pour vous instruire à la maison ? » Les enfants allèrent appeler leur père, qui engagea le țâleb. On lui donna une petite chambre dans la maison et on mit son cheval à l'écurie.

Et la vie devint plus douce et plus tranquille pour elle.

Un vendredi, qu'elle était enfermée dans sa chambre et coiffait ses longs cheveux, les enfants, qui regardaient par une fente de la porte, la virent et coururent aussitôt vers leur mère en lui disant : « Notre țâleb est une femme. Elle a des longs cheveux. » La mère n'en voulut rien croire.

Le vendredi suivant, elle alla au bain avec ses élèves et, malgré toutes ses précautions, ceux-ci aperçurent ses petits seins. « Maman, dirent-ils en rentrant, c'est une femme, elle a des seins. » Alors la mère dit : « Nous allons l'éprouver. » Elle prépara un repas très épicé et mit des piments entiers dans les aliments, disant aux enfants : « Si c'est une femme, elle se jettera sur les piments, sinon elle les déposera sur le bord du plat. »

La jeune femme, prévenue par son cheval, déposa les piments sur le bord du plat. Alors la mère prépara un plat de tripes farcies dans des paquets soigneusement attachés. « Si c'est une femme, elle déchirera les paquets avec les doigts ; si c'est un homme, il les coupera avec son couteau. » Elle déjoua encore la ruse.

Alors la mère dit aux enfants : « Allez dire à votre ṭâleb que son cheval, Dada Zokia Kenaden, est mort. » Et les enfants annoncèrent la nouvelle sans ménagements, et la jeune femme, croyant la mauvais nouvelle, arracha sa rezza et se griffa le visage comme font les femmes.

La mère se précipita vers elle, la reçut toute en pleurs dans ses bras et lui dit : « Ce n'était qu'une colique, il va mieux ; mais pourquoi t'être fait passer pour un homme ? Nous t'aurions bien plus aimée encore si nous avions su tes malheurs. »

Le fils, qui avait le premier pensé que le ṭâleb était une femme, déclara à son père qu'il voulait l'épouser et le mariage se fit quelques jours après.

Enfin le jeune homme, qui voulait se livrer au commerce, partit avec un ballot de marchandises sur chaque mulet qu'il avait et laissa sa femme chez ses parents. Or, elle était grosse et mit au monde, peu après, deux jumeaux. Le père écrivit à son fils pour lui annoncer la bonne nouvelle et fit partir un rekkas pour porter la lettre.

Le soir, le rekkas coucha dans une khîma (hutte) isolée. Mais, pendant qu'il dormait, un jaloux, qui le guettait, prit la lettre et la remplaça par une autre où il disait : « Mon fils, je t'annonce une mauvaise nouvelle ; ta femme a accouché de deux jumeaux : une chienne et un chien. » Lorsque le mari reçut cette missive, il eut un grand chagrin. Cependant, comme il aimait sa femme, il répondit : « Nommez les enfants, habillez-les et attendez-moi. »

Au retour, le jaloux attendait le rekkas. Quand celui-ci fut endormi, il retira la lettre du mari et lui substitua une autre lettre dans laquelle il disait : « Coupez les deux mains de ce monstre, attachez le chien dans sa poitrine, la chienne dans son dos et chassez-la du pays. »

Avec cette lettre, la consternation entra dans la maison. En voyant continuellement pleurer ses beaux-parents, la jeune mère, plaçant ses deux beaux petits sur leurs genoux, s'écria : « 'Ala 'ârkoum, sous votre protection, je veux la vérité. » Alors les deux vieux, en pleurant, lui montrèrent la lettre. Elle tendit ses deux poignets, on les lui coupa, enveloppant les bouts saignants de ses bras dans des chiffons, et on attacha sur elle ses enfants, comme il était ordonné dans la lettre. Mais elle implora ses parents et leur demanda de la laisser partir avec son cheval. On la mit donc sur Dada Zokia Kenaden.

Le cheval marcha, marcha longtemps. Enfin il arriva au gué d'une rivière. Sur le bord de la rivière, il y avait deux colombes qui volaient en gazouillant et elles disaient : « Une goutte de notre sang suffirait pour faire repousser les mains de cette mère, qui pourrait ainsi allaiter ses petits. » En entendant cela, le cheval s'approcha d'elles pendant qu'elles buvaient, les attrapa avec son museau, les égratigna et frotta du sang qui sortait des petites plaies les moignons des bras de la jeune mère. Aussitôt, ses mains repoussèrent et elle saisit ses enfants et les fit téter. Le voyage dura encore longtemps. Enfin, un soir, mourant de faim et de fatigue, le cheval se coucha et dit à la femme : « Je vais mourir ; mais je te serai plus utile mort que vivant. Aussitôt que j'aurai expiré, déchire mon flanc droit, arrache-moi une côte et, de cette côte, frappe le sol, et tous les génies invisibles seront à ton service. » Puis il mourut.

Aussitôt, ouvrant son flanc, la femme lui arracha une côte, en frappa le sol et demanda une pioche et un linceul ; aussitôt, les objets demandés furent en sa présence. Elle ensevelit le cheval dans le linceul, creusa la terre et l'enterra.

Après, elle pensa à elle et à ses petits. Comme elle n'avait qu'à commander aux Mwâlîn el-'arḍ (aux génies de la terre) elle eut vite un palais, des jardins ombreux, une belle rivière et tout à satiété. Sa maison devint un véritable lieu de pèlerinage, une véritable zâwiya. Et elle vécut heureuse, oubliant le mauvais Ghoûl et élevant ses enfants qu'elle instruisait elle-même.

Quelques années plus tard, elle était à prendre l'air sur la terrasse de son palais quand elle aperçut sur la route un groupe de mendiants composé d'un vieil homme, d'une vieille femme et d'un homme plus jeune.

Ils portaient tous leurs biens attachés sur leur dos et ils étaient tout à fait misérables. Cependant, elle reconnut en eux son mari et ses beaux-parents. Elle appela ses esclaves, leur ordonna de conduire ces mendiants au bain, dès qu'ils seraient arrivés, de les vêtir proprement et de les restaurer, puis elle appela ses enfants et leur dit : « Ce soir, je recevrai ces hôtes qui m'arrivent et vous me demanderez de raconter une histoire. »

Le soir, elle descendit vers les mendiants, les salua et les invita à prendre le thé. Quand ils furent réunis, son fils lui dit : « Maman, raconte-nous une histoire comme celles que tu nous racontes chaque soir. – Mes enfants, je ne sais plus que ma propre histoire et elle ne doit guère intéresser ces hôtes que Dieu nous a envoyés. » Mais ceux-ci, frappés par la ressemblance de leur hôtesse avec leur fille si injustement frappée, réclamèrent l'histoire.

Elle raconta alors toute l'histoire de sa vie et, en l'entendant, son mari la prit dans ses bras et versa d'abondantes larmes. Ses parents pleurèrent aussi, puis ils se réjouirent d'être réunis et ils vécurent heureux dans la zâwiya jusqu'à la fin de leurs jours.

(Raconté par la Chérîfa Lalla OURQIYA.)

XXXIII

HISTOIRE DE BARTAL ET DE JERÂDA

Il y avait un homme très pauvre, avec sa femme. Lui s'appelait Bartal[1] et elle Jerâda[2]. Ne trouvant pas à gagner leur vie dans la ville qu'ils habitaient, ils partirent dans la ville du Sultan. N'y étant pas connu, Bartal s'installa comme chouwwâf[3], et Jerâda se fit engager comme laveuse chez le Sultan.

Un jour, disparut un foulard de tête qui était étendu dans le pré. Ce mouchoir avait été mangé par un veau. Mais Jerâda, qui l'avait vu, n'en dit rien et laissa chercher le foulard. Quand le Sultan en fut informé, il vint vers les laveuses et dit : « Je ne veux pas de voleuses au Dâr el-Makhzen. » Alors Jerâda lui dit : « Je connais un chouwwâf si savant qu'il te dira tout de suite qui a volé le foulard. » On l'envoya chercher le chouwwâf ; et, en route, elle apprit à son mari ce qui était arrivé.

Arrivé au Dâr el-Makhzen, le chouwwâf s'assit à terre, prit son omoplate de mouton, son écritoire et fit des signes et des point sur l'os, les réunit par de petites lignes, prit un air de voyant et dit : « O Sultan, ce foulard n'a pas été volé ; c'est un veau, de telle et telle couleur, taché de telle et telle façon, qui l'a mangé. »

On fit venir les veaux, et le chouwwâf, toujours voyant, s'écria : « Voilà le veau ! »

---

1. Bartal : petit moineau
2. Jerâda : sauterelle
3. Chouwwâf : liseur de l'avenir sur une omoplate de mouton

CONTES & LÉGENDES DU MAROC

Le Sultan fit aussitôt sacrifier l'animal ; on trouva, effectivement, dans son estomac, le foulard disparu. Alors le Sultan donna au chouwwâf une grosse poignée d'or en s'écriant : « 'Ajoûba[4] ! »

Alors le Vizir jaloux s'écria : « Moi, je n'y crois pas à ce chouwwâf ! »

A ce moment, un petit moineau (bartal) se posa sur l'épaule du Sultan et une sauterelle (jerâda) sauta sur ses genoux.

Le Sultan enferma les deux petites bêtes dans les plis de son manteau et envoya chercher Bartal.

Bartal vint tout inquiet, car il se disait : Que va-t-il me demander ? Gare à ma tête !

Le Sultan lui dit : « J'ai deux petits animaux cachés dans mon manteau ; dis-moi ce qu'ils sont. »

Alors il répondit, au comble de la perplexité : « Que demandes-tu, toi qui commandes à Bartal et à Jerâda ? » Et ainsi il se nommait et nommait sa femme, et exprimait son égarement.

Mais, en entendant ces noms qui étaient justement ceux des animaux attrapés, le Sultan, qui ignorait son nom et celui de la laveuse, fut étonné et joyeux et, croyant qu'il avait deviné, il lui donna encore une bonne somme d'argent et le laissa partir.

Mais le Vizir doutait encore. Alors ils firent préparer trois jarres : la première fut remplie de miel, la seconde de beurre et la troisième de goudron. Puis on les enterra dans le sol de la qoubba et le Sultan envoya chercher le chouwwâf une autre fois.

Quand Bartal fut arrivé, il lui dit : « Je veux que tu nous dises ce qui est caché dans cette chambre et, si tu ne devines pas, je te tuerai. »

Alors Bartal répondit, faisant allusion à ses trois rencontres avec le Sultan : « La première était de miel, la deuxième de beurre et la troisième est de goudron. »

---

4. 'Ajoûba : Etonnant

Le Sultan y vit la manière mystérieuse de répondre d'un chouwwâf, mais ne douta pas, un seul instant, qu'il s'agissait d'autre chose que des jarres. Puis il combla le chouwwâf de présents, lui donna une maison et lui envoya, chaque jour, la mouna.

Mais, depuis lors, Bartal ne vécut plus en paix. A chaque instant, il tremblait qu'on ne vînt le chercher pour deviner une chose impossible ; si bien qu'un jour, il dit à sa femme : « O Jerâda, je sens que ma tête n'est plus très solide sur mes épaules. Il nous faut quitter ce pays. »

Alors il écrivit une lettre au Sultan et, dans cette lettre, il écrivit cette seule phrase :

« Ellî ikhedem ma'a el-Makhzen, la ief'al 'amer, ḥatta iqra 'awâqibou (Celui qui travaille avec le Makhzen ne doit pas faire une action sans en peser les conséquences)."

Puis il posa la lettre dans la maison, ferma la porte et reprit le chemin de son pays.

Quelques jours après, le Sultan l'envoya chercher et on ne trouva que la lettre qu'on lui remit. Quand il eut fini de lire cette sentence, il l'écrivit de sa plus belle écriture et fixa l'écrit au-dessus de sa porte, afin que chacun pût la lire en entrant, tant il la trouva admirable. Et il pensait souvent à Bartal. Quant au Vizir, il s'était enrichi auprès de son maître et ne songeait rien moins qu'à le faire disparaître et à prendre sa place. Il alla chez un forgeron, fit faire un rasoir bien aiguisé et l'enduisit d'un poison violent. Puis, le jour où le barbier du Sultan vint pour le raser, il l'appela et lui dit : « O Barbier, tu sais que le Sultan est très mécontent, parce que tu le rases avec des rasoirs sales et de mauvaise odeur. Voici un rasoir qu'il m'a prié de te remettre pour le raser. »

Le barbier prit le rasoir et entra chez le Sultan. Mais, en attendant à la porte, il vit la phrase de Bartal, la lut et se dit : « j'en ferai mon profit. Je ne comprends rien à cette histoire de rasoirs et je ne raserai le Sultan avec ce rasoir neuf que s'il me dit lui-même de le faire. » Il étala, comme d'habitude, ses rasoirs par terre, prit un des siens et s'apprêta à raser le Sultan, qui ne lui dit rien au sujet du nouveau rasoir. Alors il le rasa comme d'habitude. Quand il eut fini, le Sultan vit le rasoir neuf à côté des vieux et dit : « Tiens, tu as un rasoir neuf ? – C'est, dit le barbier, celui que m'a remis, de ta part, le Vizir, pour que je te rase. – Je ne t'ai rien envoyé par le Vizir », dit le Sultan, et il pensa aussitôt la vérité.

Il appela une négresse, lui demanda d'apporter, sur l'heure, un petit chat, qu'il donna au barbier en disant : « Rase ce chat avec le rasoir neuf. » Et le chat, rasé, mourut aussitôt. Alors il envoya chercher le Vizir.

Celui-ci attendait, dans sa chambre, les cris annonçant la mort du Sultan ; quand on lui dit que celui-ci venait d'être rasé et le demandait, il ne songea plus qu'à la fuite. Mais il ne put se sauver et dut se présenter devant son maître. Le Sultan l'accueillit, comme d'habitude, avec un sourire et de bonnes paroles, mais il dit au barbier : « Maintenant que tu as fini de me raser, rase donc mon Vizir avec ce rasoir neuf. »

Le Vizir se mit à trembler et mourut avant que le barbier n'eût fini de le raser.

Alors le Sultan dit au barbier : « Je fais de toi mon Vizir. Mais je veux savoir pourquoi tu ne t'es pas servi du rasoir que t'avait donné ce Vizir de malheur ? »

Le nouveau Vizir répondit : « Parce que, ô mon maître, j'avais lu la phrase sur ta porte et j'avais réfléchi. »

Revenons à Bartal et Jerâda.

Ils étaient retournés dans leur pays et y avaient retrouvé une fille devenue grande et d'une beauté réputée. Un riche commerçant vint la demander en mariage et Bartal lui dit : « Je veux bien, mais j'y mets la condition que, chaque jour, tu me verseras cent meṯqâl et, cela, tant que ma fille vivra sous ton toit. »

Le commerçant, qui était amoureux, fit un acte chez le qâḍî, où il s'engageait à servir ces cent meṯqâl quotidiennement. Puis il se maria. Mais il arriva un jour où sa fortune fut complètement engloutie. Alors il dit à sa femme : « Nous allons quitter ce pays. Ainsi je ne paierai plus à ton père la rente de cent metqâl. »

Ils partirent et arrivèrent à la ville du Sultan. Le tajer ne trouva pas de travail et, pour nourrir sa femme qu'il chérissait, il se fit engager comme manœuvre par le contremaître du Sultan.

Or le Vizir, l'ancien barbier, et le Sultan allaient, chaque jour, voir travailler les ouvriers.

En voyant travailler le gendre de Bartal, le Sultan s'écria : « Quelle ardeur à l'ouvrage ! » Et le Vizir répondit : « C'est que ce manœuvre a sûrement une jolie femme. »

En entendant ces paroles, le Sultan eut aussitôt la pensée de voir cette jolie femme. Il fit surveiller le manœuvre par une vieille 'arifa, très experte, de son palais, et il ne tarda pas à avoir de tels renseignements que, perdant toute prudence, il se rendit, avec cette vieille 'arifa, à la maison du manœuvre, pendant que celui-ci était bien occupé à porter les couffes de terre.

La jeune femme refusa d'abord de le laisser entrer dans sa maison.

Il fit alors connaître sa qualité de Sultan et la porte s'ouvrit. Mais la jeune femme était vertueuse et, tout en étant respectueuse envers son maître, elle sut se défendre, et comme le Sultan disait franchement ce qu'il voulait, elle lui répondit : « Cela est une chose impossible, ô mon Seigneur, car le maître ne peut se désaltérer dans la même eau que le chien. »

Alors le Sultan comprit qu'il avait eu tort. Il fit de grands cadeaux à la jeune femme et s'en retourna à son palais. Puis il fit appeler le manœuvre et le fit conduire dans une chambre où se trouvait sa plus belle concubine. Il l'y laissa le temps de commettre le péché de convoitise, mais pas plus, et, ensuite, il le fit venir près de lui et il lui dit : « J'ai commis, aujourd'hui, une faute contre toi, car j'ai regardé ta femme avec le désir de la chose illicite, et pour que tu puisses me pardonner cette faute, je t'ai mis en présence de ma plus belle concubine pour que tu commettes le même péché. Maintenant, je dois te dire que ta femme est la plus vertueuse des femmes et qu'il n'y a rien eu que de licite. Et je te fais ce présent pour que tu retournes dans ton pays. » Et il le combla de richesses.

Alors le gendre de Bartal et sa femme retournèrent dans leur pays, auprès de leurs parents. Quand ils arrivèrent, Bartal dit à son gendre : « Dis-moi, sincèrement, ce qu'a fait ma fille. » Et le gendre raconta toute l'histoire.

Alors Bartal lui dit : « Ce Sultan m'avait déjà comblé de richesses et je n'avais nul besoin de tes cent meṭqâl par jour ; mais je les ai exigés pour te ruiner, afin que tu apprécies ma fille dans l'épreuve de la misère. Je te rends ton argent, que j'ai mis de côté avec soin et Jerâda et moi nous retournons auprès du Sultan. » Bartal et Jerâda se mirent donc en route et Bartal alla, aussitôt arrivé, voir le Sultan, qui s'écria : « O toi ! Bartal, reçois soixante-six mille bienvenues ; je t'attendais et je ne veux plus que tu partes. Tu seras désormais mon compagnon de table et de plaisirs, car c'est à la sentence écrite par toi que je dois la vie. »

WAllâhou 'a'lem (Et Dieu est plus savant).

(Raconté par Sɪ Eʟ-Ḥᴀsᴇɴ, Mou'eddin
de Sɪᴅɪ 'Aʙᴅ-Eʟ-'Aᴢîᴢ.)

XXXIV

LE QÂDÎ HAMIMSA ET LE SULTAN

Le Sultan ʿAbd el-Malek ben Marouan régnait à Fez. Il voulut visiter ses états et laissa à sa place son fils avec le titre de khalifat.

Lorsqu'il revint, il trouva que ce fils avait commis de grosses fautes pendant son gouvernement et l'emprisonna pour une très longue durée.

Le prisonnier appela à son secours le qâdî Hamimsa. Ce cadi était un grand savant et passait pour un fou. Quand le fils du Sultan lui eût raconté son malheur, il lui dit : « J'en fais mon affaire. »

Il se procura un lingot d'or et tailla dedans des grains de blé, imitant parfaitement les véritables grains de blé ; puis il se rendit chez le redouté Sultan et lui dit : « Je t'apporte, Monseigneur, ces grains de blé d'or. Ils germeront et reproduiront des grains semblables, s'ils sont semés par un homme à la conscience pure de toute faute. »

Le Sultan fit aussitôt proclamer dans tout le royaume qu'il désirait que tous ceux de ses sujets qui avaient la conscience pure eussent à se présenter au Dâr el-Makhzen. Il en vint un très grand nombre.

Le Sultan les reçut chacun à son tour et leur tint à chacun ce langage : « Tu es sûr de n'avoir jamais commis de faute ? Dans ce cas, tu vas semer cet or ; s'il ne lève pas, c'est que tu m'as menti et je te ferai couper la tête. »

Mais, en entendant ces paroles, tous les habitants refusèrent de semer le blé, car il leur souvenait, tout à coup, qu'ils avaient bien des fautes à se reprocher.

Si bien que le Sultan fit appeler le qâdî et lui dit : « Dans tout mon royaume, je n'ai pas trouvé un seul homme capable de semer ce blé. » Le qâdî répondit : « O Sultan, sème-le donc, toi, l'homme pur parmi les purs, sage parmi les sages. » Mais le Sultan s'écria : « Alors ce blé ne lèvera jamais, car moi-même j'ai commis de nombreuses fautes. »

« Il faut donc pardonner à ton fils, dit le qâdî, et le faire sortir de prison, car il est un homme comme tous tes sujets et toi-même, susceptible de se tromper et de mal agir. » Le Sultan comprit la leçon et libéra son fils aussitôt.

(Raconté par Si EL-ḤASEN, Mou'eddin de Sidi 'ABD-EL-'Azîz.)

XXXV

HISTOIRE DE L'HOMME QUI AVAIT UNE FEMME SOTTE

Un jour, un homme rentra chez lui et dit à sa femme : « Voilà de la semoule. Tu vas préparer du couscous et de la cha'riya (petit vermicelle) pour le carême qui arrive. » Celle-ci se mit à l'ouvrage et, quand elle eut tout préparé, elle entendit du bruit dans son impasse : c'était un voleur. Elle sortit, le vit et lui demanda : « Comment t'appelles-tu ? » Il répondit : « Carême[1]. » Alors elle se dit : il vient chercher les provisions. Elle le fit attendre et lui remit le couscous et la cha'riya qu'elle avait préparés.

Quand son mari rentra, elle lui dit : « Carême est venu et je lui ai tout remis. – Quel Carême ? Le Carême commencera dans deux mois. » Enfin, il comprit qu'elle avait tout donné à un homme qui s'appelait de ce nom. Alors il devint furieux et jura de ne revenir chez lui que s'il trouvait une femme plus sotte que la sienne. Et il s'en alla.

Il arriva dans un autre pays et il vit une femme qui lui dit : « D'où viens-tu ? » Il répondit : « De l'autre monde. » Alors la femme lui dit : « Est-ce que tu n'y aurais pas vu mon fils et ne pourrais-tu m'en donner des nouvelles ? » Il répondit : « Mais oui ; il est tout nu et il lui manque un manteau et de l'argent. »

Alors la sotte rentra chez elle, prit un manteau neuf, de l'argent, et remit le tout à l'homme en lui faisant mille

---

1. Ramdân, qui est le nom du jeûne et aussi un prénom fréquent.

recommandations à faire à ce fils qui était dans l'autre monde. L'homme s'en alla aussitôt et prit le chemin du retour.

Lorsque le mari de cette femme arriva, elle lui raconta qu'elle avait eu des nouvelles de l'autre monde et qu'elle avait envoyé à son fils un manteau et de l'argent. Le mari entra dans une violente colère, monta à cheval et se mit à la poursuite de l'homme. Celui-ci, apercevant un cavalier galopant sur la route, comprit aussitôt l'aventure ; comme il traversait un champ de fèves mûres, il cacha son paquet et se mit à cueillir les fèves.

Alors le mari, arrivant près de lui, l'interpella et lui dit : « O maître du champ, n'as-tu pas vu passer un homme portant un manteau comme ceci et comme cela ? » L'homme répondit : « Oui ; il est passé ici, mais il allait bien vite. Passe par cette traverse et tu le rattraperas, mais n'y va pas à cheval, car il entendrait le bruit des sabots et se cacherait. »

Le mari, qui le prenait pour le maître du champ, lui confia son cheval et prit le chemin de traverse. Alors l'homme enfourcha le cheval et retourna bien vite chez lui. Quand il arriva, il dit à sa femme : « Je reviens, car j'ai trouvé une femme encore plus sotte que toi. »

Quant au mari de l'autre femme, il eut beau prendre le chemin de traverse, il ne trouva pas celui qu'il poursuivait. Il revint au champ de fèves et ne trouva ni son cheval ni celui qu'il croyait être le maître du champ ; alors il s'en revint, tout honteux, à la maison, et dit à sa femme : « O femme, tu avais raison. On revient de l'autre monde. J'ai trouvé l'homme qui en revenait et qui t'avait donné des nouvelles de notre fils et, pour qu'il le rejoigne plus vite, je lui ai donné aussi mon cheval. »

(Raconté par Si EL-ḤASEN, Mou'eddin de SIDI 'ABD-EL-'AZÎZ.)

XXXVI

HISTOIRE DU QÂḌÎ ET DU FRÈRE ADULTÉRIN

Il y avait un homme riche qui avait sept fils. A l'heure de sa mort, il les fit venir et leur dit : « O mes enfants, voici que je vais mourir. Je voudrais bien vous partager mes biens, mais je ne puis le faire, car je sais que l'un de vous est un fils adultérin. » Et il mourut.

Les fils essayèrent de se partager ses richesses, mais ils ne purent y réussir, car ils ne savaient lequel d'entre eux était le fils adultérin.

Après s'être disputés, ils résolurent de s'en rapporter au jugement du qâḍî. Ils se rendirent donc chez lui et lui exposèrent leur affaire. Alors le qâḍî leur dit : « Pour savoir lequel d'entre vous est le fils adultérin, il faut que je vous observe pendant un certain temps. A partir de ce jour, vous êtes donc mes hôtes. » Et il les installa dans une pièce bien garnie de tapis et de matelas et leur envoya un excellent méchoui pour les régaler.

Mais comme il s'était caché pour les observer, il entendit le premier fils qui disait : « Vraiment, ce qâḍî se moque de nous ; il nous envoie un méchoui qui est illicite, car l'esclave qui l'a fait cuire a ses règles. »

Le deuxième fils lui répondit : « O frère, ce qâḍî est encore plus inhospitalier que tu le penses, car le mouton qu'il nous offre est illicite, parce qu'il a été mal sacrifié. »

Un troisième fils s'écria : « Que voulez-vous attendre de licite, ô mes frères, d'un qâḍî qui est lui-même illicite, puisqu'il est un fils adultérin ? »

Le qâḍî ne voulut pas écouter davantage. Il se rendit, tout triste et préoccupé, à ses cuisines, et interrogea ses esclaves. Il apprit que celle qui avait cuit le méchoui était, en effet, dans une période d'impureté.

Il fit alors appeler le boucher qui avait sacrifié le mouton et celui-ci, pressé de questions, ne put mentir et avoua s'y être repris à deux fois pour faire le sacrifice de l'animal.

Alors il se rendit auprès de sa mère et lui dit : « O ma mère, je suis donc un fils adultérin ? » Et celle-ci, troublée, avoua qu'il était, en effet, le fils d'un porteur d'eau.

Alors le qâḍî retourna auprès des jeunes gens et leur dit : « Je puis rendre mon jugement dès ce jour, car je vous ai écouté causer et j'ai entendu ce que vous disiez au sujet du licite et de l'illicite. Je suis aussitôt allé me renseigner et j'ai constaté que la viande que vous mangiez était, en effet, doublement illicite et que vous deux vous aviez dit la vérité. Quant à toi, le troisième, tu as dit que j'étais un fils adultérin. Or, ceci, je l'ignorais aussi et c'est pourtant l'exacte vérité. Or, s'il est possible à un homme de reconnaître le licite et l'illicite quant aux aliments, il n'est possible qu'à un fils adultérin lui-même de reconnaître, en un autre homme, avec exactitude, un autre fils adultérin. Je juge donc que c'est toi qui dois être exclu de l'héritage, car tu n'es pas le frère de ces hommes-ci. »

Et il les congédia, ayant ainsi jugé dans sa sagesse…

(Raconté par Si El-Ḥasen, Mou'eddin de Sidi 'Abd-El-'Azîz.)

XXXVII

LES FILEUSES

Il y avait une fois une fille qui ne voulait pas apprendre à filer et, chaque jour, sa mère la battait à cause de cela. Un jour, qu'il y avait des hommes réunis dans la maison, la mère remplit une corbeille de laine filée et se mit à battre sa fille, si bien que l'un d'eux entra chez elle pour la faire cesser ses mauvais traitements. Il lui dit : « Qu'est ceci, ô femme ? Pourquoi bats-tu ainsi cette jeune fille ? » La vieille répondit : « Parce qu'elle n'a filé que cela dans sa journée. » Et elle montra la corbeille débordant de laine filée. Tiens, se dit l'homme, voilà une bonne fileuse. Et aussitôt il demanda la jeune fille en mariage et l'épousa. Quelques jours après la noce, la mère prit de la suie et en fit de grandes taches sur le derrière de sa fille. Lorsque le mari fut rentré, elle dit à sa fille : « Nous allons filer, monte à l'échelle et attrape la corbeille à laine. » La jeune femme grimpa à l'échelle et ses robes s'étant relevées, le mari vit toutes ses marques noires et dit à la mère : « D'où viennent ces marques ? – C'est d'être trop longtemps assise pour filer. » Alors le mari défendit à la jeune femme de filer à l'avenir.

(Raconté par Fatîma Chelḥa.)

185

XXXVIII

LA JEUNE FILLE ET LE MENDIANT

Il y avait un homme riche qui n'avait pas de descendance. Il priait Dieu, matin et soir, avec sa femme, pour qu'il leur donnât un enfant.

Un jour, il entendit un ange qui lui parlait du haut du ciel et qui disait : « Il va te naître une fille, mais, le jour de sa naissance, toi et ta femme vous mourrez. »

Il dit : « C'est bien, mon Dieu, mais donnez-moi cette fille. »

En effet, sa femme devint enceinte, accoucha d'une fille et mourut et, en voyant mourir sa femme le père mourut aussi. L'enfant resta seule dans la maison. Or, il y avait un pauvre qui venait, chaque jour, à la porte de cette maison, demander l'aumône et, chaque jour, on lui donnait sa nourriture. Ce matin-là, il eut beau frapper et prier à la porte, on ne vint pas lui ouvrir. Alors il appliqua l'oreille à la serrure et entendit les vagissements de l'enfant. Il ouvrit la porte, entra et trouva la petite fille nouveau-née à côté de ses parents morts. Il fit enterrer le père et la mère, acheta une chèvre et s'installa dans la maison vide pour élever l'enfant.

La petite fille grandit. Le pauvre lui amena un maître d'école pour l'instruire et un poète qui lui apprit les belles paroles. Un jour que son père adoptif était sorti elle monta sur la terrasse et le Vizir du Roi l'aperçut. Il alla chez le Roi et lui dit : « Il y a chez un tel, qui est pauvre et mendiant de profession, une jeune fille d'une grande beauté (Zîn el Kôdra). » Le Roi dit : « Je vais l'envoyer demander en mariage à son père le mendiant. »

En effet, il envoya chez le mendiant, mais celui-ci dit : « Je n'ai pas de fille ; ce doit être une voisine qui a été vue sur la terrasse. » Et on n'en parla plus. Un jour, le Roi, qui s'ennuyait, fit crier dans un quartier de sa ville cette question : « Je veux savoir ce que dit l'eau quand elle bout dans la bouilloire. » Et il fit dire à ses sujets que, si on ne lui donnait pas la réponse, il leur ferait couper la tête.

Aucun des habitants du quartier ne put donner la réponse, et on coupa la tête à tous les habitants.

La question fut posée successivement dans chaque quartier de la ville. Un jour, on la cria dans le quartier habité par la jeune fille et son père le mendiant. Et le mendiant se mit à pleurer devant sa fille. « Qu'as-tu, ô père ? » Et il raconta la chose à sa fille. Alors elle lui dit : « Sois sans crainte et va dire au Roi : « L'eau qui bout dans la bouilloire dit :

« Sur la terre, je courais ;

« Dans le ciel, j'ai volé ;

« Et, du bois que j'ai fait pousser en l'arrosant, on me brûle. »

La réponse satisfit le Sultan.

Alors il fit chercher l'homme et lui dit : « Prends ce marbre et va me tailler un vêtement dans son épaisseur. Il me le faut pour que je le revête pour la prière du vendredi, sinon je te couperai la tête. » Alors le pauvre emporta le marbre chez lui et se mit à pleurer. Vint la jeune fille auprès de lui : « Qu'as-tu à pleurer, ô mon père ? – Le Sultan veut que je lui fasse un costume dans ce marbre. – Et c'est tout ? Tu pleures pour cela ? Va à la rive ; prends deux paniers de sable blanc, va les porter au Sultan et dis-lui : « Tu m'as donné l'étoffe, mais pas le fil. Porte ce sable à tes femmes et dis-leur de le filer, pour que je puisse coudre ton habit. »

Le pauvre fit ce qu'avait dit la jeune fille. Il se rendit auprès du Roi et lui remit le sable en lui disant de le faire filer, et le

Roi s'écria : « Eh quoi ! On file le sable maintenant ? – Mais oui, Monseigneur, depuis qu'on taille des vêtements dans le marbre ! » Le Roi se mit à rire et le pauvre partit, sentant sa tête plus solide sur ses épaules.

Un autre jour, le Roi l'envoya chercher et lui dit : « Pardonne-moi pour ce que je t'ai fait et dis-moi qui t'a renseigné pour tes réponses, car elles ne viennent pas de toi. »

Alors le pauvre raconta toute l'histoire de sa fille d'adoption au Roi et le Roi lui dit : « Je veux la prendre en mariage. » Il lui envoya de grands cadeaux et de, chaque chose, cent. Mais, en route, ceux qui les portaient volèrent un peu de chaque chose. Quand on lui présenta les cadeaux, elle vit qu'on avait volé un peu à chacun. Elle écrivit au Sultan pour le remercier et lui dit, pour lui faire comprendre le larcin sans se plaindre : « On a pris du ciel deux pans ; de la terre, deux coudées ; des étoiles, deux étoiles ; je me mets sous ta protection et te demande de ne pas battre tes esclaves. » Le Sultan lui répondit : « Je te demande en mariage et te demande d'être discrète et de ne pas te montrer plus savante que moi. »

On l'apporta chez le Roi, qui invita tous ses sujets aux fêtes du mariage. Ils organisèrent une course de chevaux sous les fenêtres du Roi. Parmi les gens qui étaient venus à la fête, un homme avait amené sa jument pleine, un autre avait amené sa chamelle pleine, ils les avaient attachées à des piquets et s'en étaient allés à la fête. Les deux bêtes mirent bas pendant leur absence.

Le propriétaire de la chamelle arriva le premier. Il prit le petit de la chamelle et le donna à la jument. Il prit le petit poulain et le mit près de la chamelle.

Vint le propriétaire de la jument ; il s'écria : « Donne-moi le petit de la jument. » L'autre ne voulut rien entendre. Et ils allèrent devant le Roi. Et le propriétaire de la jument lui exposa sa plainte.

Le Sultan leur répondit : « Que venez-vous m'ennuyer ? Prenez chacun ce que vous aurez trouvé près de votre animal. » Ils s'en allèrent jusque sous la chambre occupée par la jeune fille. Le propriétaire de la jument se mit à pleurer. La jeune fille se pencha, l'appela et lui demanda ce qu'il avait à pleurer. Quand elle eut entendu l'histoire, elle lui dit : « Demain, va te présenter au Sultan, à l'heure du méchouar, et dis-lui : « La justice est absente et la vérité est malade. » Ce qu'il fit. En entendant ces paroles, le Roi dit : « Qu'y a-t-il ? – J'avais semé de l'orge au bord de la rivière et un poisson (mulet) est venu me le manger, et je demande justice. – Comment ? Tu te moques de moi ? Est-ce que les poissons mangent de l'orge ? – Est-ce que les juments enfantent des chamelons ? »

Alors le Sultan fit aussitôt rendre le jeune poulain au propriétaire de la jument ; mais il comprit le rôle de sa femme dans l'histoire et dit au portier : « Emporte-la avec toutes les richesses que je lui ai données. »

Puis, il alla chez la jeune femme et lui dit : « Pars et emporte d'ici tout ce qui te plaît ; tu es trop savante pour moi. » Elle répondit : « Nous allons d'abord prendre ensemble une tasse de thé ; après, je partirai. »

Alors elle prépara le thé, y mit du benj ; le Roi s'endormit ; elle le mit dans une caisse et dit au portier de l'emmener chez elle, et elle partit avec lui.

Quand elle arriva, elle prépara une chambre qu'elle sema de roses, ouvrit la boîte, coucha le Roi sur de beaux tapis et attendit.

Quand l'effet du benj fut passé, le Roi se réveilla ; il la retrouva auprès de lui et elle s'écria : « Tu m'avais autorisée, ô Roi fortuné, à emporter toutes les richesses qui me plaisaient dans ta maison et j'ai emporté la seule chose que j'aimais. »

Alors le Roi se réjouit et la prit définitivement pour femme et ils furent heureux, et mon histoire est partie dans le flot des rivières…

(Raconté par JEMA 'A, ancienne esclave
du Sultan MOULAY-ḤASAN)

XXXIX

LE QÂDÎ ET LE VOLEUR DE LINCEULS

Il y avait une fois un voleur dont la spécialité était de déterrer les morts pour voler leurs suaires.

Un jour, il fut pris sur le fait et amené devant le qâdî.

Celui-ci l'interrogea et lui dit : « Parmi les nombreuses tombes que tu as profanées, as-tu rencontré des tombes de qâdî ? – J'en ai ouvert dix. – Et comment as-tu trouvé leur cadavre ? – Je n'ai jamais trouvé leur cadavre, mais, à la place, j'ai trouvé un animal nauséabond et répugnant, tel que vipère ou sanglier ; d'autres fois, j'ai trouvé le cadavre carbonisé. »

Alors le qâdî lui dit : « A partir de ce jour, tu n'auras plus besoin de voler pour vivre. Je te prends à mon service. Tu assisteras à mes jugements et si tu me vois extorquer de l'argent aux plaideurs, tu interviendras et tu me diras : « O qâdî, veux-tu ressembler aux dix ? » Et, à partir de ce jour, ce qâdî jugea justement. Mais l'abondance disparut de sa maison et la misère ne tarda pas à y régner.

Un jour, la femme du qâdî lui dit : « N'y a-t-il plus de plaideurs ? Voilà que nous mourons de faim, maintenant. – Il y a des plaideurs, dit le qâdî ; mais j'ai eu à juger un voleur qui a éclairé ma conscience et m'a fait entrevoir le châtiment qui attend les juges qui ne sont pas intègres », et il lui raconta l'histoire du voleur de suaires. Alors elle éclata de rire et lui dit : « Tout cela n'est qu'un tissu de mensonges. Juge donc comme autrefois. »

Et le qâḍî recommença à extorquer de l'argent aux plaideurs et à vendre la justice, si bien que, de nouveau, l'abondance régna dans la maison. Un jour, le voleur l'interpella au moment où il rendait un jugement fort injuste : « Quoi ! Tu veux donc être comme les dix ? » s'écria-t-il.

« Laisse donc, dit le qâḍî. Je me passerai de tes services, à l'avenir, car il m'est indifférent, maintenant, d'être le onzième. »

(Raconté par SI EL-ḤASEN, Mou'eddin
de SIDI 'ABD-EL-'AZÎZ.)

XL

LA JUSTICE DU QÂḌÎ

Un jour, deux hommes se disputaient entre eux. A un moment, l'un donna à l'autre une gifle et, finalement, le giflé demanda raison de sa gifle devant le qâḍî.

Le qâḍî, après avoir écouté les plaignants, condamna le gifleur à payer au giflé une mesure d'orge. Le gifleur partit chercher l'orge.

Alors le giflé, trouvant la peine bien disproportionnée, se leva et, administrant au qâḍî une formidable gifle, il lui dit : « Comme je suis très pressé, je te rends la gifle. Tu n'auras qu'à garder l'orge pour toi. »

(Raconté par Sɪ Eʟ-Ḥᴀsᴇɴ, Mou'eddin
de Sɪᴅɪ ʿAʙᴅ-Eʟ-ʿAᴢîᴢ.)

XLI

L'HOMME À LA VACHE ET LES QUARANTE VOLEURS

Il y avait un homme qui avait une vache. Un jour, il la conduisit au marché pour la vendre : mais il demanda un prix si exorbitant que personne n'en voulut. Quarante voleurs vinrent sur le marché. Le chef de la bande leur dit : « Nous allons nous amuser aux dépens de l'homme à la vache. » Et il lui offrit un prix bien supérieur à celui qu'il demandait. Le marché fut conclu aussitôt et le chef des voleurs dit à l'homme à la vache : « Viens, chez moi, toucher le prix de ta bête. » Il fit entrer la vache dans son écurie et dit à l'homme d'attendre dehors pendant qu'il allait chercher son argent : puis, verrouillant la porte avec soins, il tua la vache, la dépeça, la fit préparer dans ses cuisines et en fit faire quarante plats qu'il envoya cuire au four. En faisant sortir les plats, il dit à l'homme qui les emportait : « Tu diras au maître du four que je les enverrai chercher par un homme qu'il reconnaîtra à ce qu'il aura un petit doigt coupé. »

Puis il se tourna vers l'homme à la vache et lui dit : « Veux-tu être payé en or ou en argent ? – En or », dit l'homme. Alors, se saisissant d'un bon gourdin, le voleur rossa l'homme d'importance et entra se verrouiller dans sa maison. L'homme à la vache, qui avait vu partir les quarante plats et entendu la recommandation du voleur, se coupa aussitôt le petit doigt et se rendit au four chercher les quarante plats, qu'on lui remit sans difficulté puisqu'il montrait le signe. Il les porta à sa mère et lui dit : « Ceci n'est que le surplus. Le prix de la vache viendra après. » Quand les voleurs envoyèrent chercher leurs quarante plats, ils virent qu'ils avaient été joués et comprirent que l'homme à la vache avait pris sa revanche.

Celui-ci, cependant, se rasa la barbe, se peignit le visage, s'habilla en femme et alla se promener sur la route des voleurs. L'un deux en devint amoureux et l'emmena chez lui. Pendant la nuit, l'homme à la vache le ligota, le pendit au plafond, dévalisa la maison et apporta à sa mère toutes les richesses volées, lui disant : « Ceci n'est que le surplus ; le prix de la vache viendra ensuite. »

Quand les voleurs rentrèrent chez eux et trouvèrent l'un d'eux pendu au toit de la maison et la maison dévalisée, ils s'écrièrent : « C'est encore l'œuvre de l'homme à la vache ! »

Dans la journée, ils louèrent un bain pour aller se baigner. Lorsqu'ils furent tous entrés, l'homme à la vache alla trouver le maître du bain et lui dit : « Loue-moi ton bain pour la journée. – Je l'ai déjà loué, répondit-il. – Laisse-moi maître ici, aujourd'hui, et j'augmente ton profit. » Et il lui donna une grosse somme d'argent.

Le maître du bain s'en alla, le laissant surveiller le bain ce jour-là.

L'homme à la vache vola les vêtements, les armes, l'argent des quarante voleurs et, les laissant nus, il abandonna le bain et alla porter à sa mère tout son butin, lui disant : « Ceci n'est encore que le surplus, l'argent de la vache viendra ensuite. »

Il prit une marque de fer pour marquer les esclaves au feu et alla avec sa mère vers un mausolée abandonné. Il entra s'y cacher et dit à sa mère : « Toi, tu vas pleurer devant la porte et, à ceux qui te demanderont pourquoi tu pleures, tu diras : « Je pleure mon fils unique, l'homme à la vache, tué par les quarante voleurs. »

Quant aux quarante voleurs, après être sortis du bain, ils s'écrièrent : « L'homme à la vache nous ruinera tout à fait. Il faut vider ce pays de notre présence. » Et ils partirent.

Quand ils virent la femme, pleurant devant le mausolée, ils lui demandèrent : « Qui pleures-tu, ô femme ? – Je pleure mon fils unique, l'homme à la vache, tué par les quarante voleurs. »

Alors, successivement, tous les voleurs entrèrent dans le mausolée pour souiller la tombe de leur ennemi. Mais, au moment où ils se baissaient, l'homme à la vache leur marqua le bas des reins au fer rouge. Ils s'en furent jusqu'à la ville la plus proche. L'homme à la vache les suivit de loin et les vit se réfugier dans un fondouq pour y passer la nuit. Il alla trouver le Roi de la ville et lui dit : « Dans tel fondouq, se trouvent quarante de mes esclaves qui se sont enfuis et que je poursuis. » Le Roi les fit arrêter, mais ils se défendirent tant qu'ils purent. Alors l'homme à la vache dit au Roi : « Vois toi-même, s'ils ne portent pas tous ma marque sur le derrière ? Je les ai marqués aujourd'hui même. »

Après vérification, le Roi lui remit les quarante voleurs. Il les conduisit au marché des esclaves, les vendit et en remettant, le soir, l'argent à sa mère, il lui dit : « Je t'apporte enfin le prix de ma vache. »

(Raconté par Freḥa Bent Ḥammou
au Mellâḥ de Marrakech.)

XLII

LA MAISON À VENDRE AU DISEUR DE MENSONGES

Il y avait un homme qui avait trois fils. A l'heure de sa mort, il leur partagea ses richesses et leur donna à chacun huit mille dinars.

L'aîné partit, avec son argent, pour chercher fortune. Il passa près d'une maison ; cette maison était en argent, les heurtoirs étaient de diamant et de rubis, et il y avait, sur la porte, une inscription qui disait : « Cette maison est à vendre pour huit mille dinars et un gros mensonge. »

Il versa les huit mille dinars et raconta : « Il y avait un sultan… » Mais le maître de la maison lui dit : « Va-t'en ! Va-t'en ! Ton histoire n'est pas un mensonge, car il y a des sultans et des sultans dans ce bas monde. » Et l'homme s'en alla dépouillé de son argent.

Le second partit, comme son frère. Il arriva à la maison. Quand il eut lu l'inscription, versé les huit mille dinars, il raconta : « Il y avait un barbier… » – Va-t'en ! Va-t'en ! dit le maître de la maison ; il y a des barbiers plein le monde et ton histoire n'est pas un mensonge. »

Alors le plus jeune des frères partit et arriva devant la maison ; il lut l'inscription, versa les huit mille dinars et dit : « Un mensonge ? Je vais vous en raconter un :

« Le jour où je suis né, ma mère fit un œuf ; l'œuf tomba et se brisa ; il en sortit un poussin qui alla au fond de la mer, j'ai couru après lui, je suis rentré dans la mer : j'ai trouvé sept chambres, l'une dans l'autre ; j'ai trouvé sept escaliers et, sur chaque escalier, sept caisses puis sept échelles ; puis, quand je fus sur la septième échelle, je me touchai la tête : c'était une pastèque ; je touchai mes habits : c'était un couteau, et je dis à ma tête : prends garde, ô pastèque, je vais te couper !... »

Alors le maître de la maison éclata de rire et dit : « La maison est à toi ! Car, seul, tu as su dire un mensonge ... »

(Raconté par FREḤA BENT ḤAMMOU
au Mellâḥ de Marrakech.)

XLIII

L'HOMME SOT ET LES BREBIS

Il y avait un homme dont la réputation de sottise était établie. Il avait quatre brebis et un âne pour tout bien. Un jour, il dit à sa femme : « Je vais aller au marcher vendre mes brebis. » Sa femme, qui le connaissait bien, voulut s'y opposer et aller, elle-même, faire la vente ; mais il se fâcha et lui dit : « Tu crois donc que je ne saurai pas vendre ? »

Il monta sur son âne et fit marcher ses brebis devant lui. Il arriva au souq pendant qu'il faisait encore nuit. Il n'y avait ni vendeurs, ni acheteurs, ni aucune marchandise. Seule, sur un vieux mur, une chouette poussait son cri : Hou, hou, hou !

Alors l'homme se dirigea vers la chouette et dit : « C'est toi l'acheteur ? – Hou ! Hou ! fit la chouette. – Ah ! Je te comprends très bien, ajouta-t-il, tu n'as pas d'argent, dis-tu ? Eh bien, je te ferai crédit, tu me paieras quand tu voudras. – Hou ! Hou ! fit encore la chouette. – Marché conclu, dit l'homme. » Et il laissa ses brebis contre le vieux mur et s'en alla sur son âne.

La route était longue. Vers le milieu du jour, il se dit : « Je vais m'allonger sous un arbre, me reposer et, pour que, pendant mon sommeil, on ne me vole pas mon âne, je vais attacher le bout libre de sa corde à ma longue barbe. »

Et, en effet, il s'installa commodément, à l'ombre d'un olivier, attacha l'âne à sa barbe et s'endormit profondément.

Pendant qu'il dormait, un voleur, qui le guettait, lui coupa délicatement la barbe autour du menton et emmena l'âne.

A son réveil, il ne trouva plus l'âne ; il passa la main sur son menton en se lamentant et, ne trouvant plus sa barbe, il s'écria : « Est-ce moi ou n'est-ce pas moi ? Car, moi, j'avais une barbe ! »

Il finit cependant par comprendre toute l'affaire et s'en retourna, à pied, chez lui.

Quand il arriva, sa femme lui dit : « Donne l'argent des brebis et de l'âne. » Mais il répondit : « Quel argent ? J'ai vendu les brebis à crédit à une chouette qui était le seul acquéreur du marché, et un voleur a emporté ma barbe avec mon âne. »

Alors la femme se désespéra et l'injuria. La semaine suivante, quand vint le jour du marché, il partit de très bonne heure pour chercher son argent ; et, comme la première fois il trouva que le souq n'était pas ouvert et qu'il n'y avait ni acheteurs, ni marchandises d'aucune sorte.

Il se rendit au vieux mur, sur lequel la chouette était encore posée. Il lui dit : « Bonjour, madame la chouette, je viens pour le paiement. »

La chouette, effrayée, s'envola en criant : hou ! Hou !

Alors l'idiot escalada le mur de la chouette et, en grimpant, fit tomber des pierres sous lesquelles il trouva une marmite pleine d'or.

Il revint chez lui et dit à sa femme : « O femme, une autre fois ne me traite plus d'idiot : voilà le produit de la vente ! » Et il lui donna le trésor.

(Conté par FAȚÍMA CHELḤA.)

XLIV

HISTOIRE DU JUIF ET DU MAROCAIN
(OU QUEL EST LE PLUS MALIN)

Il y avait une fois un Juif et un Marocain qui, tous deux, étaient commerçants. Le Juif n'avait qu'un seul désir : c'était de tromper le Marocain, et le Marocain ne rêvait que d'une chose : tromper le Juif.

Un jour, le Marocain, qui tenait une petite boutique, vit venir à lui un Juif chleuḥ, crasseux, puant l'huile, son tarbouch noir collé sur la tête par la crasse. Ce Juif lui dit : « J'ai plusieurs jarres d'huile à te vendre et, comme je ne suis pas très pressé d'argent, si nous tombons d'accord tu ne m'en paieras que le tiers au comptant ; pour le reste, je reviendrai quand tu voudras. »

Alléché par la promesse de ne pas exiger tout le prix au comptant, et se promettant bien de ne pas payer les deux autres tiers, le Marocain alla voir l'huile, la trouva très bonne et la fit aussitôt transporter chez lui après avoir versé au Juif le tiers du prix convenu.

Mais quand il voulut la vendre, il s'aperçut que les jarres étaient pleines d'eau et qu'une faible quantité d'huile seulement surnageait jusqu'à l'ouverture.

Il pensa aussitôt : « voilà un tour de mon Juif, mais, par Allah, je ne l'avais pas reconnu. »

Il prépara alors sa revanche. Il loua, dans un fondouq, une chambre pour y entreposer de la laine. Il la remplit de bois, puis masqua le bois par quelques toisons de laine bien arrangées, de sorte que la chambre avait l'air d'être pleine de laine bien tassée.

Puis il se rendit chez le Juif et lui proposa sa marchandise.

Le Juif objecta qu'il ne voulait pas acheter de laine en ce moment ; mais le Marocain lui fit un prix si avantageux qu'ils se rendirent aussitôt au fondouq.

Le Juif trouva la laine très belle et très propre, acheta, paya et prit la clef de la chambre d'entrepôt.

Quelques jours après, ayant trouvé à revendre la laine avec un bon bénéfice, il alla au fondouq pour la livrer et découvrit la supercherie.

Il ne s'en fâcha pas ; bien au contraire, il admira la manière dont le Marocain s'était vengé et se rendant aussitôt chez lui, il lui fit de grandes protestations d'amitié et lui dit : « Je vois que nous sommes de force égale. A l'avenir, au lieu de chercher mutuellement à nous tromper, associons-nous et trompons les autres. »

Ils s'associèrent donc et se mirent à travailler en commun. Ils achetèrent des marchandises pour les revendre au souq du bled.

Une nuit qu'ils étaient en tournée, le Juif sortit de sa tente et, tout à coup, buta contre une pierre qui bouchait un silo. Il dégagea l'ouverture et lança des pierres dans le silo pour voir ce qu'il contenait, et les pierres tombèrent sur du cuivre. Il se rendit compte que ce silo contenait des urnes de cuivre remplies d'argent, car c'est l'habitude, dans les campagnes, de cacher les douros ainsi.

Il rentra prévenir son associé marocain de sa découverte et tous deux retournèrent à l'instant vers le silo, emmenant avec eux leur âne et leur chouari vide de marchandise et qu'ils avaient l'intention de bien remplir d'argent. Arrivés au but de leur expédition, ils dirent ensemble : « Lequel de nous deux va descendre ? »

Et le Marocain s'offrit à descendre dans le silo. Il attacha une corde à sa ceinture et en remit l'extrémité au Juif, qui la tint bien dans sa main pendant que le Marocain se lançait dans le vide et arrivait au fond du silo.

Alors il se mit à remplir le chouari, mais il se disait en même temps : « Comment remonter, car ce Juif a évidemment l'intention de m'oublier ici une fois qu'il aura remonté l'argent. » Alors il eut une idée de génie ; il mit tout l'argent dans une des poches du chouari, se mit dans l'autre et, après avoir tout cousu, il héla le Juif et lui dit de tirer le chouari. La charge était si lourde que le Juif suait à grosses gouttes, mais il tirait avec courage, car effectivement il pensait : « je vais m'enfuir avec tout l'argent que je chargerai sur mon bourriquot et je serai bien loin quand ce Marocain sera retiré du fond du silo, si toutefois il n'y meurt pas de faim. »

Quand le chouari si lourd fut enfin extrait du silo, il le chargea à grand-peine sur son âne et s'enfuit en riant du bon tour qu'il jouait à l'autre. Il arriva à l'entrée d'une grande forêt, mais il était si fatigué qu'il s'arrêta et s'endormit.

Alors le Marocain, qui était cousu dans le chouari et que le Juif avait transporté jusque là sans s'en douter, ouvrit sa prison avec son couteau, prit l'argent contenu dans l'autre poche du chouari, monta sur l'âne et partit à son tour, abandonnant son associé.

Lorsque celui-ci se réveilla, il ne trouva plus que le chouari vide ; il pensa qu'il avait été volé et, après avoir bien réfléchi, se mit à braire comme les ânes. Aussitôt, son âne, qui était déjà loin, répondit par un grand hi-han. Il recommença plusieurs fois et, chaque fois, son âne lui répondit plus fort. Il se rendit ainsi compte de la direction prise par son voleur et le poursuivit jusqu'à ce qu'enfin il l'eût atteint. Et sa surprise fut à son comble lorsqu'il vit son associé marocain qu'il croyait au fond du silo. Alors il comprit que leur association devait se terminer là. Tous deux firent le partage de leur argent et rentrèrent dans leur ville.

Mais si le Juif avait dans son Mellâh une bonne maison où il pouvait mettre sa fortune à l'abri des voleurs, il n'en était pas de même du Marocain, qui couchait tantôt dans une mosquée, tantôt dans une autre. Et le Marocain, après avoir bien scellé son argent dans une grande galloucha[1], le confia à son ancien associé pour qu'il le lui gardât en lieu sûr. Il partit en voyage et, à son retour, alla comme il était convenu réclamer sa galloucha au Juif. Celui-ci s'était également absenté, mais sa femme refusa de remettre la galloucha, jurant que jamais ce Marocain de mensonge n'avait rien confié à son mari. Or, ces Juifs avaient un enfant chéri qui répondait au nom de Mouchi. Le Marocain résolut de se venger sur cet enfant. Il alla au souq du ṭlâṭa et acheta un petit chevreau qui venait de naître, le nourrit lui-même et le nomma Mouchi. Il lui apprit à le suivre dans la rue et lorsqu'il l'appelait : Mouchi, Mouchi, le petit animal accourait en gambadant.

Alors il se rendit au Mellâḥ, trouva le fils du Juif qui jouait dans la rue et l'entraîna à le suivre pour lui donner, disait-il, des friandises. Lorsqu'ils arrivèrent à sa demeure, il enferma l'enfant chez une de ses voisines, à qui il le recommanda de telle sorte que personne ne put se douter qu'il était chez lui. Au bout de peu de temps, on s'aperçut, chez le Juif, de la disparition de l'enfant. Aussitôt, la femme, suivie de toutes les Juives et de tous les enfants du quartier, parcourut le Mellâḥ en pleurant et en s'arrachant la figure de ses ongles. Elle demandait Mouchi à tous les échos. Comme par hasard, le Marocain, suivi de son chevreau, croisa la troupe des pleureuses et s'enquit de la raison de ces pleurs et de ces cris. Alors il dit à la femme : « Moi, je sais ce que Mouchi est devenu, mais je ne le dirai qu'en présence de ton mari. » Le Juif, qui cherchait aussi l'enfant, de son côté, arriva à cet instant et sa femme lui répéta aussitôt les paroles du Marocain. Alors le Juif lui demanda : « Où est Mouchi ? C'est toi qui me l'as volé. Rends-moi Mouchi. » Et le Marocain, appelant le petit chevreau : Mouchi, Mouchi, dit au Juif : « Voilà ton fils ; je l'avais invité à déjeuner chez moi et,

---

1. Galloucha : marmite longue à col large qui sert pour conserver le beurre

comme il est un mécréant de ton espèce, il a pissé dans le plat de couscous, et Dieu, pour le punir, l'a ensorcelé et changé en ce chevreau que tu vois ici. Appelle-le donc ; il te suivra aussitôt. »

Alors la colère du Juif devint sans borne. Il ameuta tout le quartier et s'écria : « Allons chez le qâḍî. » Docilement, le Marocain, suivi de son chevreau, se rendit avec lui chez le qâḍî.

Arrivé en présence du qâḍî, le Juif lui raconta l'histoire et lui dit : « Crois-tu que Dieu puisse avoir ensorcelé mon fils sous cette forme de chevreau, parce qu'il aurait uriné dans le couscous ? » Alors le qâḍî réfléchit un moment et lui dit : « Par Dieu, cela est la pure vérité. Prends donc ton fils qui est ce chevreau-ci. » La colère du Juif ne connut plus de borne et il alla aussitôt porter l'affaire devant le Sultan.

Après avoir entendu sa plainte, le Sultan dit à son Vizir : « Est-il vraiment possible qu'Allah ait ensorcelé cet enfant de Juif, sous la forme d'un chevreau, pour la raison qu'en donne ce Juif à visage de mauvais augure ? » Et le Vizir, comme le qâḍî, affirma que la chose était possible. Mais le Sultan voulait de plus amples renseignements. Il fit donc enfermer les plaignants dans sa prison, puis il envoya un esclave noir les espionner en collant sa tête au trou de la serrure. Et celui-ci entendit ces paroles qu'il ne comprenait point, mais qu'il rapporta aussitôt à son maître : « Donne-moi mon fils », disait l'un, et l'autre répondait : « ʿAṭenî gallouchî ou naʿṭek Mouchi (Donne-moi ma galloucha et je te donnerai Mouchi). » Alors le Sultan fit amener les deux hommes, le Juif et le Marocain, en sa présence, et il leur dit : « Que signifie cette phrase ? ʿAṭenî gallouchî ou naʿṭek Mouchi ? » Et le Marocain, directement interrogé, raconta au Sultan toute son histoire avec ce Juif, depuis le commencement, et il ajouta : « Comme c'est un homme de mauvaise foi, il veut garder mon or et, pour me le faire rendre, j'ai usé de ce stratagème qui nous amène devant ton auguste personne, et je remets mon sort entre tes mains. »

Le Sultan jugea alors, dans sa sagesse, que le Juif rendrait d'abord la galloucha d'or au Marocain, qu'il paierait une amende de mille douros à la caisse du trésor du Sultan et que, ce paiement effectué, le Marocain lui rendrait le vrai Mouchi. Et il conclut que le plus malin était le Marocain et l'attacha à sa personne comme conseiller, à cause de la subtilité de son esprit.

(Raconté par SI EL-ḤASEN, Mou'eddin de SIDI BEL 'ABBÈS.)

XLV

LA FEMME ET LE QÂḌÎ

Il y avait une fois un homme qui acheta une kharouba de blé. Il l'apporta chez lui et dit à sa femme : « Tu vas moudre ce blé. » Mais celle-ci refusa. Alors l'homme alla se plaindre de sa femme au qâḍî. Le qâḍî lui dit : « Envoie-moi ta femme et je la sermonnerai. » Quand celle-ci fut devant lui, il lui fit une grande semonce. Il lui dit : « La femme doit moudre son blé et ne pas l'envoyer au moulin, où le meunier en vole la moitié. Va donc moudre ton blé. » A ce moment, la femme détacha son voile d'un geste machinal et le rattacha vivement. Mais le qâḍî vit qu'elle était très jolie. Il se leva, s'approcha d'elle et lui dit : « Je viendrai te voir demain. » La femme lui fixa un rendez-vous et partit.

A l'heure dite, le qâḍî se présenta, mais il était à peine entré qu'on frappa à la porte. « Voilà mon mari ! s'écria la femme ; vite, déshabille-toi, enroule-toi dans cette couverture et installe-toi au moulin. Tu moudras le blé et je dirai à mon mari que tu es une voisine qui est venue m'aider. »

Le qâḍî se déshabilla aussitôt, se drapa dans la couverture et se mit à tourner la meule pendant que le mari entrait. La femme, au lieu de faire partir son mari vivement, le retint, par toutes sortes de ruses, pendant tout l'après-midi ; et le pauvre qâḍî, pendant ce temps, tournait la meule, si bien que, le soir venu, il avait moulu toute la provision de blé, mais avait bien mal à l'épaule. Le mari parti, le qâḍî, furieux, revêtit ses vêtements et s'en alla à son tour.

Quelques jours après, le mari acheta de nouveau du blé et l'apporta à sa femme. Celle-ci refusa encore de le moudre et, de nouveau, il alla se plaindre au qâḍî, emmenant sa femme avec lui. Il exposa sa plainte et, avant qu'il eût terminé, la femme s'écria : « O qâḍî ! Toi qui sais combien c'est pénible de moudre, dis à cet homme de porter le blé au moulin. » Et le qâḍî ne put qu'approuver la femme (se souvenant de la peine qu'il avait eue à tourner la meule) ; il renvoya le mari furieux et la femme contente de son jugement.

(Raconté par Si EL-ḤASEN, Mou'eddin
de SIDI 'ABD-EL-'AZÎZ.)

XLVI

HISTOIRE DU VIEUX 'AREF OU 'AQEL

Il y avait un vieillard, âgé de plus de cent ans, qui avait une connaissance surprenante de toutes les choses et qu'on appelait « 'Âref ou 'Aqel[1] ».

Un jour, ce vieux dit à ses fils : « Il faut que vous me portiez au marché et que vous me vendiez aux enchères, et je serai pour vous d'un grand profit. »

D'abord les fils refusèrent ; mais le vieux insista tant et tant qu'ils le mirent dans un grand panier et allèrent le vendre. Ce fut le Roi qui l'acheta ; il lui donna une petite chambre dans son palais et, à partir de ce jour, il ne fit rien sans le consulter. Le vieillard lui disait toujours des choses exactes et que tous ignoraient.

Une fois, on apporta au Roi du miel excellent ; le Roi le porta au vieillard et lui dit : « Que dis-tu de ce miel ? N'est-il pas le meilleur des miels ? – Certes, dit le vieux, ce miel est d'un goût exquis, il a une belle couleur…, mais les abeilles qui l'ont fait butinent dans un cimetière. » Et le fait fut reconnu exact. Alors le Roi fit donner au vieillard un pain et un peu de viande rôtie pour le récompenser.

Une autre fois, qu'il avait reçu une splendide jument, il la présenta lui-même au vieillard, lui disant : « Qu'as-tu à redire à cette merveilleuse bête ? – C'est, en effet, un animal de grand

_____

1. Celui qui sait et qui comprend.

prix, mais elle est l'unique produit d'une vieille jument qui l'a eu à son retour d'âge. »

Le Roi envoya chercher le maître de la jument, qui dut avouer qu'en effet le vieillard avait dit la vérité. Le Roi lui envoya aussitôt un pain et un peu de viande rôtie pour le récompenser.

Enfin, le Roi s'étant marié à une jeune adolescente, réputée pour sa beauté et sa vertu, et fille d'un grand chef, voulut avoir le sentiment du vieillard sur sa jeune femme. Il la lui amena donc, le jour même du mariage. Celui qui sait et qui comprend, après l'avoir regardée, dit au Sultan : « Certes, cette jeune fille est d'une grande beauté, et tu ne pouvais mieux choisir. Mais sa mère, au temps de sa jeunesse, est descendue dans la rue (s'est prostituée). » Alors le Roi entra dans une grande colère et dit au vieillard : « Si tu as menti, je te ferai tuer par mon bourreau. »

Mais le vieillard avait dit vrai et le Roi lui envoya encore un pain et un peu de viande rôtie pour lui manifester son contentement. Alors les fils de celui qui sait et qui comprend vinrent voir leur père et lui dirent : « Nous allons te reprendre à la maison, car le profit est trop insignifiant et le Roi trop avare, qui ne sait te donner comme récompense qu'un pain et de la viande rôtie. »

Le père dit alors à ses fils : « Ce Roi ne donne que ce qu'il peut donner. Les grands montrent leur grandeur dans leur manière de donner et sont naturellement généreux. Mais que peut donner le fils d'une boulangère et d'un rôtisseur de mouton, si ce n'est du pain et de la viande rôtie ? »

Le Roi, qui venait justement consulter le vieillard, entendit la réponse qu'il faisait à ses fils. Il se rendit aussitôt chez sa mère, ferma les portes avec soin, pour s'assurer qu'il était bien seul, et lui dit : « Il faut qu'à l'instant tu m'apprennes de qui je suis le fils ? » Et la pauvre femme, toute tremblante, lui répondit : « Tu n'es pas mon enfant, ni l'enfant du Roi que tu crois ton père. Nous n'avons jamais eu d'enfant. Mais, comme mon mari, le Roi, m'avait menacée de se marier à une autre femme si je ne devenais pas mère, j'ai simulé une grossesse et, au jour de la délivrance, j'ai présenté, comme mien, l'enfant de ma boulangère, et ton vrai père était rôtisseur de moutons. »

Alors le Roi retourna, en hâte, auprès de celui qui sait et qui comprend, lui donna une grosse somme d'argent et de somptueux cadeaux et lui enjoignit ainsi qu'à ses fils d'avoir à quitter le pays sur lequel il régnait, afin que l'histoire restât secrète…

(Raconté par FAṬIMA CHELḤA.)

XLVII

LES SEPT FILLES DU ROI OU LE MARI AVARE

Il y avait un Roi qui avait sept filles ; il élevait aussi le fils de son frère. Un jour, son neveu lui dit : « O mon oncle, donne-moi ta fille aînée en mariage. » Ce neveu était très riche, mais très avare. Quand il fut marié, il apporta, chaque jour, comme unique nourriture, pour sa femme et lui, un pain qu'il partageait en quatre. Ils en mangeaient chacun un quart le matin et un quart le soir.

La jeune princesse alla se plaindre à son père et divorça. Le Roi donna à ce même neveu sa seconde fille ; le neveu agit de même avec elle et la nourrit d'un quart de pain matin et soir.

Elle divorça à son tour et, successivement, le Roi donna à son neveu ses six filles. Il restait la septième, qui était la plus jeune.

Quand le neveu la demanda à son oncle, le Roi refusa de lui donner la jeune fille.

Or, la jeune princesse en fut informée indirectement. Elle laissa son père quitter sa demeure. Elle alla prendre une marmite et un keskâs[1] pour cuire le couscous. Elle choisit une toute petite marmite et un très grand keskâs et installa le tout sur le fourneau. Quand son père rentra, il vit la marmite et le keskâs sur le feu. Et il demanda : « Qui a mis un grand keskâs

---

1. Keskâs est une passoire en terre dans laquelle on cuit les conserves à la vapeur.

sur une petite marmite ? – C'est ta plus jeune fille. – Ah, je comprends, c'est pour me dire qu'elle n'est pas trop jeune pour se marier et veut un mari assorti à elle, comme âge et comme taille ? »

Il la fit venir et lui dit : « J'ai compris ce que tu as voulu que je comprenne. Je te donne en mariage à ton cousin. »

Elle dit : « Donne-moi sept jours de grâce, jusqu'à ce que tu aies construit un passage souterrain entre ta maison et ma maison. La porte de ce souterrain devra être cachée sous mon lit. » Quand le souterrain fut construit, elle ferma la porte qui donnait sous son lit et en cacha la clef. Puis on fit les fêtes du mariage.

Le mari apporta à sa femme, comme aux six autres, un pain pour la nourriture de toute la journée. Il le partagea en deux et chacun prit un quart pour le matin et pour le soir.

Chaque jour, le mari allait à la mosquée et il fermait la porte en s'en allant. Quant à la jeune femme, elle mettait matin et soir son quart de pain dans un sac, ouvrait la porte du souterrain et allait chez elle boire et manger. Puis elle revenait avant le retour de son mari.

Elle agit de même, chaque jour, jusqu'à ce qu'elle eut rempli le sac de pain. Quand le sac fut plein, elle dit à son mari : « O mon fils ! Pourquoi ce pain tous les jours ? – Et quoi ! Ne le manges-tu pas ? – Non, vois, il est sec. – Tes sœurs disaient que je les privais de nourriture. » Elle ajouta : « Mes sœurs n'avaient pas de raison. Il faut aux femmes du rouge, du fard pour la figure et les lèvres, et non de la nourriture. Leur rôle est de rire et de jouer avec leur mari. – Je vois que tu es vraiment la femme qu'il me faut ; viens voir mes richesses. » Et il lui montra une partie secrète de la maison. Il y avait une chambre d'orge, une de fèves et une d'or. Il lui en donna les clefs et lui dit : « Tout est à toi maintenant. »

Et il continua à porter chaque jour son pain. Puis elle lui demanda : « N'as-tu pas de troupeaux de moutons et de bœufs ? – Je t'amènerai leur berger », dit-il.

Quand elle eut vu le berger, elle lui fit un signe, laissa partir son mari et le rappela. Elle lui dit : « Amène-moi, demain, deux taureaux. » Elle demanda des esclaves à son père, prit du blé de son mari, le leur donna à nettoyer et à moudre. Elle fit tuer les taureaux et les leur fit apprêter, puis elle fit distribuer toute la nourriture aux pauvres.

Quand le mari rentra, il vit sa maison envahie par les esclaves et par les pauvres et il s'écria, croyant avoir une hallucination : « La maison, c'est bien ma maison ; le coq, c'est bien mon coq ; mais la foule est celle qui entoure le palais du Roi. Que Dieu te maudisse, ô démon ! » Et il s'en alla d'où il venait. Il resta dehors jusqu'au soir et, ne trouvant alors plus rien d'anormal, il rentra chez lui.

Quand il entra, sa femme lui dit : « Qu'as-tu fait aujourd'hui ? Pourquoi n'es-tu pas venu ? Tu es resté toute la journée sans manger et sans boire ? – Je suis venu et j'ai trouvé l'entrée de la maison pleine d'esclaves et mon coq. En voyant le coq, je pensais que c'était ma maison, mais, en voyant les esclaves, j'ai bien vu que ce n'était pas chez moi et qu'Iblîs me jouait un mauvais tour. – Va manger, maintenant », dit la femme. Et elle lui donna un reste de couscous. Alors, il s'écria : « Si ce couscous vient de ma réserve, je meurs ! Mais, s'il vient de la maison de ton père, je me régale ! – Eh bien, il vient de ta réserve, meurs donc ! »

Alors, de désespoir, l'homme perdit connaissance.

Elle lui dit de nouveau : « Viens donc manger. » Il reprit ses sens et lui dit : « Si cela vient de ma réserve, je meurs ! Et si cela vient de celle de ton père je me régale ! »

Et elle répéta : « Meurs, meurs, c'est de ta réserve ! »

Usant du passage souterrain, elle alla avertir la maison de son père de la mort de son mari. Les esclaves apportèrent aussitôt le linceul et l'eau pour laver le corps. « Chauffez l'eau, dit-elle, jusqu'à ce qu'elle soit bouillante. Quand elle sera en ébullition, arrosez-le avec. »

On lui versa l'eau bouillante, il ne revint pas à lui.

« Arrêtez-vous de lui verser de l'eau bouillante sur le corps »,
dit-elle ; et elle s'approcha pour lui parler. Elle le secoua et lui
dit : « Maudit soit le Malin ! Allons, viens manger. » Et lui de
répondre : « Non, si cela vient de ma réserve, je meurs ! Si
c'est de celle de ton père, je reviens à la vie ! »

Alors elle fit porter le linceul. « En le cousant, dit-elle,
cousez-lui la peau avec l'étoffe. » Et les esclaves commencèrent
à coudre comme il leur avait été dit.

« Arrêtez, dit-elle. O mon fils, éloigné soit le Malin ! Viens
manger. – Si c'est du grain de ma réserve, je meurs ! Si c'est du
grain de celle de ton père, je reviens à la vie ! – C'est ton grain ;
meurs donc ! » Et aux esclaves : « Finissez de l'ensevelir dans
le linceul et mettez-le sur la planche à porter les morts. Portez-
le jusqu'au milieu du chemin qui va au cimetière et jetez-le à
terre de dessus votre tête. »

Quand il fut jeté à terre, au milieu du chemin, elle vint et
lui dit : « Éloigné soit le Malin ! Et lève-toi. » Il répondit : « Si
c'est le grain de mes réserves, je ne me lève pas ! Si c'est celui
de ton père, je me lève ! – C'est le grain de tes réserves, lève-
toi, si tu veux. » Il ne bougea pas.

On l'emporta jusqu'au cimetière, on le mit dans la tombe,
on recouvrit son corps de terre.

Le soir, elle fit porter, près de la tombe, une peau de vache
et deux bâtons ; on gonfla la peau, on la posa près de la tombe,
les esclaves se mirent à frapper la peau ainsi préparée et ils
disaient : « Aujourd'hui c'est pour toi, demain ce sera pour
ton voisin. » Et l'homme, dans la tombe, qui entendait tout
cela, urina de peur.

Le matin, la jeune femme se rendit au cimetière et lui dit :
« O mon enfant, comment vas-tu ? Comment te trouves-tu
dans cette maison que tu vas toujours habiter ? »

Il répondit : « Sors-moi de là, au nom de Dieu ! – Dors !
Est-ce que les morts revivent ? – On a enterré, hier, un homme
à côté de moi, dit-il. Les serviteurs d' 'Azrâ'îl sont venus, cette
nuit, le battre avec des chaînes, le tourmenter, et ils disaient :

« Aujourd'hui, c'est pour toi, demain ce sera pour ton voisin. » Et maintenant ça va être mon tour. Par Dieu, sors-moi de là ! – Non, je ne te sortirai pas de là ; tu es mort, reste dans ta tombe. »

Alors il lui dit : « Va me chercher les adouls, je vais leur faire écrire que tous mes biens t'appartiennent, que tu peux en disposer. Pour moi, je n'ai en propre que mes dents dans ma bouche. »

Elle fit chercher les adouls ; ils écrivirent la déclaration du pseudo mort.

Quand l'écrit fut terminé, on le sortit de la tombe, on le porta au bain, on le massa, on le vêtit de neuf, on lui donna de bons aliments et il resta quelques jours chez lui ; puis mourut des suites de la peur qu'il avait eue.

C'est du moins ce que les nobles m'ont appris et que je te raconte…

(Raconté par JEMA 'A, ancienne esclave
du Sultan MOULAY-ḤASAN)

XLVIII

LE FILS DU ROI ET LA FILLE MUETTE

Il y avait une fois un Roi qui avait sept fils. Avant de mourir, il leur distribua ses richesses, puis il leur dit : « Je laisse, en outre, un pavillon dans tel jardin, mais je vous défends d'ouvrir ce pavillon. »

Dès qu'il fut mort, l'aîné pensa : « Que peut bien renfermer ce pavillon ? Je suis l'aîné et je me l'attribue. » Et il l'ouvrit.

Il n'y trouva qu'une gazelle d'or. Il voulut la prendre, mais la gazelle se mit à courir, courir, rapide comme le vent, et l'aîné des fils la suivit, lui aussi, en courant de toutes ses forces. Enfin elle entra dans une ville et disparut.

Mais, au moment où le fils aîné du Roi entrait à son tour dans la ville, les gardes de la porte se saisirent de lui et l'amenèrent devant leur Roi, lui disant : « Voici, ô Roi, un jeune homme étranger à la ville. »

Alors le Roi lui dit : « Ma fille est devenue muette et je la donnerai en mariage à un jeune homme étranger à la ville qui réussira à la faire parler. Essaye donc ; mais, si tu ne réussis pas, je te ferai couper la tête et je la ferai pendre à la porte de mon palais. »

On introduisit le jeune homme auprès de la fille muette, mais il ne réussit pas à la faire parler.

Et le Roi donna l'ordre au bourreau de lui couper la tête.

Ne le voyant pas revenir à son palais, le deuxième frère prit ses richesses, ouvrit à son tour le pavillon et voulut se saisir de la gazelle d'or qui s'enfuit, disparut dans une ville, et il lui advint la même chose qu'à son frère aîné. Et il en fut de même des six frères.

Quand le sixième frère eut disparu, le septième hérita de leurs richesses et, comme eux, ouvrit le pavillon, suivit la gazelle d'or, fut appréhendé par les gardes et amené devant le Roi.

Mais le Roi fut ému de pitié en le voyant si beau et il lui dit : « O mon fils, pourquoi ajouter ta tête aux six têtes de tes frères qui sont suspendues à la porte de mon palais ? Je ne veux pas te tuer, retourne dans ton pays. »

Mais le jeune homme lui dit : « Je ferai parler ta fille et je serai son époux. » Alors le Roi lui répondit : « Tu vas réfléchir pendant quinze jours dans un de mes jardins, et si, au bout de ce temps, tu persistes dans ton dessein, il arrivera ce qui arrivera, c'est toi qui l'auras voulu. »

Le quinzième jour, le fils du Roi se promenait dans le jardin, bien résolu à faire parler la fille muette, et, dans les arbres, les oiseaux causaient entre eux et disaient : « Quel dommage ! Ce beau jeune homme va être tué demain, car il veut faire causer la fille muette et il n'y arrivera pas … »

Alors un des oiseaux dit aux autres : « Il faut que nous l'aidions : moi, je vais me loger dans le coussin. » Les autres dirent : « Moi, dans le chandelier ; moi, dans la chaise de la fille muette. » Ces oiseaux étaient des génies…

Le lendemain, en effet, ils étaient à leurs postes quand le fils du Roi arriva et tous lui dirent à la fois : « Que Dieu bénisse notre Seigneur et allonge ses jours… »

Alors la fille muette se tourna sur sa chaise et s'écria : « Tiens, les matelas, les coussins, les lits, les chaises, causent, maintenant !! »

Mais le fils du Roi, la bousculant, lui dit : « Maudite, est-ce à toi qu'on parle, pour que tu répondes ? »

Alors la chaise dit : « Je vais vous raconter un conte : il y avait un jour une grande caravane qui voyageait. Parmi les gens de la caravane, il y avait un menuisier, un fâsî et un ṭâleb (lettré et maître d'école).

« Comme il y avait beaucoup de coupeurs de routes, les gens qui voyageaient décidèrent de monter la garde, chacun à tour de rôle, pendant la nuit.

« La première nuit, veilla le menuisier. Pour ne pas s'endormir, il prit du bois et fabriqua une poupée, grande comme une femme ; la deuxième nuit, ce fut le fâsî qui monta la garde. Pour ne pas s'endormir, il habilla la poupée. La troisième nuit, ce fut au tour du ṭâleb. En voyant la poupée si belle, il s'écria : « O mon Dieu, je te supplie de lui donner une âme ! » Et Dieu anima la poupée.

« Ensuite, tous se disputèrent pour l'avoir pour femme.

« Je te demande, ô fils de Roi, à ton avis, à qui revient-elle ? » Le fils du Roi répondit : « Au menuisier. » Mais alors la muette s'écria : « Mais pas du tout ; elle revient au ṭâleb qui l'anima et la fit parler. »

Alors les adouls écrivirent que la fille muette avait parlé, grâce à l'habileté du fils du Roi, et on la lui donna en mariage.

(Conté par la Chérîfâ Lalla Rqiya.)

XLIX

LES QUATRE VOLEURS ET LE ROI

Il y avait quatre grands voleurs qui s'étaient associés. L'un avait la spécialité de suivre les gens à la piste et de les reconnaître à leur odeur, comme les chiens font pour le gibier. Le second était menuisier de sa profession, le troisième était archer. Quant au quatrième, qui était le chef de la bande, il avait le pouvoir de se rendre invisible et de rendre invisibles ses compagnons, et il était si habile qu'il pouvait voler les vêtements d'un homme sans que celui-ci s'aperçût qu'on le déshabillât.

Un jour, ils enlevèrent une belle jeune fille et l'emmenèrent dans la maison isolée qu'ils habitaient. Comme ils étaient fatigués, ils s'endormirent. Pendant leur sommeil, un 'afrît qui, lui aussi, convoitait la jeune fille, vint dans leur maison et l'enleva à son tour. A leur réveil, ne la trouvant pas, ils se consultèrent, puis le chef dit au premier voleur : « Mets-toi en chasse, nous te suivons. » Le premier voleur se mit à sentir et à renifler, en cherchant comme un chien de chasse, et conduisit la bande jusque sur le rivage.

Là, il s'arrêta et dit : « Il nous faut l'aide du deuxième voleur. Qu'il construise une barque. »

Le menuisier fit la barque, les quatre voleurs s'embarquèrent et, dirigés par l'odorat du premier voleur, ils arrivèrent à une île déserte. Ils abordèrent et trouvèrent la jeune fille. L' 'afrît était endormi à côté d'elle et avait la tête posée sur ses genoux. « Voilà ton tour de travailler », dit le premier voleur au chef de la bande. Le quatrième voleur souleva délicatement la tête de l' 'afrît, la posa sur un mol oreiller de feuillage et reprit la jeune fille. Puis tous allèrent au rivage, s'embarquèrent et prirent le chemin du retour.

L' 'afrît se réveilla et poursuivit les ravisseurs. Il allait les rattraper quand le chef dit à l'archer : « A ton tour, maintenant, de montrer ton adresse. » L'archer lança une flèche et tua l' 'afrît.

Arrivés au logis, chacun des quatre voleurs prétendit qu'il avait, par son savoir, contribué le plus à reprendre la jeune fille et la voulut pour son lot. Ils commençaient à se disputer violemment quand le chef de bande intervint : « Nous allons porter le différend devant le Roi. »

Mais tous se récrièrent et dirent : « C'est fou. Le Roi nous mettra tous en prison. – Ne suis-je plus le chef ? Suivez-moi et ne craignez rien. »

Ils partirent vers le palais du Roi. Le chef de la bande emporta un benj qu'il suffisait de brûler dans une cassolette pour plonger les gens qui respiraient ses vapeurs dans un profond sommeil. Il se rendit invisible et rendit invisibles ses compagnons, et alla brûler son parfum benj sous le nez des portiers, qui s'endormirent aussitôt. Puis tous pénétrèrent dans le palais du Roi et arrivèrent à la chambre où il avait l'habitude de dormir.

Le Roi était couché sur son lit, et un esclave, séparé de lui par un rideau, lui racontait des contes pour l'endormir.

Le chef fit brûler le benj sous le nez de l'esclave, qui s'endormit aussitôt. Alors il continua l'histoire que racontait l'esclave et y intercala, sous la forme d'un conte, l'histoire même des quatre voleurs et de la jeune fille. Quand il eut terminé, il dit au Roi : « A ton avis, à qui revient la jeune fille ? – Au chef des voleurs », dit le Roi fort égayé, et il s'endormit d'un profond sommeil.

Alors les voleurs se disposèrent à s'en aller comme ils étaient venus ; mais, pour laisser une trace de leur passage, ils ligotèrent l'esclave endormi, lui peignirent la figure avec des fards comme s'en servent les femmes, et lui attachèrent sur la tête une paire de cornes.

À son réveil, le Roi appela, comme de coutume, son esclave, mais celui-ci, qui était enfin réveillé, lui répondit : « Je ne puis venir te servir, car je suis attaché avec des cordes. » Le Roi se leva et fut pris d'un rire formidable en voyant l'état de son esclave, les membres ligotés, la figure peinte et une paire de cornes sur la tête. Il comprit une partie de ce qui s'était passé et il fit proclamer dans la ville qu'il accordait le pardon à ceux qui avaient pénétré de nuit dans son palais, mais qu'il exigeait qu'ils y reviennent pour lui raconter par quelle ruse ils y avaient réussi.

Les quatre voleurs se présentèrent donc le jour même au Roi et lui racontèrent l'histoire du double enlèvement de la jeune fille, de leur dispute et de leur visite nocturne dans la chambre du Roi. Le Roi fut émerveillé de leur adresse ; il les trouva trop malins pour continuer leur métier de voleurs et les chargea de la police de son royaume.

(Raconté par SI EL-ḤASEN, Mou'eddin
de SIDI 'ABD-EL-'AZÎZ.)

L

LE DIABLE ET L'AMÎN[1] DES FORGERONS

Il y avait un homme, commerçant de sa profession et qui était marié.

Ses affaires ayant périclité, il dit un jour à sa femme : « Nous allons aller à Maṣr (Le Caire), voir si la chance tourne. » Et ils partirent à Maṣr.

Lorsqu'ils arrivèrent, ils se mirent ensemble à chercher un logis et une boutique. Ils traversèrent le souq des forgerons et l'Amîn interpella l'homme ainsi : « O étranger à cette ville, ignores-tu qu'il est interdit à un homme de sortir dans les rues de cette ville en compagnie d'une femme ? – C'est que, dit le commerçant, nous cherchons à nous loger. – Eh bien, pour ne pas t'exposer à te faire arrêter pour infraction aux lois du pays, amenons ta femme dans ma maison, je la confierai à mes femmes et, dès que tu auras trouvé un logis, tu viendras la chercher. » Ce qui fut fait.

L'homme chercha donc un fondouq, loua une chambre et retourna chez l'Amîn des forgerons, à qui il dit : « Maintenant que j'ai trouvé un logis, allons chercher ma femme. – Quoi ! Que dis-tu ? Ta femme ? Et de quelle femme s'agit-il ? Et, de plus, est-ce que je t'ai jamais vu ? Dis plutôt : « éloigné soit le Malin » ! Qui te pousse à cette démarche inconsidérée. » Mais

---

1. Amîn : chef de la corporation

l'homme se mit à hurler en réclamant sa femme et refusa de dire : « éloigné soit le Malin ! »

En quelques instants, tous les forgerons furent autour de lui ; prenant le parti de l'Amîn, ils le chassèrent du souq et le brutalisèrent.

Il se demandait ce qu'il convenait de faire pour se faire rendre sa femme, quand Iblîs lui apparut sous la forme d'un être humain. Il lui dit : « Dis-moi bien sincèrement pourquoi, pendant la querelle, tu n'as pas voulu dire : « éloigné soit le Malin » ? – C'est que le Malin ne m'a fait aucun mal et que l'Amîn des forgerons m'a volé ma femme. – Eh bien, puisque tu n'es pas mon ennemi, je vais t'aider à retrouver ta femme. Demain, à l'heure du marché, je me trouverai devant ta maison sous la forme d'une mule bien harnachée. Tu monteras sur mon dos et tu me mèneras au marché pour me vendre. Quant à l'Amîn, je le pousserai à m'acheter. »

Ainsi fut fait. Le lendemain, apparut sur le marché une merveilleuse mule noire que chacun voulait acheter. Elle échut à l'Amîn des forgerons pour une somme équivalente à toute sa fortune. Fier de son achat, il se dit : « Aujourd'hui sera jour de promenade. Je vais essayer la mule. » Il sortit de la ville, monté sur la mule, et alla se promener dans les jardins. Il arriva à une rivière. Là, la mule se cabra et il se dit : « Elle doit avoir soif. » Et il s'approcha jusqu'au bord de la rivière. Mais la mule ne but pas. Alors il pensa : « Elle a sans doute l'habitude de boire sans être bridée, ni sanglée » ; il enleva la selle et la bride de la mule et la conduisit jusqu'au bord de l'eau. Alors elle entra dans la rivière et disparut dans le sable.

L'homme se mit à crier : « O ma mule ! O ma mule ! » Puis à gratter le lit de la rivière pour la chercher.

L'esclave du Roi avait mené justement les chevaux du Roi boire à la rivière. Les chevaux, voyant l'eau trouble, refusèrent de boire, et l'esclave chercha ce qui troublait l'eau. Il trouva l'Amîn des forgerons qui, l'air égaré, s'arrachait les cheveux et, de ses mains, fouillait le lit de la rivière en criant : « Ma mule ! Ma mule ! »

Alors il se saisit de cet Amîn et l'amena devant le Roi, à qui il raconta ce qu'il avait vu. Le Roi interrogea le forgeron, qui lui fit un récit tellement incohérent qu'il ne douta pas un instant qu'il ne fût devenu fou. Il le fit accompagner, sous bonne garde, à l'asile des fous, et le fit enchaîner.

Alors Iblîs alla trouver le commerçant et lui dit : « Viens à l'asile des fous, nous allons lui faire perdre le peu de raison qui lui reste encore. »

Ils allèrent à l'asile des fous et visitèrent les malades. Quand ils arrivèrent près de l'Amîn, le commerçant lui réclama sa femme, mais l'autre ne l'entendait pas. Il appelait sa mule à tous les échos. Alors Iblîs lui suggéra l'idée de demander à boire. On lui apporta un bol d'eau. Au moment où il y portait les lèvres, Iblîs apparut au fond du bol sous la forme de la mule. Alors, de saisissement, l'Amîn lâcha le bol en criant : « Voilà ma mule ! Elle est au fond du bol ; qu'on l'attrape ! »

Les gardiens des fous allèrent raconter ce nouvel incident au Roi qui pensa : « Cet homme a dû faire une mauvaise action ; il faut que je l'interroge. » Il alla à l'asile des fous et le vit qui, l'œil hagard, appelait sa mule, et il lui dit : « O Amîn, chacun te croit fou, mais, moi, j'imagine que tu es un grand coupable et que tu n'es pas fou. Dis-moi la faute commise ? »

Alors l'Amîn confessa sa faute. Le Roi fit chercher le commerçant. Il envoya, en outre, des gardes chercher la femme volée, la rendit à son mari, destitua l'Amîn de sa charge d'Amîn et lui fit enlever ses chaînes.

Et, convenant qu'il avait été le jouet d'Iblîs, l'Amîn, redevenu simple forgeron, se promit bien de ne plus convoiter la femme du voisin.

(Raconté par Si EL-Ḥasen, Mou'eddin de Sidi 'Abd-El-'Azîz.)

224

LI

LA QAÏMA DES HÔTES DE DIEU

Il y avait un homme, généreux et charitable, qui avait bâti, dans la solitude, une Qaïma pour les voyageurs attardés, pour les hôtes de Dieu. Il avait une fille d'une beauté remarquable qui aidait sa mère à préparer la nourriture des voyageurs. Un jour, le Roi du pays se dit : « Je m'ennuie et je vais voyager pour me distraire. » Il se mit en route et arriva à la Qaïma des hôtes de Dieu. Il se présenta suivant la coutume : « Je suis l'hôte de Dieu », dit-il. Et on lui donna l'hospitalité la plus large et la plus généreuse. Quand il vit la belle jeune fille qui le servait, il dit au père : « J'épouse ta fille. » Et il la prit, passa avec elle cette nuit, dans la maison des hôtes et repartit, le lendemain, reprenant son bâton de voyageur.

Avant de partir, il dit à la jeune fille : « Je ne puis rester ici plus longtemps, je te donne ce poignard d'or et ce tehlîl[1] d'or. Si tu enfantes un garçon dont je sois le père, tu lui feras don du poignard, qu'il devra porter en tout temps ; si c'est une fille, tu la pareras du tehlîl, et Dieu fera le reste. »

Quelque temps après, la jeune fille mit au monde un fils d'une beauté remarquable. Elle l'éleva avec tendresse. L'enfant devint le plus beau, le plus intelligent, le plus adroit, le plus fort des enfants de son âge et excita la jalousie de ses petits

---

1. Tehlil est une boîte de métal précieux ouvragé que les femmes portent sur elles.

camarades de jeu. Un jour, une vieille femme dit à ceux-ci :
« Je me charge de vous débarrasser de sa présence. » Elle
passa au milieu des enfants, qui jouaient à la pelote, et déposa
à terre une petite marmite de gruau d'orge. En jouant, le fils
du Roi heurta la marmite, qui tomba et se brisa. Alors la vieille
se mit à l'injurier et, entre autres choses blessantes, elle lui dit :
« Rien n'étonne d'un enfant qui ne peut même pas dire qui est
son père. »

Entendant cela, l'enfant courut à sa mère et lui demanda :
« Qui est mon père ? Je veux le savoir, aujourd'hui même. »
La mère, désolée, répondit qu'elle ne connaissait pas celui qui
l'avait rendue mère et elle lui raconta toute l'histoire.

Alors l'enfant lui dit : « Je pars à la recherche de mon père.
Equipe-moi. » On le vêtit de beaux effets. Celui qui avait bâti
la Qaïma des hôtes de Dieu lui donna un cheval magnifique
et il partit.

Il arriva bientôt à la capitale du Roi et, comme il lui fallait
gagner sa vie, il alla demander du travail à un marchand de
beignets, qui l'embaucha aussitôt. Or, ce marchand était le
fournisseur attitré de la cour du Sultan. L'esclave du Vizir,
qui venait aux provisions, remarqua la beauté du nouvel aide
du marchand et la dépeignit avec tant d'enthousiasme à sa
maîtresse, la jeune fille du Vizir, que celle-ci voulut absolument
voir le jouvenceau. Elle envoya chercher une grande provision
de beignets et exigea que la livraison fût faite par le jeune
homme lui-même. Et quand elle l'aperçut, cachée derrière
les fenêtres closes de son appartement, elle perdit aussitôt la
raison. Elle envoya son esclave lui dire de bâtir un souterrain,
par lequel il pourrait venir la voir sans être vu, et lui envoya
une grosse bourse d'or à cet usage.

L'adolescent fit construire ce souterrain et une chambre où
ce souterrain aboutissait et, un soir, la jeune fille lui apparut
dans tout l'éclat de sa beauté. Et chaque soir, dans la petite
chambre, les heureux amants se retrouvaient, buvaient,
mangeaient, chantaient ensemble et ne se séparaient, à regret,

que lorsque l'aurore apparaissait. Et cette vie heureuse aurait toujours duré si, un soir, le Roi, qui s'ennuyait encore, n'était sorti se promener, avec son Vizir, dans la ville. En passant près du pavillon des amants, ils furent charmés par la musique délicieuse qu'ils entendaient, frappèrent à la porte et entrèrent dans la maison. Mais la consternation fut générale quand le Vizir reconnut, dans la chanteuse d'amour, sa plus jeune fille, et, dans le violoniste qui l'accompagnait, le marchand de beignets de la cour.

Sa colère ne connut pas de bornes et il demanda au Roi de punir de mort le coupable. Le Roi, sans égard pour les larmes et la beauté des amants, ordonna au bourreau de trancher la tête du jeune homme aussitôt.

Le bourreau se saisit de lui, lui arracha les vêtements et, comme il levait son sabre pour faire voler la tête loin des épaules, le Roi s'écria : « Arrête, arrête, ô bourreau ! » Il venait, en effet, de reconnaître, sous les vêtements arrachés, le poignard d'or qu'il avait autrefois donné à la belle jeune fille qu'il avait épousée dans la maison des hôtes de Dieu.

Il interrogea aussitôt le jeune homme. « D'où te vient ce poignard d'or ? – De ma mère. – Et qui est ton père ? – Je ne le sais pas et suis parti à sa recherche, ayant tout juste, pour me faire reconnaître, ce poignard d'or qu'il a laissé à ma mère avant de la quitter. »

Alors le Roi se réjouit et remercia Dieu de lui avoir ainsi fait retrouver son fils. Il ordonna au Vizir de lui donner en mariage sa jeune fille, fit bâtir un palais aux jeunes époux et les combla de richesses jusqu'au jour où, fatigué de gouverner, il abdiqua en faveur de ce fils aimé de Dieu.

(Raconté par la Chérîfa Lalla Ourqiya.)

LII

LA LANGUE OU CE QU'IL Y A DE MEILLEUR ET DE PIRE

Un jour, un homme, à l'heure de sa mort, fit venir son fils et lui dit : « Va chez le sacrificateur et demande-lui de te donner la meilleure partie d'un animal sacrifié. »

Le fils se rendit aussitôt chez le boucher, qui lui donna une langue et il la rapporta à son père en lui disant : « Voilà le meilleur morceau. » Le père lui dit encore : « Va maintenant me chercher le plus mauvais. »

Et le fils retourna chez le boucher. Celui-ci lui remit une autre langue, qu'il rapporta aussitôt à son père.

Alors le père lui dit : « C'est pour t'apprendre, avant de mourir, que la langue est ce qu'il y a de meilleur et ce qu'il y a de pire. Car, par elle, nous viennent également et le bien et le mal. »

(Raconté par FAȚIMA CHELḤA.)

LIII

LE JUGEMENT DU ROI

Il y avait un homme qui était commerçant. Il arriva dans un jardin avec ses chameaux chargés de marchandises et leur donna à boire. Le maître du jardin, qui l'aperçut, ramassa une grosse pierre et, visant un chameau, la lui lança à la tête et le tua. Alors l'homme à qui on venait de tuer le chameau prit la pierre, la lança sur le maître du jardin et le tua.

Comme il se disposait ensuite à partir avec les animaux qui lui restaient, les fils du maître du jardin arrivèrent et lui demandèrent raison de la mort de leur père. Finalement, ils allèrent tous porter leurs doléances devant le Roi.

Après avoir entendu leurs plaintes, le Roi dit aux jeunes gens : « Votre père a tué le chameau de cet homme. Il faut le lui payer. » On estima le chameau et les fils le payèrent. Alors le Roi dit : « Maintenant, une âme vaut une âme. Toi, qui as tué le maître du champ, tu vas être tué à ton tour. » Alors le commerçant dit au Roi : « Donne-moi un délai de trois mois, pour que je règle mes affaires, et je reviendrai subir ma peine. J'ai des neveux dont je suis le tuteur et j'ai à leur rendre compte de leurs biens que j'administre. » Le Roi répondit : « Je te donnerai le délai si quelqu'un se porte caution pour toi et consent à prendre ton lieu et place si, au bout de trois mois, tu manques à ta parole. »

Un homme, qui assistait au jugement du Roi, se porta caution du marchand que le Roi laissa partir.

Les trois mois expirés, le commerçant n'était pas revenu. Le Roi fit chercher l'homme qui s'était porté caution pour lui et le fit conduire au supplice.

Cependant, le marchand, après avoir remis leurs biens à ses neveux, avait pris une chamelle si bonne coureuse qu'elle pouvait marcher vingt ans sans être fatiguée et il était parti pour aller subir sa peine. Il arriva sur le lieu du supplice au moment où le bourreau allait couper la tête de son remplaçant.

Il s'écria : « Arrête ! Arrête ! Ô bourreau, me voilà prêt ! Je suis revenu à temps ! »

Tandis que le remplaçant disait : « Fais voler ma tête, ô bourreau, cet homme a charge d'âmes et il convient qu'il vive. »

Alors les fils du maître du jardin s'écrièrent : « Arrête ! Ô bourreau ; ne tue ni l'un ni l'autre, car nous pardonnons le coupable et parce qu'il a tenu parole, et pour la noblesse du remplaçant. »

(Raconté par JEMA 'A, ancienne esclave
du Sultan MOULAY-ḤASAN)

LIV

HISTOIRE DE KHCHIBA BENT EL ʻAOUD
(MADRIER, FILLE DU BOIS)

Il y avait un homme dont les femmes avaient rempli la maison de filles. Un jour, lassé, il dit à sa femme préférée : « Si tu mets encore au monde une fille, je l'épouserai. »

La femme devint enceinte et accoucha d'une fille. Elle la cacha et, quand son mari vint pour voir le nouveau-né, elle dit qu'elle avait eu un enfant mort.

Cet homme était un maître d'école. Il partait le matin apprendre à lire aux enfants de la mosquée et ne revenait que le soir.

Quant à la femme, elle tissait des tapis. Le jour, elle gardait son enfant auprès d'elle et l'allaitait. La nuit, elle le confiait à ses voisines.

Ainsi, la fillette grandit et devint une jeune fille sans que son père eût connaissance de son existence. Quand elle fut grande, sa mère lui apprit à tisser les tapis. Un jour, une de ses sœurs alla raconter à leur père qu'il avait une fille dont il ignorait l'existence et que, dans la journée, sa mère lui apprenait à tisser. Le père surveilla et vit la jeune fille. Il dit à la mère : « Prépare-moi les provisions de route pour un voyage avec cette jeune fille. »

La mère prépara deux sacs de pain sur les instructions de son mari : un sac de pain brûlé et un sac de pain cuit à point. Il emporta deux guerbas d'eau : une de bonne eau pure et une d'eau goudronnée et fétide. Et il partit, emmenant la jeune fille. Au milieu du jour, ils se mirent à l'ombre pour manger.

Il prit les bonnes provisions pour lui et donna le pain brûlé à la jeune fille. Il but la bonne eau et lui donna la mauvaise. Elle ne put ni manger ni boire. Enfin un jour, mourant de soif, elle dit à son père : « O père, donne-moi de l'eau douce à boire. » Il lui répondit : « Si tu m'appelles époux, tu auras de la bonne eau et de la bonne nourriture ; mais si tu m'appelles père, tu continueras à boire la mauvaise eau et à manger le pain brûlé. »

Un jour, n'en pouvant plus, elle lui dit : « Mon mari, nourris-moi. » Alors il dit : « Enfin ! » et lui donna les bonnes provisions. Ils arrivèrent au pays d'un Roi et le maître d'école se présenta chez ce Roi, en hôte de Dieu, et lui dit : « Je suis un étranger qui voudrait épouser sa cousine et je n'ai pas de quoi faire les frais de la noce. »

Le Roi lui donna une maison, lui envoya du grain, des moutons, des provisions pour le repas du mariage. Il vint une vieille chez la jeune fille. Cette vieille la trouva tout en pleurs et lui dit : « Confie-toi à moi, mon enfant. Pourquoi ces larmes ? – Je veux bien te le dire, ma mère, mais même si on t'arrachait la langue, tu ne devrais pas le répéter. » Et elle raconta toute son histoire. Alors la vieille lui dit : « Je vais te tirer de là, sois sans inquiétude. »

Elle alla chez un menuisier et fit faire une femme en bois ressemblant, à s'y méprendre, à la jeune fille. Mais cette poupée était un coffre vide dans lequel la jeune fille pouvait se cacher, puis elle l'apporta à la jeune fille et lui dit : « Quand ce sera l'heure d'être conduite chez ton mari, tu diras : « Je suis malade ; laissez-moi seule un instant. » Et, dès que les femmes seront sorties, tu mettras la poupée à ta place et te cacheras dedans. Il ne trouvera que la femme de bois, et le matin, quand il sortira, tu t'arrangeras pour te sauver dans l'intérieur de la poupée. » Ce qu'elle fit et, le matin, elle s'enfuit dans la campagne. Elle rencontra un berger. Le berger cria :

« Madrier, arrête-toi ! » Elle s'arrêta. « Madrier, assoies-toi ! » Elle s'assit. « Madrier, chante ! » Elle chanta.

« Par Dieu ! dit le berger, voilà un étrange madrier. Je vais le porter au Roi et je verrai quelle est ma chance. » Et il l'emporta au Roi. Il lui dit : « Vois ce madrier ; il comprend et fait tout ce qu'on lui dit. »

Émerveillé, le Roi fit porter la femme en bois chez lui.

Or, le Roi avait deux enfants et beaucoup de femmes. Il leur dit : « Celui qui éborgnera cette poupée, je lui crèverai un œil ; celui qui lui fera mal au pied, je lui ferai mal. »

Quand, la nuit, tout dormit dans la maison, elle sortit de sa cachette et chercha à manger, puis revint se cacher.

Or, l'aîné des fils du Roi voulait partir en voyage pour demander sa cousine en mariage. Il alla trouver sa nourrice et lui dit : « Prépare-moi les provisions de route. » La nourrice les prépara et la poupée était à côté d'elle. Quand tout fut prêt, avant de coudre le sac la négresse s'aperçut qu'elle avait oublié d'y mettre la coupe dans laquelle buvait le prince. Elle sortit la chercher. La jeune fille prit alors sa bague et la jeta dans le sac de provisions.

La nourrice revint, termina son sac. Le prince, avant de partir, voulut goûter à ce qu'on lui avait préparé. Il ouvrit le sac et trouva la bague. Il appela sa nourrice et lui dit : « Qu'est ceci ? – Je n'en sais rien. – Eh bien, si tu ne me dis pas d'où vient cette bague, je te ferai couper la tête. – Je ne puis te le dire, car je suis restée seule avec la femme Madrier, dans la cuisine, et, quand je suis sortie, il n'y avait que cette poupée de bois près de ton sac. »

Le prince alla chez son père et lui dit : « Mon père, j'ai changé d'idée. Je ne pars pas. Je te demande de me donner Madrier en mariage. »

On prépara la noce et on amena dans sa chambre la poupée de bois.

A partir de ce jour, le mari mangea le soir, puis s'endormit après avoir déposé les provisions devant le Madrier. Et, le matin, il trouvait les tasses vides, les plats vides et le Madrier à la même place.

Il consulta un ami qui lui dit : « Veille et tu verras ce qu'il y a. Pour te tenir éveillé, coupe un peu ton doigt, mets du sel sur la blessure ; tu souffriras et ne pourras dormir. »

Et, la nuit, il découvrit le mystère. Il attrapa la jeune fille au moment où elle sortit de sa cachette et lui dit : « Qui es-tu ? Une jenniya ou une fille d'Adam ? » Alors elle raconta toute son histoire. Le fils du Roi brisa l'image, prit sa femme et la garda auprès de lui.

Le matin, quand l'esclave apporta le déjeuner du prince et qu'elle vit la belle fille, étendue endormie, près de lui, elle perdit connaissance. En ne la voyant pas revenir, la mère du prince en envoya une autre, qui fut également clouée sur place par l'étonnement. Toutes les esclaves vinrent, à leur tour, et entrèrent dans la chambre jusqu'à ce que la mère elle-même vint voir ce qu'il y avait. Elle alla aussitôt avertir le Roi, qui vint voir la merveille de ses yeux, et tous furent heureux.

(Raconté par JEMA ʻA, ancienne esclave
du Sultan MOULAY-ḤASAN)

LV

LA JEUNE FILLE AU CHANDELIER

Il y avait un Roi qui avait une femme qu'il chérissait plus que tout au monde et avec laquelle il avait déjà vécu de longues années de bonheur. Or, elle vint à mourir et il en conçut un tel chagrin qu'il jura de ne jamais prendre une autre épouse. Cependant, quand la période de deuil fut passée, les vieilles de la maison commencèrent à lui dire : « O Roi, tu es trop jeune encore pour rester veuf. Il faut te remarier. » Mais il leur opposa longtemps un refus formel. Enfin, las de leur insistance, il prit un bracelet ayant appartenu à sa femme morte, le leur donna et leur dit : « Je n'épouserai que la femme à qui ira ce bracelet. »

Or, le bijou était très petit et très beau et avait appartenu à la femme qui avait les plus beaux bras du royaume.

Les vieilles se mirent en quête d'une jeune fille à qui irait le bracelet. Mais, elles eurent beau fouiller toutes les maisons du royaume, l'essayer à toutes les femmes, aucune ne put le mettre à son bras. Alors, elles allèrent lui dire : « O Roi, nous avons échoué. Il n'y a pas, dans tout le royaume, de femme à qui puisse aller ce bracelet. »

Et il leur dit : « Cherchez dans mon palais. » Et il se trouva que la seule jeune fille qui put mettre le bracelet était la fille du Roi et de sa femme morte. Quand les vieilles, consternées, vinrent lui rendre compte du résultat de leurs recherches, il

leur répondit : « C'est bien ! Préparez ma noce avec ma fille. »
Lorsque la jeune fille connut les projets de son père, elle ne se
livra pas au désespoir. Elle fit semblant d'accueillir la nouvelle
avec joie. Mais, cependant, réunissant tout l'or et tous les
bijoux qu'elle avait, elle s'échappa du palais de son père et
se rendit chez un orfèvre juif, puis elle lui dit : « Tu vas me
construire un immense chandelier comme aucun roi n'en eut
jamais. Dans le socle, tu ménageras une chambre dans laquelle
quelqu'un puisse se cacher et tu l'offriras au Roi le jour de ses
noces. Tu feras, en outre, une serrure cachée pour ouvrir et
fermer la pièce secrète et tu m'en remettras la clef quand le
travail sera terminé. »

Le Juif se mit aussitôt à l'ouvrage et construisit le chandelier
suivant les plans que lui avait donnés la jeune fille.

Le jour de la noce, il apporta son cadeau. Le Roi, émerveillé,
lui fit de riches présents et fit porter le chandelier dans la salle
d'honneur. Quelques instants après, on devait amener la jeune
fille dans la chambre où le Roi devait venir la retrouver, mais
elle avait disparu. On fouilla tous les appartements et on ne
trouva rien. Alors, les vieilles, bien tristes, se rendirent près
du Roi et lui dirent en s'arrachant la figure : « Il n'y a plus
de fiancée. — C'est bon, c'est bon, dit le Roi. Taisez-vous,
n'ébruitez pas la chose. Il ne faut pas que cet affront, que je
reçois, soit connu dans mon royaume. Amenez-moi n'importe
quelle jeune fille à la place. » Et il se maria.

Quant à la fiancée, elle s'était réfugiée dans le chandelier.

Le lendemain du mariage, le Roi reçut la visite d'un fils de
Roi, d'un état voisin, qui venait lui-même lui offrir les présents
envoyés par son père à l'occasion de la noce. Ces présents
étaient si somptueux que le Roi, ne sachant ce qu'il devait offrir
en retour, se dit : « Il n'y a que le chandelier monumental qui
fera l'affaire. » Il envoya chercher le Juif et lui donna l'ordre
de transporter avec beaucoup de ménagements le chandelier
jusqu'au palais du Roi, son voisin, et le Juif se mit en route
avec le jeune homme.

Quand ils arrivèrent, le fils du Roi fit mettre le chandelier dans sa chambre pour l'admirer.

Le soir venu, les esclaves lui apportèrent, suivant l'habitude, son dîner dans sa chambre.

Il goûta à peine aux plats et s'endormit. Alors, la jeune fille quitta sa cachette, fit ses ablutions, pria et mangea ce que le fils du Roi avait laissé.

Cela se renouvela chaque soir. Or, ce jeune homme était triste, vivait seul, ne recevant jamais d'amis, et mangeait très peu.

Comme les esclaves voyaient maintenant les plats vides, elles se réjouirent de le voir revenir à la santé et l'en félicitèrent. Cependant, il ne comprenait pas pourquoi elles étaient si contentes. Alors sa vieille nourrice lui dit : « Depuis longtemps, tu touchais à peine aux aliments qu'on te portait. Mais, depuis que tu as été à la noce du Roi, notre voisin, tes plats sont vides chaque matin, et c'est de cela que nous nous réjouissons. » Il ne leur répondit rien, mais se promit d'éclaircir le mystère. La nuit suivante, après avoir dîné, il fit semblant de s'endormir. Alors, quelle ne fut pas sa surprise, lorsqu'il vit une merveilleuse jeune fille sortir du chandelier, faire ses ablutions, prier et manger, puis se disposer à retourner dans sa cachette. Il eut, tant il était cloué à sa place par l'admiration, juste la force de la tirer par sa robe et de lui dire : « Dis-moi vite si tu es une mortelle ou si tu es une princesse de l'Invisible ? Tu as ravi ma raison et, qui que tu sois, tu seras ma femme. »

La jeune fille, rassurée, s'assit à côté de lui et lui raconta toute son histoire. Quand elle eut terminé, ils tombèrent dans les bras l'un de l'autre et, à partir de ce jour béni, chaque soir la jeune fille rejoignait son amant et, chaque matin, elle se cachait dans le chandelier.

Le fils du Roi était devenu gai, joyeux et avait recouvré sa santé. Un jour, son père lui dit : « Maintenant que tu es guéri, il faut songer à te marier avec la fille de ta tante, à qui je t'ai promis depuis longtemps. » Mais il répondit qu'il ne voulait pas se marier encore.

Alors son père le fit partir à la chasse. Pendant qu'il était absent, les femmes vinrent fouiller dans sa chambre et admirer le chandelier. Elles tournèrent autour, le regardèrent dans tous les sens et de tous leurs yeux. Tout à coup, la fiancée du fils du Roi poussa un cri : elle venait de découvrir la serrure ; on l'ouvrit et on trouva à l'intérieur la Belle qui y était blottie.

Alors les femmes la tirèrent hors de sa cachette, la battirent, lui déchirèrent ses vêtements, lui disant : « C'est donc à cause de toi que le fils du Roi refuse sa cousine ? »

Puis elles appelèrent leurs esclaves et donnèrent l'ordre d'aller la jeter dans un endroit éloigné et désert et de la souiller d'ordures. Et cet ordre cruel fut exécuté. Mais, non loin de là, habitait une vieille femme qui vivait saintement. En se promenant dans la campagne déserte, elle trouva la jeune fille abandonnée, les vêtements déchirés et toute souillée d'ordures et meurtrie de coups. Elle la recueillit chez elle, la soigna, la vêtit de vêtements propres et la consola.

Or, en revenant de la chasse, le fils du Roi s'organisa comme de coutume pour recevoir la visite de la Belle du chandelier, mais elle ne vint ni ce soir-là, ni les autres, et il tomba si gravement malade que, chaque jour, on attendait sa mort. Le Roi avait fait venir tous les médecins de ses états et des états voisins, mais nul n'avait pu le guérir et tout le palais était en deuil.

Cependant, la nouvelle de la mort prochaine du fils du Roi arriva jusqu'à la demeure de la vieille ermite. En l'apprenant, la jeune fille dit à la vieille : « Je vais faire un breuvage que tu iras porter au fils du Roi. Tu diras : « Je connais les remèdes qui guérissent et je viens guérir le malade que nul n'a guéri. »

Alors elle prépara un breuvage et mit au fond une bague que son jeune amant lui avait donnée pendant les jours heureux. La vieille emporta le breuvage et le présenta au palais du Roi. On la laissa entrer. Elle arriva jusqu'au jeune homme, lui dit qu'elle connaissait les secrets des plantes et qu'elle avait préparé pour lui ce breuvage qu'elle le suppliait d'avaler.

Le jeune homme prit le breuvage, le but et, quand il arriva au fond du vase, il trouva l'anneau. En le reconnaissant, il saisit les mains de la vieille, les caressa et lui dit : « O vieille, dis-moi vite où elle est pour que je la retrouve et je te comblerai de richesses. »

Alors la vieille lui expliqua où elle vivait avec la jeune fille et s'en alla. Après avoir bu le breuvage apporté par la vieille, le fils du Roi recouvra instantanément la santé et dit à son père : « Je veux que tu donnes une fête à tous mes amis, dans tel endroit, pour nous réjouir de ma guérison. » Et il indiqua un endroit voisin de la demeure de la vieille. Le Roi y envoya des tentes, des victuailles, des fruits, des boissons et des musiciennes, et tous les amis du prince partirent avec lui. Pendant la fête, il les quitta, se rendit auprès de la jeune fille. Alors, après avoir ri et pleuré, il lui demanda de lui dire comment elle se trouvait chez la vieille. Quand elle eut raconté toute l'histoire, il alla rejoindre ses amis, puis, la fête terminée, rentra au palais de son père.

Il fit attacher sa tante et sa cousine entre une chamelle affamée et une chamelle assoiffée. Puis il fit placer, loin de chaque bête, des aliments et de l'eau. En s'élançant pour aller calmer leur faim et leur soif, les chamelles écartelèrent les coupables. Enfin il partit chez la vieille, en ramena son amie, l'épousa et vécut dans le bonheur avec elle.

(Raconté par la Chérîfa Lalla Ourqiya.)

LVI

HISTOIRE DE MOULAY 'ATÎQ

Il y avait un Musulman et un Juif qui étaient associés et commerçaient ensemble. Le Musulman avait un fils. Quand il vit approcher l'heure de la mort, il alla trouver le Juif et lui dit : « Je vais mourir et je te demande d'élever mon enfant pour en faire un commerçant comme nous. »

Quand il fut mort, le Juif prit donc l'enfant et l'éleva comme s'il était son fils. Il le mit à l'école du quartier.

Un jour, que l'enfant jouait à la koura (pelote) avec les autres enfants du quartier, il leur lança la pelote à la figure et tous se fâchèrent et l'appelèrent : « Celui qui ne connaît pas son père. »

Il alla pleurer vers le Juif, qu'il croyait être son père, et le Juif lui dit : « Je vais te faire une koura d'or et tu iras jouer hors de la ville, loin des maisons, pour ne blesser personne. »

Quand la pelote d'or fut terminée, l'enfant invita ses camarades à le suivre et ils allèrent jouer dans un endroit écarté où il y avait tout juste une hutte de paille où vivait une vieille femme.

Mais chaque fois que l'enfant lançait la pelote, elle tombait sur la hutte de la vieille, si bien qu'elle finit par traverser le toit et, en tombant dans la hutte, elle cassa toute la vaisselle.

Alors la vieille sortit fort en colère et injuria les enfants, et traita celui qui avait lancé la pelote : « d'enfant qui ne connaissait même pas ses parents. »

Alors l'enfant partit chez son père le Juif et lui dit : « J'ai faim, qu'on me fasse de la ḥarîra (bouillie de farine). »

Quand la ḥarîra fut prête, il la fit verser dans un bol, devant lui, et, se saisissant de la main du Juif, il la plongea dans la bouillie bouillante. Alors le Juif s'écria : « Lâche-moi, ô mon enfant, tu me brûles. » Mais l'enfant lui répondit : « Je ne te lâcherai que lorsque je saurai mon nom et le nom de mon père. »

Alors le Juif lui raconta toute l'histoire et lui dit : « Tu es le fils de tel et tu t'appelles Moulay 'Atîq. »

Alors l'enfant retourna jouer avec la pelote d'or et la lança exprès sur le toit de la vieille et, quand celle-ci sortit pour l'injurier, il s'écria : « Je sais mon nom et le nom de mon père. Je suis Moulay 'Atîq. » Alors la vieille s'écria : « Je ne t'appellerai Moulay 'Atîq que si tu prends pour épouse la fille du Sultan Sahi, qui est dans le septième ciel !... Personne ne peut l'approcher, ni avec des richesses, ni en allant à pied, si ce n'est avec l'appui de Dieu ou par une ruse d'entre les ruses des hommes. »

Quand Moulay 'Atîq fut grand, il dit au Juif : « Va demander la fille du Roi Sahi en mariage, je veux l'épouser. »

Le Juif alla chez le Roi, qui lui répondit : « Moi, je n'ai pas de fille à marier. »

Le Juif insista tant et tant que le Roi finit par lui répondre : « Je ne donnerai ma fille qu'à celui qui me rapportera l'anneau qu'elle a au doigt. »

Or, cette jeune fille était enfermée avec une vieille esclave dans une tour qui atteignait le dernier ciel et dont le Roi seul avait la clef.

Le Juif dit à Moulay 'Atîq : « Je te fournirai bien le moyen de t'introduire dans la tour. »

Il fabriqua une gazelle d'or avec un mécanisme qui la faisait marcher, remuer la tête, et il ménagea dans son ventre une place pour Moulay 'Atîq ; il l'y enferma et alla offrir la gazelle au Roi. Celui-ci en fut si émerveillé qu'il la porta lui-même à sa fille pour qu'elle s'en amusât.

Le soir venu, quand la jeune princesse fut endormie, Moulay 'Atîq sortit de sa cachette, introduisit un peu de benj entre les lèvres de la jeune fille ; puis, après avoir dîné de ce qu'il trouva dans la tour, il se coucha auprès d'elle.

Cela dura ainsi quelques jours. Mais, un matin, la princesse dit à son esclave : « O ma mère, je vais être mère et cependant il n'y a personne avec moi dans la tour. »

L'esclave et la jeune princesse veillèrent la nuit suivante et virent Moulay 'Atîq sortir du ventre de la gazelle.

Cependant, la jeune princesse ne cria pas ; elle le trouva si beau, si beau qu'elle en fut éblouie et lui accorda, avec joie, tout ce qu'il demandait. Puis elle lui dit, en lui mettant sa bague au doigt : « Il te faut sortir de la tour comme tu y es venu, alors tu iras voir mon père et tu n'auras qu'à lui remettre cet anneau et il nous mariera. »

Moulay 'Atîq et la jeune fille cassèrent une jambe de la gazelle et Moulay 'Atîq regagna sa cachette.

Quand le Roi vint voir sa fille, elle lui dit : « Il faut que tu emportes la gazelle et que tu l'envoies au Juif qui l'a fabriquée pour qu'il la répare. »

Ce que fit le Roi aussitôt. Quand la gazelle fut chez le Juif, Moulay 'Atîq quitta son refuge, alla trouver le Roi, lui remit l'anneau, et le mariage eut lieu dans les jours qui suivirent.

Ainsi, Moulay 'Atîq réalisa la prophétie de la vieille et fut heureux.

(Raconté par JEMA 'A, ancienne esclave
du Sultan MOULAY-ḤASAN)

LVII

UNE MAISON ACHETÉE AU PARADIS

Au temps où Moulay ʿAbderraḥmân était sultan, il avait un ami qui lui était très cher.

Il l'emmenait partout avec lui et ne pouvait se passer de sa compagnie, et celui-ci, malgré tout, ne s'était pas enrichi auprès de son maître. Il n'avait ni jardin, ni maison, ni biens d'aucune sorte. Et quand, par hasard, il n'était pas le commensal de son maître, il devait se retirer à la mehalla avec les troupes et cela ne lui plaisait pas beaucoup, car il aurait été heureux, lui aussi, d'avoir une maison à lui.

Un jour que le Sultan lui avait donné une bourse d'or, il avisa un courtier et lui dit : « Va à Fez m'acheter une maison. » Et il lui donna la bourse d'or.

Le courtier se mit en route. Comme il arrivait devant les murs de la ville, il entendit une pauvresse qui mendiait sur le chemin et cette pauvresse disait : « Celui qui me donnera du pain pour mes enfants aura une belle maison après sa mort. »

Le courtier lui jeta la bourse et se remit en route pour Marrakech sans même entrer dans la ville de Fez.

Peu de temps après, le Sultan Moulay ʿAbderraḥmân réunit sa mehalla et, accompagné de son ami et du courtier, rejoignit sa capitale de Fez.

Dès leur arrivée, l'ami demanda les clefs de sa maison, mais le courtier lui répondit : « C'est au paradis que je t'ai acheté ta maison et Dieu en a les clefs. – C'est bien ; allons alors consigner tout cela dans un acte, chez un adoul. »

L'acte fait, le nouveau propriétaire le mit dans une caisse bien fermée et conserva la clef précieusement.

A l'heure de sa mort, il dit aux amis qui l'entouraient : « Vous allez trouver un acte de propriété dans mon coffret. Je veux qu'on l'enterre avec moi, sous ma tête. »

Et les amis, pieusement, obéirent à cette volonté dernière.

Quelques années s'écoulèrent ; le courtier se promenait, un jour, en méditant, dans un cimetière, quand il vit à ses pieds une lettre à son adresse ; il la ramassa et lut avec une surprise sans pareille ce qui suit : « Ami, la maison que tu m'as achetée est parfaite en tous points et, pour te payer ton courtage, je t'ai acheté la pareille. »

(Recueilli d'un conteur anonyme sur la place
Jâma' el-Fnâ ', à Marrakech)

DEUXIÈME PARTIE

CONTES D'ANIMAUX

LVIII

LE ROUGE-GORGE ET LA BERGERONNETTE

Un jour, le Rouge-Gorge demanda à la Bergeronnette de lui prêter sa petite robe et son petit turban pour aller voir ses parents. La Bergeronnette prêta la petite robe et le petit turban.

Quand le Rouge-Gorge revint, elle alla réclamer son bien, mais celui-ci lui dit : « Je ne te rendrai ta petite robe et ton petit turban que si tu m'apportes la Grappe de Raisin pendue à la Vigne. »

Elle alla à la Vigne et lui dit : « Donne-moi la Grappe de Raisin pour que je l'apporte au Rouge-Gorge, qui me rendra ma petite robe et mon petit turban. »

Mais la Vigne lui dit : « Tu n'auras la Grappe de Raisin que lorsque tu m'apporteras la petite Eau de la Source. »

Elle alla à la Source et lui dit : « O ma tante Source, donne-moi ta petite Eau, que je la porte à ma tante Vigne, qui me donnera la Grappe de Raisin, que je porterai au Rouge-Gorge, pour qu'il me rende ma petite robe et mon petit turban. » La Source lui dit : « Je ne te donnerai la petite Eau que si tu m'amènes les joueurs de tambour et de flûte pour jouer près de moi. »

La Bergeronnette alla chez les musiciens, mais ils lui dirent : « Nous n'irons jouer près de la Source que lorsque tu nous auras porté un agneau. »

Elle alla trouver un berger et lui dit : « Donne-moi un agneau, ô mon oncle, pour que je le porte aux musiciens qui joueront près de la Source, qui me donnera la petite Eau pour la Vigne, qui me donnera la Grappe de Raisin pour le Rouge-Gorge, qui me rendra ma petite robe et mon petit turban. »

Mais le berger lui dit : « Je ne te donnerai un agneau que si tu m'apportes un pot de lait aigre et un plat d' 'aṣîda (grains de blé cuits en bouillie et arrosés de miel et de beurre). » Alors la Bergeronnette alla au douâr. Elle trouva les femmes qui versaient l' 'aṣîda cuite dans les plats et le lait aigre dans les pots.

Elle leur dit : « Votre vache s'est détachée, le veau tête sa mère et tous vos moutons se sont sauvés. »

Les femmes laissèrent là l' 'aṣîda toute chaude et les pots de lait aigre. La Bergeronnette prit un plat d' 'aṣîda et un pot de lait aigre, les porta au berger, qui lui donna un mouton pour les musiciens. Les musiciens jouèrent près de la Source, la Source lui donna la petite Eau pour la Vigne, qui lui donna la Grappe de Raisin pour le Rouge-Gorge, qui rendit à la Bergeronnette sa petite robe et son petit turban.

(Raconté par JEMA 'A, ancienne esclave
du Sultan MOULAY-ḤASAN.)

LIX

LA MORT DE M. PUCE

M. Puce épousa Mme Pou.

A l'occasion de ce mariage, il invita les oiseaux à dîner. Mme Pou mit la marmite sur le feu et M. Puce sauta dessus pour goûter la sauce. Mais il tomba dans la marmite et ne reparut plus. Alors Mme Pou se mit à pleurer. Elle pleura tellement qu'elle devint aveugle. Les oiseaux invités à dîner arrivèrent à l'heure convenue et la Cigogne s'écria : « Eh quoi, madame Pou, que signifient ces larmes ? » Mme Pou répondit : « C'est que M. Puce, mon cher mari, est tombé dans la marmite et n'est plus reparu. » Alors la Cigogne s'écria : « Arrachons nos plumes en signe de deuil. » Et tous les oiseaux se plumèrent, puis allèrent se poser sur un arbre.

L'Arbre leur dit : « O oiseaux, pourquoi vous être arraché les plumes ? – C'est que, dirent les oiseaux, nous avons pris le deuil parce que Mme Pou est devenue aveugle à force de pleurer M. Puce, son cher mari, qui est tombé dans la marmite et n'a plus reparu. » Et l'Arbre répondit : « En signe de deuil, je me dépouille de mes feuilles. » Il se secoua et toutes ses feuilles tombèrent sur le sol, et il ne resta plus que les branches.

Le Ruisseau, qui arrosait l'Arbre, en le voyant sans feuilles, lui dit : « Monsieur Arbre, pourquoi t'es-tu dépouillé de tes feuilles ? – C'est que j'ai pris le deuil parce que les oiseaux se sont arraché leurs plumes, parce que Mme Pou est devenue aveugle à force de pleurer son cher mari, M. Puce, qui est tombé dans la marmite et n'a plus reparu. – Bien, dit le Ruisseau, en signe de deuil, je me dessèche. » Vint une négresse, avec deux cruches, pour chercher de l'eau au Ruisseau ; en le trouvant desséché, elle dit : « O Ruisseau, pourquoi t'es-tu desséché ? – Je me suis desséché en signe de deuil, parce que l'Arbre s'est dépouillé de ses feuilles, parce que les oiseaux se sont plumés, parce que Mme Pou est devenue aveugle à force de pleurer M. Puce, son cher mari, qui est tombé dans la marmite et n'a plus reparu. – Bien, dit la négresse. En signe de deuil, je casse mes cruches. » Et elle cassa ses cruches et s'en retourna à la maison. Quand elle arriva, sa maîtresse lui dit : « Où sont les cruches ? – Je les ai cassées en signe de deuil, ô ma maîtresse, parce que le Ruisseau s'est desséché, parce que l'Arbre s'est dépouillé de ses feuilles, parce que les oiseaux se sont plumés, parce que Mme Pou est devenue aveugle à force de pleurer son cher mari, M. Puce, qui est tombé dans la marmite et n'a plus reparu. – Bien, dit la maîtresse, en signe de deuil, je m'inonde de l' 'âṣîda préparée pour le dîner. » Et elle renversa la marmite sur sa tête. Alors vint le mari qui s'écria : « Pourquoi cette 'âṣîda sur ta tête et sur tes vêtements ? – C'est en signe de deuil, parce que notre esclave a cassé les cruches, parce que le Ruisseau s'est desséché, parce que l'Arbre s'est dépouillé de ses feuilles, parce que les oiseaux se sont plumés, parce que Mme Pou est devenue aveugle à force de pleurer son cher mari, M. Puce, qui est tombé dans la marmite et n'a plus reparu. »

Alors l'homme dit : « En signe de deuil, je me casse la tête. » Et il se cassa la tête et mourut.

Le ṭâleb vint pour l'enterrer et s'écria : « Pourquoi cette tête cassée ? » Et la femme répondit : « C'est en signe de deuil, parce que je me suis inondée d' 'âṣîda, parce que notre négresse a cassé les cruches, parce que le Ruisseau s'est desséché, parce que l'Arbre s'est dépouillé de ses feuilles, parce que les oiseaux se sont plumés, parce que Mme Pou est devenue aveugle à force de pleurer son cher mari, M. Puce, qui est tombé dans la marmite et n'a plus reparu. »

Alors le ṭâleb s'écria : « En signe de deuil, je m'arrache ma barbe. » Et il s'arracha la barbe.

Quand il arriva à l'école pour faire sa classe, les enfants dirent : « O ṭâleb, pourquoi t'es-tu arraché la barbe ? – Je me suis arraché la barbe en signe de deuil, parce que l'homme s'est cassé la tête, parce que sa femme s'est inondée d' 'âṣîda, parce que la négresse avait cassé ses cruches, parce que le Ruisseau s'était desséché, parce que l'Arbre s'était dépouillé de ses feuilles, parce que les oiseaux s'étaient plumés, parce que Mme Pou était devenue aveugle à force de pleurer son cher mari, M. Puce, qui est tombé dans la marmite et n'a plus reparu. »

Alors les petits écoliers se mirent à pleurer et prirent un jour de congé pour fêter la mort de M. Puce.

(Conté par Lalla FAṬMA DEMNÂTIYA.)

LX

LE LION ET LE MULET

Le Renard, en se promenant, aperçut le Coq qui, perché sur un tas de fumier, lançait son cocorico. Il s'approcha de lui et lui dit : « Pauvre ami, tu chantes et tu ne sais pas que l'heure de ta mort est prochaine. Je viens d'entendre ta maîtresse qui disait que tu étais à point pour être cuit et qu'elle te cherchait pour te tuer. Quitte ces lieux ; associons-nous et partons ensemble. – Volontiers, dit le Coq. » Et il partit avec le Renard.

Ils rencontrèrent le Mouton.

Le Renard lui dit : « O mon ami le Mouton, pendant que tu broutes en paix les bonnes herbes, ton maître prépare la broche pour te rôtir. Je l'ai entendu qui disait en parlant de toi : « Quel bon méchoui nous allons faire ! Il est gras à point. » Quitte ces lieux ; associons-nous et partons ensemble. – Volontiers, dit le Mouton. » Et il partit avec le Renard et le Coq. Ils rencontrèrent le Serpent qui ouvrait toute grande sa bouche et mourait de soif. « O mon oncle le Serpent, si je t'indique où se trouve une bonne mare où te désaltérer, deviendras-tu notre ami ? dit le Renard. – Certes oui, répondit le Serpent, et je ne vous quitterai plus. – Eh bien, partons ensemble, dit le Renard. » Et ils partirent. Le Renard amena le Serpent près d'une mare où ils se désaltérèrent tous, puis ils continuèrent leur route. Ils rencontrèrent le Mulet, et le Renard dit à son oncle le Mulet : « Tu sais que, pendant que tu te roules dans l'herbe, ton maître coupe du bois et se prépare à t'en mettre une double charge sur le dos. Quitte donc ces lieux, associe-toi avec nous et partons ensemble. »

Et le Mulet s'associa avec eux et tous partirent de compagnie. Ils atteignirent une caverne, où ils entrèrent s'abriter pour la nuit. Mais le Renard, après avoir bien exploré les lieux, ne les trouva pas sûrs et dit au Serpent : « Escalade ces rochers et, quand tu seras en haut, fais pendre une partie de toi comme une corde. Nous grimperons après et viendrons passer la nuit auprès de toi. » Tous grimpèrent sur les rochers escarpés par le moyen du Serpent, sauf le Mulet, et ils passèrent la nuit en paix.

Le matin, le Lion, en compagnie du Chacal, se promenait de bonne heure dans la forêt. En arrivant à la grotte, le Chacal flaira le gibier et dit au Roi : « Nous allons nous régaler. » Tous deux entrèrent dans la grotte, ils aperçurent le Mulet, tout au fond, et, dans les anfractuosités du rocher, le Renard, le Coq, le Mouton et le Serpent. Alors le Chacal s'écria : « Que faites-vous perchés là-haut ? Venez donc saluer votre Roi. »

Mais le Renard répondit : « Pour qu'il nous mange ? Non, nous sommes très bien ici et nous avons passé une excellente nuit. » Mais le Chacal leur dit : « Monseigneur le Lion vous donne la sécurité, descendez et nous allons jouer à un jeu. Je vous poserai une question à laquelle vous devrez répondre juste sous peine d'être mangés. » Tous descendirent. Le Lion s'assit et le Chacal commença le jeu par le Renard. Il lui dit : « Comment t'appelles-tu et comment s'appelle ton père ? » Le Renard répondit : « Je m'appelle Renard et mon père s'appelle Renard, et je suis Renard, fils de Renard. » Alors il dit au coq : « Comment t'appelles-tu ? » Le Coq dit : « Je m'appelle Coq, mon père s'appelle Coq et je suis Coq, fils de Coq. »

Il en fut ainsi du Mouton et du Serpent. Il ne restait plus que le Mulet. Celui-ci pensait : « C'est moi qu'ils veulent manger, car je ne puis dire que je suis Mulet fils de Mulet. Mais je vais leur jouer un tour de ma façon. »

Alors le Chacal dit : « Et toi, comment t'appelles-tu et comment s'appelle ton père ? »

Le Mulet répondit : « Figurez-vous que je ne sais ni mon nom ni le nom de mon père ? Mais à ma naissance, mon père, qui savait que je l'oublierai, l'a écrit sous mon sabot de derrière. Approche-toi, Chacal, et lis donc mon nom. » Il leva la patte en l'air, et le Chacal qui, s'il est plus petit que le Lion, est bien plus malin, devina tout de suite ce qui allait lui arriver. Il se pencha, fit semblant d'épeler et dit : « Mim, Noun, et peut-être bien Qaf (noms de lettres arabes). Mais, qu'ai-je donc ? C'est sans doute le soleil qui m'a aveuglé ; je ne puis lire. Vois donc, ô Lion, toi qui as de meilleurs et bien plus grands yeux que moi, si c'est bien un Qaf, la troisième lettre du nom. »

Le Lion, sans méfiance, s'approcha ; alors le Mulet lui allongea entre les deux yeux son meilleur coup de pied, en disant : « C'est un Qaf, la troisième lettre, c'est un Qaf. » Et il l'assomma. Le Chacal profita du trouble pour déguerpir, la queue basse, et les autres animaux, après avoir dévoré le Lion, continuèrent leur route sous la conduite du Renard.

(Conté par FAṬMA BOUQUEŞ 'A
ET LALLA FAṬIMA CHELḤA.)

LXI

A. - LE LION MALADE

Un jour, le Lion, roi des animaux, était malade.

Il convoqua auprès de lui tous les animaux de la forêt et tous vinrent, sauf le Chacal.

Quand ils furent réunis, le Lion leur dit : « Il me semble que tous ne sont pas venus. » Alors le Renard s'écria : « Le Chacal n'est pas venu, il se soucie bien peu de ta maladie. »

Le Lion, en fureur, envoya plusieurs courriers chercher le Chacal. Et lorsque ce dernier arriva, il lui dit : « Pourquoi n'as-tu pas répondu à mon appel ? Je suis malade et tu fais celui qui l'ignore ? – Non, Monseigneur, bien au contraire, dit le Chacal ; mais ta maladie me préoccupe tellement que j'ai oublié l'heure du départ tant j'étais occupé à chercher dans les livres un remède pour te guérir. – Ah, ce remède quel est-il ? – C'est qu'il faut couper la jambe du Renard, prendre la moelle de ses os et t'en frotter tout le corps ; j'ai appris qu'ainsi tu guérirais. »

Alors le Lion fit aussitôt couper la jambe du Renard pour prendre à l'intérieur cette pommade qui devait le guérir, et il renvoya les animaux.

Le Chacal, après avoir un peu marché, s'arrêta sur le bord du chemin, attendant le passage du Renard qui venait en boitant et, quand il fut près de lui, il lui cria : « Cela t'apprendra à tenir ta langue devant les rois. »

B. - LE LION, LE CHAT ET LE RAT

Un jour, le Lion rencontra le Chat et lui dit : « Comment se fait-il que tu aies des yeux et des moustaches comme moi, une tête semblable à la mienne, et que tu sois si petit ? – C'est, dit le Chat, qu'un animal, appelé Ben Adam (fils d'Adam), m'a fait peur. – Où est ce fils d'Adam, que je le voie et que je te venge ? – Il est dans la forêt, occupé à couper un arbre. »

Le Lion et le Chat s'en furent dans la forêt. Ils rencontrèrent le fils d'Adam qui sciait un arbre. Le Lion l'interpella vivement et lui dit : « Parce que tu as fait peur au Chat, je vais te manger. » Alors le fils d'Adam répondit au Lion : « Je veux bien ; mais il faut d'abord que tu m'aides à scier cet arbre. » Et il s'arrangea de telle manière qu'il lui fit pincer les mains entre les parties de l'arbre qu'il avait sciées.

Et, comme le Lion ne pouvait se séparer de l'arbre, l'homme prit un bâton et le frappa violemment, puis s'en alla.

Alors le Chat alla chercher le Rat et lui dit : « Viens délivrer le Lion. » Et le Rat rongea l'arbre jusqu'à ce que le Lion put retirer ses mains.

Le Rat dit alors au Chat : « Il faut, pour ce que j'ai fait au Lion, que tu me fasses le serment de ne plus manger mes petits. » Et le Chat fit le serment.

Quelque temps après, le Rat, ayant fait ses petits, l'un deux sortit du trou et fut attrapé par un petit chat qui voulut le manger ; mais le petit Rat lui rappela le serment fait par son père. Le petit Chaton lui répondit : « Il n'y a pas de serments quand j'ai faim. » Alors le petit Rat lui dit : « Lâche-moi pour dire une Fâtîa qui me donnera le courage de me laisser manger. – Je veux bien », dit le petit Chat. Et il lâcha le petit Rat, qui se sauva à toutes jambes.

Lorsque le petit du Rat se fut sauvé si adroitement des pattes du petit Chat, celui-ci resta tout étonné. Un Serpent rampait par là en ce moment et, en le voyant, s'écria : « Par

Dieu, qu'as-tu, ô Chat ? » Et le Chat raconta son histoire et dit : « Je meurs de faim et je n'ai rien à me mettre sous la dent. » Le Serpent lui dit : « Je vais t'aider ; compte sur moi et guette bien au trou. » Il pénétra dans le trou et arriva au logis des Rats. Ceux-ci s'écrièrent : « Qui est là ? » Et le Serpent répondit : « Votre chance. » Alors, en voyant la longueur du Serpent, l'un d'eux s'écria : « Tu es bien long pour être notre chance. » Et tous s'enfuirent par une autre porte. Alors le Serpent dit : « Ellî 'andou bâb wâḥad, Allâh icheddou 'alîh (Celui qui n'a qu'une porte de sortie, Dieu la ferme sur lui). »

(Raconté par Sı EL-ḤASEN, Mou' eddin
de SIDI 'ABD EL-'AZÎZ.)

LXII

LE VOLEUR ET LA VIPÈRE

Il y avait une fois un homme dont la profession était celle de voleur. Il était remarquable par son intelligence et son adresse : quand on était volé par lui, on ne retrouvait jamais ce qu'il avait volé.

Las de faire de petits larcins qui ne lui rapportaient guère, il se dit un jour : « Je vais aller voler le trésor du Sultan, au moins je me dérangerai pour quelque chose. »

Une nuit, donc, il se rendit au Dâr el-Makhzen et il se guida sur son odorat, qu'il avait très fin, pour trouver l'endroit où l'or et le trésor étaient cachés.

Il en prit la moitié, car il y avait tant et tant de pierreries, d'or pur, de pièces d'or, qu'il ne pouvait tout emporter d'un coup. Il alla tout cacher chez un ami fidèle, puis il se dit : « Il faut que je vide le pays de ma présence et je n'y reviendrai que lorsque l'on aura oublié ce vol important. »

Il mit donc un bâton dans sa main, de la farine et des dattes dans sa Jebîra, et il sortit de la ville.

Il marcha toute la nuit. Un peu avant le jour, il arriva près d'un grand silo et il s'entendit appeler : « O, passant ! » Il se pencha et vit un énorme Serpent enroulé en spirales dans le fond du silo. Et le Serpent lui dit : « O passant ami, aide-moi à sortir de ce silo profond où je suis tombé. » Il répondit : « Comment te sortir ? Le silo est profond et si je te prends avec ma main tu vas sûrement me mordre. – Non, dit le Serpent, je ne veux pas te faire du mal, à toi, qui me feras du bien ; prends ton selham par un coin et jette-le moi, je me pendrai après et tu me remonteras. »

Ainsi fut fait et, lorsque le Serpent fut hors du trou, il s'écria : « Tu m'as sauvé d'un grand péril, aussi quand toi-même tu seras en péril, appelle-moi et je viendrai à ton secours. Je t'en fais le serment de l' 'Ahd. » Et la grande Vipère s'en alla en rampant et disparut.

Le Voleur passa un grand temps à voyager et enfin il revint à son pays. Mais les autres voleurs l'avaient dénoncé pour avoir la vie sauve et, dès que les gardes le rencontrèrent dans la ville, ils l'arrêtèrent et le menèrent devant le Sultan ; et le Sultan, courroucé, lui dit : « Ah, te voilà, ô Voleur, qui es rentré dans la salle du trésor et qui m'as volé mes richesses. O vous, gardes, saisissez-vous de lui, donnez-lui mille coups de bâton, mettez-lui des chaînes et emprisonnez-le, et demain, à la première heure, notre siyyâf le mettra à mort en lui coupant sa vilaine tête, que l'on pendra à la porte de mon palais. »

Et les gardes firent aussitôt tout ce que le Sultan avait ordonné et même plus.

Une fois seul dans sa prison, le Voleur appela à son secours la Vipère qu'il avait retirée du trou. Il l'invoqua trois fois par son nom et, tout d'un coup, il la vit ramper le long des poutres et descendre auprès de lui : « Que puis-je pour toi, ami ? Et pourquoi te trouvé-je dans cette prison, enchaîné ? – J'ai volé le trésor du Sultan et je dois être mis à mort, demain, par le siyyâf, et je n'ai de recours qu'en ton serment de l' 'Ahd. – C'est bien. Voilà ce que je vais faire. Je vais aller dans les appartements du Sultan et je m'enroulerai autour de son corps pendant son sommeil, et toi, quand l'heure sera venue, tu viendras le délivrer, et ainsi je te sauverai. » Et aussitôt la Vipère disparut. Elle parcourut tout le Dâr el-Makhzen, traversa les cuisines, les chambres des esclaves, le grand jardin et arriva enfin dans la chambre du Sultan. Celui-ci dormait sur son lit, couché sur le dos et sa grosse épouse bien appuyée contre lui.

Délicatement, elle se mit à s'enrouler autour du corps du Sultan et posa la tête sur son estomac en serrant alors son étreinte.

Le Sultan, réveillé, se mit à crier : « O femme, j'étouffe, j'étouffe, vite, allume la lumière. »

La grosse femme du Sultan se dégagea des moustiquaires, alluma une lumière et poussa un cri de terreur en voyant l'horrible bête qui la regardait en sifflant. Elle réveilla les femmes, les servantes, et, en un instant, la chambre fut pleine de gens de la maison. Mais personne n'osait s'approcher de la couche où le Sultan étouffait en gémissant. Enfin, le matin arriva, et les Vizirs, les 'Oulama' vinrent prendre leur service et faire leur cour, mais ils trouvèrent la maison en deuil et la femme du Sultan leur dit : « Ne perdez pas votre temps en salutations, faites plutôt crier, dans la ville et dans le pays, par tous les crieurs, que le Sultan va mourir et que tous les charmeurs de serpents viennent ici, à l'instant même, pour le délivrer du Serpent qui l'étouffe. »

Et, pendant quatre jours, le Sultan continua à étouffer et à ne pouvoir même avaler une goutte d'eau tant la Vipère le serrait, car dès que les charmeurs de serpents arrivaient avec leurs bendîrs et commençaient à chanter leurs charmes, celle-ci leur sifflait au visage un sifflement tellement terrible qu'ils lâchaient les bendîrs et se sauvaient en criant : « Aï, aï, aï ! »

Enfin, le quatrième jour, le geôlier apporta un pain et une cruche d'eau au Voleur, qu'il avait jusque là complètement oublié, et s'excusa auprès de lui de ne lui avoir pas encore fait couper la tête, lui racontant l'histoire du Sultan qui était cause de ce retard.

En entendant son récit, le Voleur dit : « Moi, je veux attirer ce serpent, car je suis un Ouled Sidi Raḥal. Mais si je délivre le Sultan, me coupera-t-on toujours la tête ? – Je vais aller le demander », dit le geôlier. Il se présenta donc aux appartements royaux et fit part à la portière de la proposition du prisonnier. Et le Sultan, dès qu'il en eut connaissance, s'écria de toutes les forces qui lui restaient : « Qu'on amène cet homme ! »

Le Voleur fut introduit enchaîné dans la chambre du Sultan. Il se fit enlever ses chaînes, dénoua ses tresses sur ses épaules, demanda un bendîr et se mit à chanter en balançant sa tête : « O Serpent, ô Serpent. » Et, tout doucement, la Vipère desserra ses anneaux, quitta le lit du Sultan et vint s'enrouler autour des jambes du Voleur.

Le Sultan poussa un grand cri, demanda à manger, et les femmes poussèrent des you-yous.

Quand le Sultan se fut restauré, il dit au Voleur : « Tue cette vilaine bête et mange-lui la tête. » Mais celui-ci n'en voulut rien faire ; il répondit qu'il allait l'emporter dans la campagne.

Le Sultan pardonna le Voleur de la peine de mort, lui donna sa fille en mariage et le prit comme ministre des finances.

Et il fit crier dans toutes les qbîla que tous ceux qui craignaient le serpent aient à venir faire une offrande à son nouveau ministre qui l'avait miraculeusement sauvé.

Et, comme tous les fellaḥ craignent le serpent, la hediyya fut si productive que jamais plus le ministre n'eut besoin de voler tant il devint riche. Il se fit remarquer, au contraire, par sa grande honnêteté et fut le plus intègre des ministres des finances.

Et cela dura jusqu'à sa mort.

(Raconté par SI EL-ḤASEN, Mou'eddin
de SIDI 'ABD EL-'AZÎZ.)

LXIII

LE CHACAL ET LE HÉRISSON

Un jour, le Chacal dit au Hérisson : « Allons voir si nous trouvons quelque chose à voler. »

Alors le Hérisson partit le premier, dans la campagne, suivi par le Chacal.

Tout à coup, il aperçut un piège. Faisant vivement demi-tour, il dit au Chacal : « Vraiment, je suis bien impoli de passer ainsi devant toi. Excuse-moi, seigneur Chacal, pour cette incorrection, et passe devant. »

Le Chacal passa aussitôt devant et, en passant, donna au Hérisson un grand coup de patte pour le corriger d'avoir été aussi impoli. Il n'aperçut pas le piège et tomba dedans.

Alors le Hérisson se mit à rire de tout son cœur et lui dit : « Cela t'apprendra à frapper ton maître en intelligence. »

Le Chacal et le Hérisson s'étaient associés pour cultiver un champ ; ils avaient semé des oignons.

Quand l'heure de la récolte arriva, le Chacal dit au Hérisson : « Il nous faut partager cette récolte. » Le Hérisson répondit : « C'est juste, et pour ne pas nous disputer nous prendrons, l'un ce qui est au-dessus du sol et l'autre ce qui est au-dessous. »

Le Chacal dit : « Je veux ce qui est dessus. » Et il moissonna les tiges des oignons, les emporta, les mit à sécher sur sa terrasse, mais un grand vent nettoya la terrasse. Il se plaignit au Hérisson, qui lui dit : « C'est que tu n'as pas prononcé « bismillâh » avant de les mettre à sécher. » Voyant sa provision épuisée, le Chacal alla chez le Hérisson, pendant que celui-ci était dehors, et lui vola une grande quantité d'oignons qu'il cacha chez lui. Le Hérisson s'aperçut du vol et ne pensa plus qu'à sa vengeance. Comme il se promenait dans un champ, il trouva une brebis qui avait été blessée. Il la déchira en morceaux, qu'il porta à une sloûguiya qui venait de mettre bas. Quand celle-ci fut bien rassasiée, elle dit : « O Hérisson, pourquoi ce bien ? » Le Hérisson répondit : « C'est que je veux que tu m'envoies ton mari pour qu'il m'aide à me venger. »

Ensuite il alla chez le Chacal, l'invita à venir chez lui pour faire le projet d'une association entre eux.

Ils partirent tous deux et, quand le Lévrier arriva, le Hérisson lui dit : « Voilà ta part », en lui montrant le Chacal. Le Lévrier se mit aussitôt à déchirer le Chacal tandis que le Hérisson, se plaçant devant lui, lui disait : « Comment trouves-tu mes oignons ? Est-ce que ce sont de bons oignons ? »

(Raconté par SI EL-ḤASEN, Mou' eddin
de SIDI 'ABD EL-'AZÎZ.)

LXIV

L'HOMME, LE LION ET LE HÉRISSON

Un jour, un Homme marchait dans la forêt. Il arriva à un grand trou plein de boue dans lequel un Lion était tombé et d'où, malgré tous ses efforts, il ne pouvait sortir. Le Lion appela l'Homme et lui dit : « Je t'en prie, aide-moi à sortir de là. – Ma foi non, dit l'Homme, je ne t'aiderai pas, car, si je te sortais de là, tu me mangerais. »

Le Lion promit de ne pas manger le fils d'Adam et celui-ci le retira du trou. Mais, aussitôt dehors, le Lion se jeta sur l'Homme en disant : « Il faut que je te mange. »

Alors l'Homme dit : « Avant de me manger, laisse-moi demander justice au Cheval. » Le Lion y consentit et ils allèrent chez le Cheval. Le Lion exposa le différend devant le Cheval, qui répondit : « Tu as raison, mange-le, car l'Homme est un animal méchant qui nous opprime et passe son temps à nous monter sur le dos et à nous fatiguer. »

Mais l'Homme n'accepta pas le jugement du Cheval. Il demanda la justice du Slougui. Quand le Slougui eut écouté l'Homme et le Lion, il dit au Lion : « Mange-le. L'Homme est un animal méchant qui abuse de sa force. Il nous fait chasser tout le jour et non seulement il s'approprie le produit de notre chasse, mais il nous laisse mourir de faim. »

Alors l'Homme dit encore : « Je n'accepte pas ce jugement. Allons devant le Hérisson. » Le Lion et l'Homme allèrent donc demander justice au Hérisson.

Celui-ci les écouta, puis il dit : « Écoute, Monseigneur le Lion, ne mange pas l'Homme, car il ne te rassasierait pas. Viens avec moi, je vais te conduire dans un endroit où tu trouveras meilleure chair. » Et il le conduisit à une trappe placée par des chasseurs. Le Lion, passant sur les branches qui couvraient la trappe, tomba dedans et l'Homme fut délivré.

Le Hérisson dit à l'Homme : « Donne-moi ma récompense pour t'avoir sauvé du Lion. » Et l'Homme, se saisissant du Hérisson, lui répondit : « Ta récompense, c'est que je vais te faire cuire et te manger. »

Le Hérisson réfléchit un instant, puis dit à l'Homme : « Si je t'indique un trésor, tu ne me mangeras pas ? – Non, répondit l'Homme. – Eh bien, allons. » Et il le conduisit vers un trou profond et ajouta : « J'ai caché dans ce trou un mezwed (sac fait d'une peau de chèvre tannée) rempli d'or. Tu n'as qu'à plonger la main pour t'en saisir et tu me lâcheras quand tu l'auras pris. » Mais c'était un trou de Vipères. L'Homme n'eut pas plutôt mis la main dans le trou qu'il fut mordu cruellement et mourut aussitôt, lâchant le Hérisson qui se sauva en s'écriant : « Tu étais un méchant ; je t'ai sauvé du Lion et, pour me sauver de toi, j'ai dû user de ruse. Une autre fois j'aurai plus de tête. »

(Raconté par Sɪ ᴇʟ-Ḥᴀsᴇɴ, Mou' eddin de Sɪᴅɪ ʿAʙᴅ ᴇʟ-ʿAᴢîᴢ.)

LXV

LE JUGEMENT DU RENARD, QÂDÎ DES ANIMAUX

Il y avait un Homme dont la profession était de vendre du lait aigre (lben). Il avait acheté un petit Singe et l'avait élevé dans sa maison.

Le Singe était très intelligent, avait appris mille tours et servait son maître comme un véritable domestique.

Quand il eut amassé beaucoup d'argent, l'Homme se décida à faire son pèlerinage de La Mekke. Il emmena son Singe avec lui, et, ayant mis son argent dans un mezwed (sac fait d'une peau de mouton ou de chèvre tannée), il le lui confia.

Ils s'embarquèrent sur un navire avec un groupe de marchands. Aussitôt, le Singe grimpa avec son mezwed au sommet du grand mât. Quand il fut tout à fait en haut, il ouvrit le sac et le vida en lançant successivement une pièce d'argent dans la mer et une sur les genoux de son maître, qui était sur le pont du bateau.

Ainsi la moitié de l'argent du mezwed alla à la mer et la moitié seulement au propriétaire du Singe.

Quand il eut fini de vider le sac, le Singe redescendit sur le pont du navire. Son maître, qui était dans une effroyable colère, se saisit de lui pour le tuer. Mais le capitaine du bord s'interposa. Il dit à l'homme : « Un pèlerin, sur la route du pèlerinage, ne peut commettre un meurtre ; d'autre part, ce Singe doit avoir une raison cachée pour avoir fait ce qu'il a fait. Je te conseille d'aller devant le Lion, qui est le Roi des animaux, de te plaindre du Singe et de lui demander de le juger. »

Le Pèlerin se procura donc une vache, puis il partit, avec son Singe, dans la forêt qu'habitait le Lion et lui sacrifia la vache.

Le Lion partagea d'abord la vache avec sa Lionne et ses Lionceaux, puis il dit : « Que celui qui m'a sacrifié cette vache s'approche sans crainte, je ne lui ferai aucun mal. »

Alors l'Homme se présenta devant le Lion et lui exposa ce qui lui était arrivé avec le Singe.

Le Lion dit : « Je vais réunir le Conseil des animaux qui jugera. »

Et il fit venir le Tigre, la Panthère, le Lièvre, le Chacal, le Renard et tous les autres animaux. Le Conseil se réunit et le Lion répéta la plainte de l'Homme contre le Singe.

Les animaux, après s'être consultés, dirent : « Nous ne pouvons juger ce différend. » Mais le renard dit : « Moi, je peux les départager. – Eh bien ! Voyons comment tu juges l'affaire », dit le Lion. Alors le Renard, se tournant vers l'Homme, lui dit : « Quel est ton métier ? Et comment as-tu gagné cet argent ? » L'Homme répondit : « Je vendais du lait aigre. – Le vendais-tu pur ? demanda le Renard. – Non, dit l'Homme, j'y ajoutais une moitié d'eau. »

Alors le Renard prononça la sentence : « C'est le prix de l'eau qui est allé à l'eau, ta plainte est sans fondement. »

L'Homme accepta le jugement du Renard et s'en alla avec son Singe sans lui faire aucun mal.

Quant au Renard, les animaux le nommèrent Qâḍî des animaux tant il avait bien jugé.

(Raconté par Si EL-ḤASEN, Mou' eddin de SIDI 'ABD EL-'AZîZ.)

LXVI

LE RAT ET LE LION

Il y avait une fois une bûcheronne qui avait trois filles. Elle fit le serment de ne les marier qu'avec des animaux sauvages. Elle les maria, en effet, la première au Tigre, la seconde au Renard et la troisième au Rat.

Un jour, qu'elle ramassait du bois dans la forêt, vint le Lion pour la dévorer. Elle implora sa clémence. Alors il lui dit : « Je te laisse la vie sauve, mais il faut que tu m'amènes une de tes filles pour que je l'épouse. Sinon, je te mangerai. » Elle alla chez le Tigre pour lui prendre sa femme, lui disant que si elle ne l'amenait pas au Lion, celui-ci la mangerait. Le Tigre refusa de la lui donner. Elle alla alors trouver le Renard qui, lui aussi, refusa.

Enfin, elle s'en fut chez son troisième gendre, le Rat. Celui-ci refusa de donner sa femme, mais cependant il dit à la bûcheronne : « Allons ensemble voir le Lion. Je sais lui parler et, quand il aura entendu ce que je veux lui dire, il renoncera à te manger. »

Ils partirent donc chez le Lion. Quand le Roi des animaux vit le petit Rat, il s'écria : « Que me veux-tu ? – Je veux, dit le Rat, te dire à l'oreille deux mots que tu seras heureux d'entendre. Approche-toi donc de moi. »

Le Lion baissa la tête ; le Rat lui dit : « Tu n'es pas encore assez près ; approche encore ton oreille. » Et quand le Lion eut posé sa tête sur le sol, le Rat s'engouffra dans son oreille et se mit à le chatouiller. Le Lion poussait des rugissements, courait, était affolé. Il criait au Rat : « Sors de là. » Mais le Rat, qui n'était pas pressé, lui répondit : « Je n'en sortirai que lorsque tu auras fait le serment de laisser cette femme en paix. » Le Lion fit le serment et rugit : « Sors, sors de là. »

Alors le Rat, qui se trouvait bien, ajouta : « Je n'en sortirai que lorsque tu m'auras rapporté chez moi. » Le Lion se mit à courir et arriva dans le domaine du Rat qui, d'un bond, pénétra dans un trou. Le Lion s'écria à ce moment : « Je jure que si je te rencontre un jour, je ne ferai qu'une bouchée de toi. – Et moi, cria le Rat, je jure que si je t'aperçois sur mon domaine, je sauterai dans ton autre oreille. »

La femme alla rendre visite au Tigre et au Renard et se moqua d'eux et de leur couardise, et elle ajouta : « Quant au Rat si petit, il est plus fort que le Tigre et plus malin que le Renard et, seul, il a su me délivrer du Lion. »

Alors le Renard et le Tigre convinrent que le Lion était trop fort pour eux et se chargèrent, l'un de fournir la vieille bûcheronne de viande fraîche et de volailles attrapées chaque nuit, l'autre de se faire coupeur de routes et de la vêtir des défroques des hommes qu'il attaquerait. Elle se réconcilia avec ses gendres et elle vécut heureuse au milieu d'eux.

(Raconté par Sɪ ᴇʟ-Ḥᴀsᴇɴ, Mou' eddin
de Sɪᴅɪ 'Aʙᴅ ᴇʟ-'Azîz.)

LXVII

LE PROPHÈTE SIDNA SOLÉIMAN
ET LES ANIMAUX

Le prophète Sidna Soléiman était un jour sorti à la tête de ses armées d'hommes, d' 'afârît et de jenn, pour livrer une bataille à ses ennemis.

Une Fourmi se mit en travers de sa route et lui dit : « Je voudrais, ô Prophète, t'offrir la nourriture de tes armées et de tes bêtes de somme, pour aujourd'hui. »

Alors le Prophète se mit à rire de son impertinence et lui dit : « Comment veux-tu, toi si petite, nourrir une armée aussi considérable que la mienne ? »

Elle répondit : « Donne-moi seulement ton acquiescement. » Le Prophète fit signe qu'il acceptait. Alors la Fourmi donna un ordre à toutes les Fourmis et, le soir même, dans la plaine déserte, s'élevait une grande meule d'orge et s'accumulaient de nombreux sacs de farine, chaque Fourmi ayant porté son grain d'orge ou sa fleur de farine. Alors Sidna Soléiman reconnut que la Fourmi n'avait pas été impertinente et elle lui dit : « Prie Dieu de te montrer ma puissance. »

Le Prophète invoqua Allâh, et la première terre se sépara en deux devant lui et lui laissa voir la deuxième terre qui est habitée par les Fourmis. Et il en vit un nombre si considérable, et il y en avait de tant et tant de quantités et de grandeur, qu'il ne fut plus étonné de ce que la Fourmi avait fait pour lui.

Sidna Soléiman, qui commandait à tous les animaux, eut un jour l'idée d'offrir un repas aux hôtes de la mer.

Il fit préparer, dans ce but, des approvisionnements considérables qui eussent suffi pendant plus de deux ans à toute son armée. Le premier poisson qui arriva était un Génie marin appelé Hicha, qui ouvrit la gueule et avala d'un seul coup toutes les provisions.

Alors le Prophète s'écria : « Qu'est-ce à dire ? » Et le Génie lui répondit : « Mais j'ai encore faim ; il me faut, pour me rassasier, trois rations pareilles à celle que je viens d'avaler, et cela chaque jour. »

Sidna Soléiman, sentant son impuissance, renonça aussitôt à son projet.

Alors la Huppe, qui voit tout et d'un seul coup d'œil pénètre à travers les sept terres, se dit : « Je vais, moi aussi, l'inviter à dîner avec son armée. »

Elle se mit à voleter au-dessus du Prophète et s'écria : « O Prophète, aujourd'hui, tu es mon hôte et j'offre le déjeuner à toi et à ton armée. » Le Prophète, qui se souvenait de son aventure avec la Fourmi, accepta. La Huppe se mit alors à s'élever dans les airs. Elle happa au passage une sauterelle, lui arracha les ailes, puis la jeta dans la mer en s'écriant : « O tous, voilà le repas servi. Que ceux qui aiment la viande mangent la sauterelle. Quant aux autres, la sauce ne manque pas autour. »

Et, à tire d'ailes, elle s'enfuit en se moquant d'eux.

Le Prophète était marié avec une femme qui s'appelait Balkis et qui avait sur lui un grand pouvoir.

Un jour, elle lui dit : « Je veux changer tous mes matelas et les refaire avec de la plume d'oiseau. » Comme il en fallait une quantité considérable, il convoqua tous les oiseaux pour leur commander la plume.

A son appel, tous les oiseaux arrivèrent, sauf la Huppe et la Chouette, qui étaient en retard parce qu'elles s'étaient disputées en route.

Enfin, elles arrivèrent devant le Prophète, qui dit à la Chouette : « O toi, le plus laid, le plus dépourvu de charme et de beauté de tous les oiseaux, pourquoi ce retard ? – C'est que, dit la Chouette, je me suis attardée avec la Huppe parce que nous cherchions à résoudre deux problèmes. – Voyons ces problèmes, dit le Prophète. – Le premier, dit la Chouette, est de savoir s'il y a plus de morts que de vivants ; le second, s'il y a plus d'hommes que de femmes dans l'univers. – Et quelles sont tes sages réponses ? dit ironiquement le Prophète. – Il y a, répondit la Chouette, plus de vivants que de morts, car les fils, en louant leurs pères morts, leur redonnent une seconde vie, et le nombre des morts s'ajoute ainsi à celui des vivants. Il y a, continua-t-elle, plus de femmes que d'hommes, car les hommes qui écoutent leurs femmes et leur obéissent doivent être considérés comme des femmes. Et ils sont tellement nombreux qu'ils augmentent d'autant le nombre des femmes et que ce nombre devient, par cela même, considérablement supérieur à celui des hommes dignes de ce nom. »

Alors le Prophète qui, en convoquant les oiseaux pour les plumer, avait obéi aux désirs de sa femme Balkis, comprit l'allusion. Il eut honte et renvoya tous les oiseaux sans leur arracher une seule plume…

(Raconté par ZAHRA, ancienne esclave du Sultan MOULAY-ḤASAN.)

LXVIII

LE COQ, L'ÂNE ET LE LION

Un jour, tout en grattant la terre pour y chercher des petites graines et des insectes, le Coq s'éloigna du douâr. Tout en marchant, il trouva deux silos abandonnés et ouverts. L'un était rempli d'orge, l'autre de blé. Il picora autant de blé qu'il put, puis regagna le douâr. Le soir, il fit part de sa trouvaille à l'Âne qui, justement, était malade parce qu'on ne lui donnait pas à manger, et il lui dit : « Demain, je te conduirai aux silos, mais, quand tu seras bien rassasié, il faudra te garder de braire pour ne pas nous trahir. »

Le lendemain, il monta sur le dos de l'Âne et tous deux s'éloignèrent du douâr, arrivèrent aux silos et se gavèrent de bonnes graines. L'Âne fut si content de cette heureuse trouvaille que lorsqu'il fut bien rassasié il se mit à braire de toutes ses forces, oubliant la recommandation du Coq. Le Lion, qui était dans la forêt, se dit : « La bonne aubaine, voilà un Âne dont je vais me régaler. » Et il se dirigea vers l'endroit d'où venait le bruit. Quand il arriva, il se mit à rugir et se jeta sur l'Âne pour le dévorer. Mais le Coq intervint ; il lui dit : « O Lion, vois comme cet Âne est maigre. C'est par charité que je l'ai conduit ici pour le faire manger et s'il a crié si fort c'est de contentement, car il y a bien longtemps que pareille chose ne lui est arrivée. Si tu lui laisses la vie sauve, nous allons tous deux te conduire dans un endroit où il y a des chèvres, des brebis, des agneaux en quantité et où tu n'auras qu'à choisir la chair tendre. »

Le Lion se laissa convaincre et suivit le Coq et l'Âne qui, tous deux, prirent le chemin du douâr. Quand ils arrivèrent, le Coq cria : « Le Lion est là. » Et les gens du douâr, armés de leurs armes, lui donnèrent la chasse. Le Lion s'enfuit à grand peine et, tout en se sauvant, il pensait : « Mon intelligence est bien courte pour m'être ainsi laissé tromper par le Coq… Que n'ai-je mangé l'Âne ? »

(Raconté par Sɪ ᴇʟ-Ḥᴀsᴇɴ, Mou' eddin de Sɪᴅɪ 'Aʙᴅ ᴇʟ-'Aᴢîᴢ.)

LXIX

MON ONCLE L'ARAIGNÉE

Il y avait mon oncle l'Araignée qui allait à la chasse. Quand il trouvait une belle vache bien grasse, il entrait dans son corps, il mangeait sa graisse et en emportait, mais il ne touchait jamais au cœur, pour que la vache ne meure point. Et ainsi il nourrissait toute sa famille.

Un jour, la femme du Tigre alla rendre visite à la femme de mon oncle l'Araignée. Elle trouva chez elle de la viande, de la graisse, se rassasia puis partit chez son mari le Tigre. Elle lui dit : « Qu'est ceci ? Nous mourons de faim pendant que mon oncle l'Araignée et sa femme sont bien nourris et ont chez eux des provisions de graisse et de viande. Va chez eux, deviens leur ami et tu iras chasser avec lui. – C'est bon », dit le Tigre.

Il alla chez l'Araignée et lui demanda d'aller chasser avec lui. « O mon oncle le Tigre, cela n'est pas possible, car tu tueras ma vache. » Mais le Tigre jura qu'il ne tuerait pas la vache.

Ils partirent et rencontrèrent le Berger qui gardait un troupeau de vaches.

L'Araignée rentra dans la vache et emporta ce qu'il fallait de provisions, et le Tigre s'en contenta.

Le lendemain, ils retournèrent à la chasse, mais l'oncle Tigre tua la vache de l'oncle Araignée. Alors le Tigre dit : « Comment allons-nous faire pour sortir de là ? – Entre dans l'estomac de la vache et moi je me logerai dans la poche à fiel », dit l'Araignée.

Vint le Berger. Il trouva la vache morte et il en chercha la cause, ouvrit le ventre de la vache et enleva la poche à fiel, qu'il jeta loin de lui.

L'Araignée en sortit, se secoua pour se débarrasser du fiel, vint devant le Berger et lui dit : « C'est ainsi que tu traites ceux qui veulent te renseigner. J'allais te dire qui a tué ta vache et tu m'inondes de fiel ? – Ne te fâche pas, mon oncle l'Araignée, je vais te laver, te donner des vêtements neufs, mais dis-moi qui a tué ma vache ? – Eh bien, prends son estomac, attache-le à chaque bout, emporte-le ; prends un bâton et tape dessus tant que tu pourras, puis tu l'ouvriras et tu verras ce que tu verras. »

Alors le Berger fit tout ce que lui avait dit l'Araignée ; et, quand il eut ouvert l'estomac, il trouva le Tigre qu'il avait assommé.

En signe de reconnaissance, il donna à l'Araignée la moitié de la vache morte, et mon oncle l'Araignée fut bien content.

(Raconté par JEMA 'A, ancienne esclave
du Sultan MOULAY-ḤASAN.)

LXX

LE LION, LE RAT, LA VIPÈRE, L'ADAMITE
ET UN AUTRE ADAMITE

Il y avait une fois un fils d'Adam qui se promenait dans la campagne. Soudain, il vit dans un grand trou un Lion, un Rat, une Vipère et un Adamite.

Le Lion lui dit : « Aide-moi à sortir de ce trou et, à mon tour, je t'aiderai. »

Il le sortit du trou et le Lion lui donna une touffe de ses poils et lui dit : « Si, un jour, tu as besoin de moi, brûle ces poils et je viendrai t'aider à mon tour ; mais ne sors pas cet Adamite du trou, car le mal te viendra de lui. » Et il s'en fut.

Le Rat l'appela et lui dit : « O fils d'Adam, sors-moi de ce trou et je t'aiderai. » Il le sortit du trou, reçut une touffe de poils et le même conseil de laisser l'Homme dans le trou.

Et il en fut de même de la Vipère qui lui remit un peu de sa peau au moment de la mue et lui recommanda aussi de laisser l'Adamite au fond du trou.

Alors, malgré ces conseils, il sortit l'Homme et s'en alla de son côté.

Un jour, qu'il faisait du bois dans la forêt, un Lion se précipita sur lui. Alors il brûla aussitôt les poils du Lion qu'il avait aidé ; et ce Lion apparut aussitôt et dit à l'agresseur : « Cet homme nous est sacré. Il a fait telle et telle chose pour moi et tout ce qui s'appelle Lion doit le protéger. »

Il fut donc sain et sauf et continua à casser du bois dans la forêt pour vivre.

Mais il devint de plus en plus pauvre.

Un jour, qu'il était dénué de toute ressource, il appela le Rat à son secours en brûlant la touffe de poils qu'il avait précieusement gardée.

Le Rat apparut et lui dit : « Qu'as-tu ? » Il répondit : « Je suis dans la plus grande misère. »

Alors le Rat lui dit : « Procure-moi du goudron et de la résine. » Puis, il appela toute la gente Rat et enduisit de résine et de goudron tous les rats qui avaient répondu à son appel et qui étaient une véritable armée. Ensuite, il les emmena, par des trous creusés dans la terre, au Bît el-Mâl¹ du Sultan et chaque Rat se roula dans les caisses d'or et s'en retourna vers l'Homme, portant, collées sur tout son corps et à ses moustaches, de nombreuses pièces d'or.

Et le pauvre devint riche et fastueux. Le Sultan, cependant, s'aperçut du vol commis. Il fit venir son Vizir et lui dit : « Si tu n'amènes pas le coupable en ma présence, je te tuerai. » Le Vizir fit faire des recherches nombreuses. L'Adamite que l'Homme avait tiré du trou en eut connaissance et alla lui-même dénoncer son bienfaiteur. On arrêta aussitôt cet homme ; on le jeta en prison. Alors, il se souvint des paroles des animaux au sujet de cet autre fils d'Adam et vit combien ils avaient eu raison, et il appela la Vipère à son secours en brûlant le morceau de peau qu'elle lui avait donné. La Vipère tomba aussitôt d'entre les poutres du toit et s'écria : « Qu'y a-t-il ? » Il répondit : « Ce qu'il y a ? C'est que je suis dans les fers pour telle raison. » Alors elle lui dit : « Je vais aller enrouler le cou du Sultan et je mettrai ma bouche sur sa bouche, et toi seul tu pourras le délivrer en me prenant. Mais pour cela tu devras me frotter le corps avec la cervelle de cet ingrat de fils d'Adam qui t'a dénoncé. » Au bout d'un moment, on entendit tant de cris dans le palais que le geôlier lui-même alla voir ce qui était arrivé et, en revenant, il raconta la chose au prisonnier. Il lui dit qu'on avait été chercher tous les 'Aîsawa

1. Trésor

de la ville qui charment les serpents, mais que la Vipère restait en place malgré les cris et les bruits des instruments de tous ces charmeurs. Alors le prisonnier dit : « Moi, je délivrerai le Roi si j'ai la promesse de la vie sauve. »

Le geôlier courut vite aux appartements royaux et dit : « Mon prisonnier peut délivrer le Roi s'il a la promesse de la vie sauve. »

Alors le Roi écrivit que non seulement il lui laisserait la vie, mais qu'il lui donnerait la moitié de ses richesses.

On fit donc monter le prisonnier qui, en entrant dans la chambre du Roi, s'écria : « Cette Vipère est une jenniya et, pour la décoller, il faut la frotter avec de la cervelle d'homme. »

Le grand Vizir dit alors : « Quel homme te faut-il ? » Le prisonnier répondit : « Un Tel », désignant ainsi son ennemi.

On l'envoya arrêter, on le tua, on prit sa cervelle que l'on remit au prisonnier. Dès qu'il en eut frotté la Vipère, elle desserra ses anneaux et le prisonnier l'emporta facilement.

Et le Roi tint sa promesse, lui pardonna et lui donna la moitié de sa fortune.

(Raconté par Lalla El-Ghaliya Raḥamâniya.)

LXXI

LE HÉRISSON ET LE RENARD

Un jour, le Hérisson rencontra le Renard et lui dit : « Associons-nous et dis-moi ce que tu mets dans l'association ? – J'y mets cent ruses moins une. – Et moi, dit le Hérisson, j'y mets une ruse et demie. »

Puis ils partirent de compagnie.

Ils arrivèrent à un jardin rempli de figues et de raisins. Comme ils avaient très faim, ils passèrent par une petite brèche et entrèrent se rassasier.

Vint le maître du champ avec un petit esclave. Il trouva sa vigne saccagée et ses figues mangées et chercha qui avait commis le dégât.

Le Hérisson, le voyant chercher, se sauva vivement par la brèche par laquelle ils étaient entrés, abandonnant son associé.

Celui-ci voulut en faire autant, mais il avait tant mangé de raisins que son ventre avait grossi et il ne put passer.

Alors il se coucha, fit le mort et répandit autour de lui une odeur épouvantable et pestilentielle.

En sentant cette odeur nauséabonde et en voyant ce cadavre, le maître du jardin dit au petit esclave : « Prends cette charogne et va la jeter dehors. »

L'enfant traîna le Renard en le tirant par la queue. Mais, aussitôt qu'il fut hors du jardin, le Renard sauta sur ses pattes et s'enfuit à toutes jambes.

Il rencontra le Lion qui lui dit : « Serais-tu cordonnier ? J'ai besoin de me faire faire une paire de chaussures. – Je suis cordonnier. Pour te faire une paire de chaussures, il me faut une peau de chameau. »

Le Lion donna un chameau ; le Renard le tua, le dépouilla, puis vint trouver le Lion et lui dit : « Il est indispensable que je prenne tes mesures. » Il cousit le Lion dans la peau et ajouta : « Quand elle aura bien pris ta forme, je reviendrai la découdre et ferai tes chaussures. » Et il s'enfuit.

Mais afin de n'être plus reconnu du Lion, il se coupa la queue.

Le Lion, sur qui la peau de chameau avait rétréci en séchant, se mit à le chercher. Il trouva une femelle de Renard qui lui dit : « Pauvre Lion, que t'est-il arrivé ? »

Le Lion raconta comment le Renard l'avait joué.

Alors elle l'amena à la rivière, mouilla la peau, la ramollit et enfin put l'arracher.

Pour la remercier, le Lion se jeta dessus et la dévora.

Il finit par rencontrer le Renard et lui dit : « Viens près de moi, nous avons un compte à régler. – Avec moi, dit le Renard, c'est bien la première fois que je te vois, ô mon oncle ! – Je te reconnais bien, cependant, malgré que tu te sois coupé la queue. – Toute ma famille a la queue coupée, dit le Renard. – Eh bien, va chercher tes frères. »

Le Renard partit vers une troupe de renards et leur dit : « Suivez-moi, nous allons faire une belle chasse. »

Les renards suivirent leur frère. Quand ils arrivèrent à un arbre, il leur dit : « Je vais tous vous attacher à l'arbre et lorsque vous me verrez courir, vous prendrez votre élan. » Et il les attacha à l'arbre par la queue.

Puis il se mit à courir ; les autres firent des efforts pour le rejoindre, si bien que toutes les queues furent arrachées.

Il courut jusque chez le Lion et lui dit : « Voici mes frères ; tu vois que nous sommes tous sans queue. – C'est bon, c'est bon, je suis sûr cependant que c'est toi qui m'as joué ce vilain tour. Je vais faire un plat que tu mangeras avec moi et si tu dis : « Ah ! », c'est que c'est bien toi qui m'as joué. »

Le Lion fit un plat de piments piquants et obligea le Renard à le manger.

Mais celui-ci ne dit pas une seule fois : « Ah ! » Il disait, cependant, pour se soulager : « Non, je ne dirai pas : « Ah ! » » ; non, je ne dirai pas : « Ah ! » ; non. »

Alors le Lion lui dit : « Tu n'as pas dit : « Ah ! » mais je te reconnais quand même. Nous allons faire sauter tous les renards avec toi au-dessus d'une rivière, celui qui tombera dedans sera celui qui m'aura joué ce mauvais tour. » Tous les renards sautèrent au-dessus de la rivière ; mais, seule, une vieille femelle fatiguée tomba dedans. Alors le Lion la mangea.

Cependant le Lion n'était pas convaincu ; il dit au Renard : « Malgré le saut au-dessus de la rivière, je suis sûr que c'est toi qui m'as joué ce mauvais tour. »

Il l'emmena avec lui près d'un grand précipice et le fit s'allonger à côté de lui et lui dit : « Nous allons dormir », et il mit le Renard du côté de l'abîme. Celui-ci laissa le Lion s'endormir, puis il changea tout doucement de côté et, à tout instant, il disait : « Prends garde, ô Lion, tu me fais tomber dans le trou ; et, en disant cela, il le poussait doucement. Il poussa si bien que le Lion tomba dans l'abîme et se cassa les reins.

Et le Renard, vainqueur, s'en retourna avec ses frères.

(Raconté par JEMA 'A, ancienne esclave du Sultan MOULAY-ḤASAN.)

LXXII

LES CHIENS QUI ÉLISENT UN ROI

Un jour, les Chiens du douâr se réunirent pour élire un roi. Ils choisirent celui d'entre eux qui était le plus grand et le plus fort. Celui-ci accepta, mais il dit : « Il faut que vous me promettiez tous de m'obéir. »

Tous promirent l'obéissance à leur Roi. Alors celui-ci leur dit : « Pourquoi veillons-nous la nuit ? Pour garder les biens des hommes. Nous ne veillerons plus et nous n'aboierons plus la nuit, et que les hommes se gardent tous seuls. Et, pour commencer, allons nous coucher. » Et ils allèrent tous chercher un bon coin pour y dormir tranquillement. Le nouveau Roi alla se coucher dans une grande corbeille vide servant de ruche. Quand les Chiens du douâr furent endormis, vinrent les voleurs qui dévalisèrent plusieurs poulaillers. L'un d'eux trouva la corbeille dans laquelle dormait le Roi des Chiens. Il pensa que c'était une ruche pleine de miel et la chargea sur ses épaules. Le Roi ne se réveilla pas. Quand les voleurs furent assez éloignés du village pour ne pas être inquiétés, ils se partagèrent le butin. Ils ouvrirent la ruche pour prendre le miel. Ils n'y trouvèrent que le Chien endormi et le rouèrent de coups.

Celui-ci se sauva vers le douâr.

Le matin, il appela tous les Chiens du douâr, ses sujets, et leur dit : « En veillant pour garder les hommes, nous veillions pour nous aussi et ne nous en doutions pas. A l'avenir, nous continuerons notre garde pour nous protéger nous-mêmes.

(Raconté par Si EL-ḤASEN, Mou' eddin
de Sidi 'Abd el-'Azîz.)

LXXIII

HISTOIRE DU TIGRE QUI VOULAIT SE MARIER AVEC UNE ÂNESSE

Un jour, un Tigre alla trouver un Âne et lui dit : Je veux me marier avec ta fille. » Le pauvre Âne, tout tremblant, acquiesça à sa demande. Puis il réunit tous les ânes et leur raconta la demande qu'il venait de recevoir. Et tous s'écrièrent : « Il ne faut pas, car ta fille enfanterait des petits qui détruiraient notre race. » Et le Conseil des ânes décida d'aller se mettre sous la protection du Lion en lui faisant le sacrifice d'un bœuf.

Ils se rendirent donc tous chez le Lion. Quand le Lion eut écouté leur plainte, il leur dit : « Venez lui amener la fille de l'Âne. Je vais avec vous et vous défendrai. » Ils se rendirent tous à la grotte qui servait d'abri au Tigre et le Lion se cacha.

Alors le père de la jeune fille s'avança près de la grotte, mais pas trop près, et appela le Tigre, lui disant : « Viens chercher ta fiancée. »

Le Tigre sortit pour prendre la petite ânesse, mais le Lion lui sauta dessus et le dévora. Le Tigre dévoré avait laissé, dans la caverne, des petits tigres qui grandirent. Quand ils furent grands, ils se dirent entre eux : « Il nous faut venger notre père et tuer les ânes. » Et ils se mirent à leur poursuite. Les ânes s'enfuirent ; ils entrèrent dans la rivière et, pour en grossir le cours et la rendre tumultueuse, ils urinèrent tous à la fois, et c'est depuis ce jour que chaque fois qu'un âne voit une flaque d'eau, il lui prend le besoin d'uriner.

La rivière grossit tellement que les tigres ne purent poursuivre leurs ennemis, et ainsi les ânes furent sauvés.

(Raconté par Sı el-Ḥasen, Mou' eddin de Sıdı 'Abd el-'Azîz.)

LXXIV

HISTOIRE DE LA CHÈVRE, DE SES PETITS CHEVREAUX AVEC LA GHOÛLE

Il y avait un homme qui voulut faire le pèlerinage de La Mekke. Avant de partir, il vendit tous ses biens et partagea son avoir avec ses enfants. Il vendit aussi ses troupeaux et garda juste avec lui une chèvre qui était pleine et qui se mit en route avec lui. Ils arrivèrent près d'une forêt et la Chèvre, qui se sentait près de son terme, quitta son maître. Elle creusa un abri avec ses cornes dans le flanc de la montagne et y mit bas quatre petits chevreaux. Elle appela l'un Ma 'aza, le second Maï zîza, le troisième Douqq el-Mehrez, et le quatrième Mchîcha Rmâd (Chèvre, Petite Chèvre, Pilon du Mortier, Chat de Cendres).

Chaque jour, elle les enfermait soigneusement dans sa maison et allait leur chercher à manger. En revenant, le soir, elle cognait à la porte. Ils demandaient : « Qui est là ? » Et elle répondait : « C'est moi, votre maman Chèvre. Je vous apporte de la bonne petite herbe enroulée après mes petites cornes, de la bonne petite eau dans ma petite bouche, du bon lolo dans mes petits pis. »

En entendant ces paroles, les enfants ouvraient la porte à leur mère qui les faisait manger. Or, un jour, une méchante Ghoûle suivit la Chèvre et écouta ce qu'elle disait pour se faire ouvrir la porte. Elle retint bien toutes les paroles et, le lendemain, elle vint avant le retour de la Chèvre à la maison. Elle frappa à la porte et les petits demandèrent : « Qui est là ? » Et la Ghoûle répondit : « C'est moi, votre petite maman Chèvre, qui vous apporte de la petite herbe enroulée autour de ses petites cornes, de l'eau dans sa petite bouche et du bon lolo dans ses petits pis. »

Alors les petits imprudents ouvrirent à la Ghoûle, qui en avala deux.

Quand la Chèvre arriva, elle ne trouva plus que Ma 'aza et Maï zîza qui pleuraient et tremblaient bien fort. « Où sont vos frères ? dit la maman Chèvre. – La Ghoûle les a mangés », dirent les petits. Alors la Chèvre courut chez un forgeron et se fit faire deux grandes cornes de fer qu'elle fit ajuster sur ses petites cornes, puis elle se rendit à l'endroit qu'habitait la Ghoûle.

Elle se jeta sur elle, lui creva le ventre avec ses cornes de fer, et Pilon du Mortier ainsi que Chat des Cendres, qui étaient encore vivants, en sortirent et partirent avec elle. La Ghoûle mourut et les petits grandirent et, quand ils furent grands, la Chèvre, suivie de ses chevreaux, quitta la forêt et partit à la recherche de son maître.

(Raconté par LALLA EL-GHALIYA RAḤAMÂNIYA.)

TROISIÈME PARTIE

LÉGENDES HAGIOGRAPHIQUES

LXXV

LÉGENDE DE SIDI BEL 'ABBÈS SABTI

Sidi bel 'Abbès, patron de la ville de Marrakech, naquit à Ceuta. Il quitta cette ville, qui était au pouvoir des Roum, pour ne pas assister impuissant à leur injustice. Il n'était encore qu'un enfant quand il partit un jour, accompagné de son fidèle esclave noir Sidi Mesa'oud. Ils prirent la route de Tétouan et marchèrent nuit et jour pour s'éloigner de leur ville. En approchant de Tétouan, ils se désaltérèrent dans une petite rivière et aperçurent une figue entraînée par le courant. Sidi bel 'Abbès la prit, la partagea en deux et chacun en mangea la moitié, puis ils continuèrent leur route. Soudain, leur ventre se mit à enfler et à devenir très douloureux, et Sidi bel 'Abbès dit à son esclave : « Nous sommes malades parce que nous avons mangé le bien d'autrui. Nous avons commis un péché. » Sidi Mesa'oud répondit : « Je ne pense pas que nous ayons commis un péché en mangeant une figue trouvée dans le courant de la rivière. » Mais Sidi bel 'Abbès ne voulut rien entendre et obligea son esclave à remonter avec lui vers la source de la rivière pour trouver le propriétaire de la figue. Ils finirent par trouver un jardin de figuiers d'où venait cette figue. Ils entrèrent dans ce jardin et appelèrent le jardinier, et Sidi bel 'Abbès lui dit : « Nous avons trouvé dans la rivière une figue entraînée par le courant. Elle n'était pas à nous et nous l'avons mangée cependant, et nous venons te demander de nous pardonner cette mauvaise action. »

Le jardinier, étonné, leur dit : « Mais une figue, ce n'est rien. – Si, répliqua Sidi bel 'Abbès, c'est quelque chose et il faut nous pardonner notre faute. »

Alors le jardinier lui répondit : Je ne suis pas le propriétaire du jardin et je ne jouis que du huitième de son produit, je ne puis donc te pardonner que le huitième de la faute. – Où habite donc le propriétaire ? dit Sidi bel 'Abbès – Il habite Tétouan. »

Sidi Mesa'oud et Sidi bel 'Abbès se mirent alors en route pour Tétouan. Là, ils s'informèrent de la demeure du propriétaire des sept huitièmes de la figue et, lorsqu'ils le rencontrèrent, ils lui demandèrent de pardonner les sept huitièmes du péché. Mais celui-ci leur dit, après les avoir écoutés : « Je ne suis propriétaire que de la moitié du jardin et j'ai une sœur qui habite Marrakech qui est propriétaire de l'autre moitié. Je vous pardonne pour ma part ; mais, pour ce qui est de la part de ma sœur, c'est elle seule qui peut vous pardonner. »

Alors les deux pèlerins reprirent leur route et, pour aller à Marrakech, ils passèrent par le Tafilelt.

Après avoir traversé beaucoup de pays, ils arrivèrent, un soir, dans une ville et allèrent se coucher à la mosquée. Après la prière de l' 'achâ' (vers huit heures), le gardien de nuit éteignit les lampes et alla se coucher. Mais les lampes se rallumèrent toutes seules.

A sa deuxième ronde, le gardien les éteignit de nouveau. Elles se rallumèrent encore. Un esclave du moqaddem de la mosquée, rentrant tardivement, vit la mosquée tout illuminée et avertit son maître, qui alla réveiller le gardien en lui reprochant sa négligence.

Mais quand celui-ci lui eut raconté ce qui s'était passé, il comprit qu'un Saint dormait dans la mosquée. Ils allèrent examiner les dormeurs et ne trouvèrent qu'un esclave noir et un enfant. L'enfant était Sidi bel 'Abbès.

Le lendemain, l'esclave et le Saint partirent de très bonne heure et continuèrent leur route vers Marrakech.

Chemin faisant, Sidi bel ʿAbbès accomplit quelques miracles, car sa renommée de sainteté le précédait partout où il allait. Ainsi, un jour, un homme alla le trouver et lui dit : « Mon troupeau de vaches n'a pas été ramené ce soir et je crains bien qu'on ne me l'ait volé. – Va chez toi, lui dit le Saint, et laisse tes portes ouvertes. »

L'homme rentra chez lui et, vers minuit, il entendit un grand bruit : c'était ses vaches qui rentraient toutes à l'étable. Enfin, après un voyage long et pénible, Sidi bel ʿAbbès et Sidi Mesaʿoud arrivèrent à Marrakech, but de leur voyage, et se présentèrent devant la propriétaire des quatre huitièmes de la figue et lui exposèrent leur requête.

Celle-ci, qui était une très vieille femme toute décrépite, dit : « Je ne pardonne pas. » Puis elle ajouta : « A moins que tu ne m'épouses. » Et comme Sidi bel ʿAbbès trouva la condition très dure, il lui exposa qu'il n'était fait que pour la prière et la sainteté. La vieille femme insista tant et tant qu'elle obtint ce qu'elle désirait. Alors elle fit venir les notaires et écrivit toutes ses propriétés, qui étaient immenses, ses maisons, ses jardins au nom de Sidi bel ʿAbbès ; puis elle mourut avant la consommation du mariage.

Alors le Saint se retira dans une petite caverne, sur le flanc des montagnes du Guéliz, et y établit sa retraite.

Il eut bien vite une réputation de sainteté et cela émut vivement les autres saints de Marrakech, qui craignirent pour leur prestige.

Sidi Yaqoub les réunit et s'entretint avec eux du danger de laisser un nouveau saint s'installer à Marrakech et ils décidèrent tous de lui envoyer un message magique sous la forme d'une jatte de lait remplie bord à bord : ce qui signifiait que, si on ajoutait une goutte de lait à la coupe pleine, sans la faire déborder, Sidi bel ʿAbbès serait le bienvenu à Marrakech, mais que si la coupe débordait il devait s'en éloigner sans retard.

Sidi bel ʿAbbès eut l'intuition et la vision du message avant qu'il ne lui fût parvenu et, en même temps, un rosier magique poussa à l'entrée de la caverne et ce rosier était couvert de roses.

Lorsque les délégués des saints et le grand Moul Ksour arrivèrent à la caverne, ils tendirent la jatte de lait à Sidi bel 'Abbès. Alors celui-ci cueillit une rose, la plus belle, au rosier magique, prit un pétale et, le posant sur la jatte de lait sans qu'il en tombât une goutte, il leur dit : « Je suis au-dessus de vous tous comme ce pétale de rose est au-dessus de ce lait ; je vous domine tous et je suis votre qoubba. » Alors les saints s'inclinèrent et l'acceptèrent parmi eux, et il devint le patron de la ville de Marrakech.

Sidi bel 'Abbès ne quitta jamais sa caverne, il y continua une vie de prière et de sainteté jusqu'à sa mort.

Un jour, il fit venir les marchands de la ville et leur dit : « Je prierai pour vous, afin que vous gagniez beaucoup d'argent. Combien me donnerez-vous sur vos bénéfices ? »

Et les marchands s'engagèrent tous pour des sommes importantes.

Avec l'argent qu'il recueillit ainsi, il acheta de grands domaines et partagea tout leur produit entre les aveugles et les infirmes, cela pendant toute sa vie de prière, de simplicité et de solitude.

Il faisait de nombreux miracles et étendait sa protection sur terre et sur mer.

Il avait de nombreux ennemis qui médisaient de lui et allaient lui lancer des pierres ; mais il ne s'en souciait pas.

Enfin il mourut et il fut enterré dans le cimetière qui était situé derrière la porte de Taghzout (Bâb Taghzout), qui était alors une des portes de la ville.

Lorsque le Sultan Sidi Mohammed régna à Marrakech, il voulut honorer le Saint qui avait tant fait de bien dans sa vie ; il se rendit au cimetière de Bâb Taghzout et ne trouva pas la tombe de Sidi bel 'Abbès, qui avait été enseveli sans aucune marque extérieure qui put faire reconnaître sa tombe. Enfin, il rencontra un vieillard auprès duquel il se renseigna et le vieillard le conduisit près d'un groupe de trois tombes anonymes et lui dit : « Je sais qu'il a été enterré là, mais je ne puis te dire laquelle est sa tombe, de la tombe de gauche, de celle de droite ou de celle du milieu. »

Le pieux Sultan fit alors élever une qoubba au-dessus des trois tombes afin de perpétuer la mémoire du Saint, patron de la ville de Marrakech, et dota cette qoubba d'immenses terrains sur lesquels s'élève maintenant la Zawîyâ.

(Légende racontée
par Sidi 'Abdallâh ben Embarek,
fils de l'ancien qâḍî des Raḥamna.)

LXXVI

HISTOIRE DU FILS DU MARCHAND DE PLATEAUX DE LA JARYA DU SULTAN ET DE SIDI BEL 'ABBÈS

Il y avait un marchand de plateaux de cuivre qui, en mourant, laissa une grosse fortune à son fils. Celui-ci la dilapida rapidement avec des compagnons de fête, aussi jeunes et aussi étourdis que lui. Il arriva qu'un jour, il lui restait juste la modique somme de dix metqal. Justement, ce jour-là, il se rendit en pèlerinage à Sidi bel 'Abbès et donna au Saint ces dix metqal en offrande, puis, n'ayant plus de domicile ni d'argent, il alla chez sa mère, mais celle-ci le reçut fort mal, lui reprocha d'avoir gaspillé le bien de son père et, finalement, le mit à la porte, en lui donnant quelques pièces de menue monnaie.

Le pauvre se trouva dans la rue sans argent et sans métier. A ce moment, passait un homme qui tenait dans sa main un sabre et offrait de le vendre. Le fils du marchand, des derniers sous que lui avait donnés sa mère, acheta ce sabre et, en le prenant, fit le serment de tuer quelqu'un avec le jour même, afin de se faire emprisonner et de se procurer ainsi un gîte.

Il alla donc devant lui, traversant les souq, les places publiques, sans trouver quelqu'un à tuer, car Sidi bel 'Abbès, qui le protégeait, écartait de sa route ceux qu'il aurait pu tuer. À force de marcher, il arriva au palais du Sultan. Il traversa toute la garde d'esclaves qui était aux portes sans être inquiété. Le Saint le rendait invisible sans qu'il s'en doutât ; il alla jusqu'aux cuisines, choisit, dans les tajines, les meilleurs morceaux, dont il se régala, car il n'avait rien mangé depuis la veille, puis, continuant à circuler dans le palais du Sultan sans être inquiété, il arriva dans une galerie éloignée et entendit des bruits de lutte et des cris étouffés venant d'une des chambres de cette galerie. Il poussa la porte et vit un odieux et lubrique nègre qui violentait une des jariya du Sultan, et celle-ci le mordait et se débattait pour l'empêcher de faire sa chose avec elle. Alors, le protégé de Sidi bel 'Abbès, d'un coup de son sabre neuf, trancha la tête de l'esclave, et la tête roula à ses pieds. Alors il apparut devant la jeune et belle esclave qui, tout en pleurs, le remercia de l'avoir défendue si héroïquement. Ils se mirent à causer et le fils du marchand de plateaux raconta toute son histoire et la grande misère dans laquelle il était tombé après avoir vécu une vie insouciante dans tous les plaisirs. La jeune fille, tout émue de reconnaissance, après avoir entendu le récit de cette infortune, lui dit : « A partir de ce jour, ton sort est assuré. Je t'enverrai, chaque matin, une mouna et, dans le mekebb, tu trouveras un paquet de cent metqal pour te récompenser d'avoir donné tes dix derniers metqal à Sidi bel 'Abbès, qui t'a conduit auprès de moi, car je l'implorais quand tu es arrivé. »

Et, en effet, chaque jour une négresse sortait du palais discrètement, emportant sur sa tête un plateau chargé de bonne nourriture et des cent metqal, et les portait à la maison du jeune homme, qui vivait comme un fils de prince, bien vêtu, bien nourri et se payant tous les plaisirs dont il avait envie.

Mais les allées et venues de la négresse furent remarquées et la jariya du Sultan, craignant que ses actions soient mal interprétées, résolut d'assurer d'une seule fois le sort de son sauveur. Elle lui fit faire un méchoui succulent et, au lieu de le farcir de couscous aux amandes et aux raisins secs, elle le remplit de lingots d'or en barre qu'elle prit tout simplement dans le Bît el Mâl (la chambre du Trésor) et elle chargea sa fidèle esclave de dire au jeune homme qu'il trouverait, dans le ventre du mouton, la récompense des dix metqal.

Or, ce jour-là, les anciens amis du fils du marchand de plateaux rôdaient autour de sa demeure, qu'ils étaient venus surveiller. Ils se disaient : « Notre ami a mangé, à notre connaissance, toute sa fortune et nous l'y avons bien aidé. Comment se fait-il qu'il soit richement vêtu, qu'il ait de l'argent plein les poches et qu'il n'ait aucune occupation qui rapporte de l'argent ? » Lorsque passa la négresse, portant sur sa tête la lourde mîda chargée du précieux méchoui, ils reniflèrent la bonne odeur qui passait à travers le mekebb et, au moment où on lui ouvrait la porte, ils se présentèrent, faisant mille démonstrations d'amitié à leur ancien ami et lui demandant de partager cet odorant méchoui qu'ils avaient, disaient-ils, suivi à la trace. La négresse, toute interdite, omit de répéter au jeune homme les paroles de sa maîtresse. Quant à celui-ci, son premier mouvement fut de fermer la porte au nez des faux amis qu'il n'avait trouvés que pour dilapider son bien.

Il leur fit cependant un mauvais accueil et leur dit : « Mangez seuls ce méchoui car, pour ma part, je ne saurais à l'avenir me mêler à votre compagnie. Vous n'êtes pas de vrais amis. » Puis il se retira, les laissant avec le méchoui. Ceux-ci, nullement troublés, s'installèrent à leur aise et, gloutonnement, dévorèrent le plat appétissant. Quand ils voulurent ouvrir le ventre de l'animal pour y chercher la délicieuse farce d'amandes que l'on a coutume d'y mettre, leur surprise fut sans limite, car ils en retirèrent des lingots d'or en barre. L'un d'eux dit : « Amis, c'est la fortune pour nous. Ces lingots ne peuvent venir que de la chambre du Trésor du Sultan. C'est donc une négresse de la maison du Sultan que nous avons vue porter ce succulent méchoui farci d'or. Nous allons aller rapporter cet or au Sultan qui, sûrement, va nous récompenser richement. » Ils partirent aussitôt, laissant le méchoui éventré, vide de sa farce, et se rendirent au Dâr el-Makhzen, à l'audience du Sultan. Lorsque celui-ci leur eut demandé pourquoi ils se présentaient devant lui, ils lui montrèrent les lingots d'or en barre et racontèrent l'histoire du méchoui. Alors, le Sultan entra dans une grande colère, fit appeler son Ministre des Finances et lui demanda de lui expliquer comment cet or était allé du Bît el-Mâl dans le ventre du méchoui.

Le Vizir ne savait comment expliquer ce voyage et il était tout penaud devant son seigneur. Il ne recouvra l'usage de son esprit que lorsqu'il entendit le Sultan lui dire comme conclusion : « Si, ce soir, je n'ai pas cette explication, ta tête se séparera de tes épaules. »

Le Vizir sortit alors, tremblant encore, du palais du Sultan ; il emmena avec lui les dénonciateurs et se fit montrer la maison du jeune homme au méchoui. Il frappa alors à la porte et trouva le jeune homme qui, tristement, chantait des vers sur l'inconstance des amis. Il lui dit brusquement : Viens avec moi. Le Sultan veut te voir à l'instant. » Et ils partirent au Dâr el-Makhzen. Le fils du marchand de plateaux était dans une grande inquiétude car il n'avait pas trouvé les cent metqal qu'il avait l'habitude de trouver sous le mekebb et qu'il n'avait pu causer avec l'esclave de la jolie jariya, et il se disait que cette dernière avait dû se laisser surprendre. Lorsqu'ils arrivèrent, le Vizir et lui, devant le Sultan, le Vizir, à qui les forces étaient revenues, le poussa devant Sa Majesté, disant : « O mon souverain maître, voilà le voleur du Bît el-Mâl. » Mais, protégé par Sidi bel 'Abbès, le jeune homme ne se troubla pas malgré les yeux courroucés que lui faisait le Sultan et, se prosternant devant lui avec le plus grand respect, il lui dit : « Donne-moi la sécurité et je te dirai toute l'histoire. » Le Sultan lui donna alors soixante-six sécurités et reprit un air bienveillant, lui disant : « Je t'écoute, ô jeune homme. Parle-nous sans crainte. » Alors le fils du marchand de plateaux raconta toute son histoire. En entendant ce que sa jariya préférée devait à ce jeune homme, il se leva pour le serrer sur son cœur. Puis il fit appeler la jeune fille et, après avoir fait retirer tout le monde, il lui demanda de répéter l'histoire de la mort du vilain nègre.

La jeune fille répéta de point en point le récit du jeune homme. Alors le Sultan la renvoya avec bonté puis fit venir en sa présence tous ses Vizirs et le fils du marchand de plateaux. Il destitua aussitôt son grand Vizir sous le règne duquel les esclaves pouvaient impunément violer ses concubines dans son propre palais, nomma à sa place le fils du marchand et, quant aux mauvais amis, il les fit jeter dehors, ni plus ni moins, et ils s'en allèrent furieux d'avoir contribué, bien malgré eux, à l'élévation de leur ami.

(Raconté par LALLA ʿABBOUCHE
vieille mendiante aveugle.)

LXXVII

SIDI BEL 'ABBÈS ET LES QUATRE VOLEURS

Un jour, quatre voleurs qui ne trouvaient plus à gagner leur vie dans la ville de Marrakech, parce qu'ils y étaient trop connus, décidèrent de partir dans les campagnes exploiter la crédulité des paysans, l'un d'eux se faisant passer pour Sidi bel 'Abbès, les autres pour ses disciples.

Ils louèrent donc des mules et se mirent en route à travers le Ḥaouz[1]. Ils arrivèrent dans un village et demandèrent l'hospitalité pour le grand Saint. Mais les paysans mirent peu d'empressement à les servir, car ils se demandaient s'ils n'avaient pas affaire à des imposteurs.

La nuit venue, les quatre compères se saisirent d'un chien, l'étranglèrent, et lui mettant une des chaussures du prétendu Saint dans la gueule, allèrent le jeter derrière la tente du Cheikh du village. Puis ils se mirent à crier qu'on avait volé la chaussure du Saint et qu'il fallait la retrouver. Le Cheikh se présenta devant le Saint et lui affirma qu'il n'y avait point de voleurs dans la tribu. Alors le faux Saint lui répondit : « Tu dis qu'il n'y a pas de voleurs dans ta tribu. Eh bien, à la première heure du jour, vous trouverez le voleur mort et ma belgha près de lui. » Le lendemain, les gens trouvèrent le chien mort avec la chaussure du Saint dans la gueule et la confiance naquit, et l'on combla les pèlerins de dons et de cadeaux.

---

1. Ḥaouz : campagne de Marrakech

Mais, pour consolider la foi des paysans en frappant davantage leur esprit, les quatre voleurs, la nuit suivante, creusèrent un grand trou au seuil de leur porte, y enterrèrent une outre d'eau bien pleine et la recouvrirent de toute la terre enlevée. Puis, le matin, lorsque l'esclave du Cheikh s'en allait au puits pour chercher l'eau des ablutions pour son maître, l'un d'eux l'interpella et lui dit : « Esclave, où vas-tu d'aussi bonne heure ? – Je vais au puits chercher de l'eau. »

Alors celui qui se faisait passer pour le Saint intervint et dit : « Tu vas chercher de l'eau ? Mais il y en a à l'entrée du village. » Et, prenant sa lance, il l'enfonça dans le sol, perfora l'outre, et l'eau jaillit aux yeux étonnés de l'esclave.

La nouvelle du miracle se répandit aussitôt dans tout le pays, et le Caïd, qui avait d'immenses terres désertiques, envoya aussitôt chercher le Saint et ses amis pour faire jaillir une source qui les fertiliserait. Ses mokhaznis les ramenèrent en hâte et ils étaient fort perplexes. Jusque là, cependant, Sidi bel 'Abbès, à qui rien n'était caché, avait suivi leurs exploits du fond de sa caverne de Marrakech et même il s'était bien amusé ; mais il comprit que la chose allait mal tourner pour les quatre aventuriers et comme, en somme, ils s'étaient placés sous sa protection, il résolut de les aider ; il apparut donc sous la forme d'un derviche, mendiant sur la route qui les amenait chez le Caïd et, les saluant à leur passage, il leur demanda s'ils voulaient bien accepter sa compagnie. Comme ils étaient de bons vivants, ils acceptèrent avec empressement que le vieux mendiant se joignît à eux. Le Caïd, avant d'accueillir ceux qu'il prenait pour des Saints, voulut les éprouver. Il fit tuer deux moutons : l'un fut étranglé et l'autre tué suivant le rite prescrit.

Puis il fit préparer deux repas, l'un avec la viande ḥarâm (interdite) et l'autre avec la viande permise.

Il fit d'abord servir à ses hôtes la viande interdite, car il pensait : « Si ce sont des Saints, ils n'y toucheront pas et je serai fixé. »

Alors Sidi bel 'Abbès, par un signe, fit comprendre aux quatre voleurs qu'il ne fallait pas toucher aux plats. On les remporta pleins et le Caïd fut persuadé qu'il avait affaire à des Saints.

Il vint se présenter devant eux, leur exposa ce qu'il désirait et les conduisit au milieu d'un désert de pierre.

Le derviche donna sa lance à celui qui se faisait passer pour Sidi bel 'Abbès et lui permit d'en frapper le sol et d'en faire jaillir l'eau. Ensuite, il se fit reconnaître de tous et les quatre voleurs devinrent ses plus fidèles disciples.

(Raconté par la Chérîfa Lalla OURQIYA.)

LXXVIII

LÉGENDE DE SIDI BEL 'ABBÈS ET DU FQÎH
EL KANSOUSSI

Le Fqîh El Kansoussi, qui habitait Marrakech, refusait de croire à la sainteté de Sidi bel 'Abbès. Un jour, il fut invité à une fête dans un jardin de la palmeraie. Monté sur sa mule, bien harnachée, il cheminait sur la rive de l'oued Isil quand, soudain, un grand vent s'éleva ; le Fqîh fut pris dans un tourbillon, arraché de sa monture et transporté au tiers du désert (Thoulouth el Khali), et il s'endormit sur la terre nue.

Le matin, à son réveil, il aperçut, dans le lointain, une construction toute blanche, isolée dans l'immense solitude. Il se leva et marcha dans la direction de ce bâtiment. En approchant, il s'aperçut que c'était une grande mosquée. Il en fit le tour et constata qu'elle était complètement vide de fidèles. Comme il se préparait à faire ses ablutions pour prier, il vit un petit oiseau qui vint se poser sur le bord du bassin, se secoua et se transforma aussitôt en homme. Et cet homme lui parla dans sa langue et lui demanda ce qu'il faisait là. Et le Fqîh raconta son histoire. Alors l'homme, qui n'était autre que le Saint Si Aḥmed ben Naṣer, lui dit : « Tu es ici bien loin de ton pays ; si loin, qu'en marchant jour et nuit, pendant un an, tu ne l'atteindrais pas. Mais Sidi bel 'Abbès, patron de Marrakech, qui va venir dans un instant, peut seul t'y ramener. Ici, c'est la mosquée des Saints. Tous s'y réunissent pour prier. Ils y viennent transformés en oiseaux ; les voici du reste qui arrivent. »

Et le Fqîh vit, en effet, de tous côtés, des oiseaux qui, venant se poser sur le bassin, recouvraient la forme humaine. Il dit alors au Saint Aḥmed ben Naṣer : « Et comment reconnaîtrai-je Sidi bel Abbès ? – Tu le reconnaîtras à ce qu'il sera vêtu de vert. Mais ne lui dis pas que c'est moi qui t'ai renseigné. »

Les Saints, tous réunis, firent alors leur prière, puis reprirent leur apparence d'oiseaux et s'envolèrent dans toutes les directions. Il ne restait, dans la mosquée, que l'homme et le saint Sidi bel 'Abbès. Alors le Fqîh, reconnaissant la puissance du Saint, l'appela et lui raconta toute son histoire, lui demandant de le ramener à Marrakech, où ses amis et ses parents devaient se lamenter sur sa disparition.

Le Saint lui répondit : « Je t'emmènerai, mais tu me diras, d'abord, qui t'a dit de t'adresser à moi. »

Comme il avait promis le secret, le Fqîh El Kansoussi ne voulut d'abord pas répondre, mais, pressé tant et tant, il fut bien obligé de dire que c'était Si Aḥmed ben Naṣer. Alors Sidi bel 'Abbès répondit : « Sidi Aḥmed ben Naṣer daṣer. » (Sidi Aḥmed ben Naṣer est un étourdi). Et encore : « Allah ouma Aḥmed ben Naṣer, loukan elma haṣer. » (Si ce n'était Aḥmed ben Naṣer, l'eau ne coulerait plus). Et enfin : « Allah ouma Aḥmed ben Naṣer, loukan eddîne khaṣer. » (Si ce n'était Aḥmed ben Naṣer, il n'y aurait plus de religion)[1]. Puis, se transformant en oiseau, il dit au Fqîh : « Ferme les yeux. » Et, en un instant, tous deux furent à Marrakech.

Alors le Fqîh, qui était poète, rima des vers sur la sainteté de Sidi bel 'Abbès, dont il devint un des fervents adorateurs ; puis, à son tour, il fut un Saint vénéré et son tombeau est à Bâb Robb[2], à côté de l'imân Sahouli.

(Conté par SIDI 'ABDALLÂH BEN EMBAREK.)

---

1. Toutes ces paroles sont devenues proverbiales et se disent toujours en parlant de ce saint.
2. Une des portes de Marrakech

LXXIX

SIDI BEL ʿABBÈS ET L'HOMME PIEUX

Il y avait un homme pieux qui avait une adoration pour Sidi bel ʿAbbès. Il ne manquait jamais de lui donner une grosse part sur tous ses gains et cette piété était connue de tous.

Or, un jour, un homme, qui avait toutes les apparences d'un saint homme et un grand chapelet pendu autour du cou, vint le trouver et lui dit : « O homme de bien, Sidi bel ʿAbbès m'est apparu dans le rêve et m'a dit que je devais venir te demander ta fille en mariage. » L'homme pieux le crut et lui donna aussitôt sa fille, et celle-ci fut emmenée à travers le bled Doukkala, d'où l'homme se disait originaire. Mais c'était un rusé et un voleur de la pire espèce. Il emmena donc la jeune fille jusqu'à Brija (ancien nom de Mazagan[1]) et il la vendit comme esclave aux chrétiens.

Au bout de peu de temps, il retourna à Marrakech et se rendit chez son beau-père. Il lui donna des nouvelles de sa fille et lui dit : « Elle se plaît beaucoup dans ma maison, mais serait heureuse de voir sa mère. » Alors on lui confia la mère, qu'il emmena à Brija, et qu'il vendit également comme esclave. Ensuite, il retourna à Marrakech pour dépouiller l'homme pieux et lui demanda des vêtements et de l'or pour, disait-il, subvenir aux besoins de sa femme et de la mère de celle-ci.

---

1. Aujourd'hui, ville d'El Jadida

Alors, l'homme lui dit : « J'ai besoin, moi aussi, de voir ma fille chérie et je t'accompagne. » Ils partirent donc. Ils traversèrent tout le pays des Doukkala pour arriver près du rivage. Alors, l'homme pieux dit à celui qu'il croyait encore être son gendre : « Où me mènes-tu ? Nous voici à la mer sans avoir rencontré ton douâr. » Et l'autre répondit : « Il n'y a ni douâr, ni gendre. Écoute, j'ai vendu ta fille et ta femme comme esclaves et si tu ne me donnes pas de suite tout ce que tu possèdes, je vais te tuer. » Alors l'homme dit : « Laisse-moi faire seulement mes ablutions et deux prières et tu me tueras après. » Et il se mit à prier et, mentalement, il invoqua Sidi bel 'Abbès, par trois fois, et lui dit : « O Saint, vois où je suis et quelle est ma peine. Cet homme, qui s'était présenté chez moi en ton nom, a abusé de moi, a vendu ma femme et ma fille et veut maintenant me tuer. »

Alors le Saint se dressa en personne devant eux et, de sa lance, frappa un coup sur le bandit et le tua. Puis il dit à l'homme : « Rentre dans ta maison ; j'y ramènerai moi-même ta femme et ta fille. » Effectivement, en arrivant chez lui, il retrouva avec joie sa femme et sa fille que le Saint avait enlevées dans les airs et transportées de Brija à Marrakech, réunissant ainsi ce qui avait été désuni par son nom.

(Conté par Sidi 'Abdallâh ben Embarek.)

LXXX

SIDI BEL 'ABBÈS ET LE VOLEUR

Sidi bel 'Abbès, de son vivant, alla un jour à la mosquée pour prier.

Avant d'entrer, il enleva une de ses belghas et, au moment où il enlevait l'autre, il aperçut un voleur qui s'était déjà emparé de la première chaussure et qui s'apprêtait à se saisir de la seconde.

Il lui donna un coup de pied qui l'envoya tomber à Maṣr (Le Caire).

Le voleur tomba près du Dâr el-Makhzen, dans un endroit réservé aux seuls Vizirs, tenant à la main la pantoufle volée.

Aussitôt, tous les gardes se précipitèrent sur lui, s'en saisirent et l'emprisonnèrent.

Et on l'oublia dans sa prison.

Sa misère était si grande qu'un jour, entendant les geôliers raconter que la fille du Sultan était atteinte d'un mal incurable et que, de tous côtés, les médecins arrivaient pour la guérir, il se dit : « Je vais me faire passer pour médecin. Je tuerai cette fille de roi et, du coup, on me délivrera de cette vie qui m'est à charge. »

Il appela le geôlier et lui dit : « Moi aussi, je suis médecin. – Que soignes-tu ? demanda le geôlier. – Toutes les maladies, sans exception, depuis le mal de tête jusqu'aux crises de possession. »

Le geôlier alla aussitôt rendre compte au Sultan, qui fit amener le voleur devant lui. Celui-ci dit au Sultan : « Il me faut rester seul avec la malade et je la guérirai… »

On l'introduisit auprès de la jeune fille. Il avisa alors à terre un morceau de fer, l'introduisit dans la pantoufle du Saint et se mit à frapper le cou, les mains, les pieds de la malade.

Mais, au lieu de la blesser, à sa grande stupéfaction, il la guérit, car elle recouvra aussitôt l'usage de ses membres et de la parole ; elle appela son père, qui se précipita auprès d'elle et montra toute sa reconnaissance au voleur en l'appelant son fils et en lui offrant des biens précieux.

Puis il lui demanda par quel moyen il avait guéri la jeune fille. Le voleur répondit : « Mon maître, je ne veux pas t'abuser ; ce n'est pas moi qui ai guéri cette jeune princesse, mais c'est cette pantoufle qui appartient au grand Saint de Marrakech, Sidi bel 'Abbès. Et voici mon histoire. » Et il raconta son histoire du commencement à la fin.

En entendant le récit que fit le voleur, le Sultan fut au comble de l'étonnement ; il ajouta aux richesses déjà données un don magnifique pour le Saint et fit partir le voyageur.

Arrivé à Marrakech, le voleur, qui ne doutait plus du pouvoir du Saint, se rendit aussitôt à sa retraite et lui porta l'offrande du Sultan de Maṣr.

Le Saint l'accueillit avec bonté et lui dit : « Tout ceci est arrivé par ma volonté, car en t'envoyant d'un coup de pied jusqu'à Maṣr, je voulais que tu y fisses un gain important qui t'enlevât à jamais l'envie de voler. »

(Raconté par LALLA 'ABBOUCH,
vieille femme aveugle.)

LXXXI

LÉGENDE DE SIDI BEL 'ABBÈS
(LE TAILLEUR ET LE SAINT)

Sidi bel 'Abbès, pendant sa vie, mendiait pour les aveugles, les infirmes, les culs-de-jatte. Il demandait aux marchands un pour dix, dix pour cent, cent pour mille de leurs revenus et il leur assurait, en retour, un bénéfice toujours dix fois plus élevé.

Un jour, un couturier l'entendit crier dans la rue où était son échoppe : « Un pour dix, dix pour cent, cent pour mille pour les aveugles », etc.

Or, il avait un fils très malade et ce fils était en même temps son apprenti ; il pensa que le Saint pourrait le guérir et se précipita au-devant de lui en disant : « O Sidi bel 'Abbès, toi qui peux tant de choses, guéris mon fils. »

Et le Saint répondit : « Quel est ton gain habituel ? – Cent metqal. – Eh bien, donne-moi dix metqal pour mes aveugles et mes infirmes et je guérirai ton fils. »

Mais le tailleur, qui était avare et voulait garder son argent, répondit : « Guéris d'abord mon fils et je te donnerai ensuite les dix metqal. »

Puis le Saint continua à crier sa requête devant les boutiques des souq et le tailleur rentra chez lui pour dîner.

Or, quelle ne fut pas sa surprise, en arrivant, de voir son enfant, qu'il croyait à l'article de la mort, jouer gaiement, dans la rue, avec les autres enfants du quartier.

Il appela sa femme et lui dit : « Qu'est ceci ? Je croyais venir pour enterrer ce fils et je le trouve bien portant et jouant. » Et la femme répondit : « Il a eu, ce matin, l'air de se réveiller d'un grand sommeil, m'a demandé à manger et s'en est allé jouer. »

Alors le tailleur dit à son fils : « Puisque tu es guéri, tu reviendras, dès demain, à l'échoppe, prendre ta place d'apprenti. »

Il y avait plusieurs jours que l'enfant était donc retourné avec son père et l'aidait dans la confection des chemises, des pantalons, des jellâbas et des caftans, quand, tout à coup, on entendit la voix de Sidi bel 'Abbès qui traversait les souq en criant : « O marchands, si vous voulez que je rende votre commerce prospère, donnez-moi un pour dix, dix pour cent », etc.

Alors le tailleur se précipita sur son fils et, le tirant dans le fond de la boutique, lui cria : « Couche-toi et fais le mort. »

Il avait à peine fini de tirer le capuchon de la jellâba sur la figure de l'enfant que Sidi bel 'Abbès, atteignant sa boutique, lui dit : « Je viens chercher mes dix meṭqal. » Mais l'homme de mauvaise foi répondit : « Et pourquoi dix meṭqal ? » Et le Saint, furieux, s'écria : « Mais, dix meṭqal parce que j'ai sauvé ton fils. »

Alors le tailleur, feignant une grande douleur, se mit à pleurer et dit : « Ne sais-tu pas que mon fils est mort ? »

Le Saint ne répondit rien et continua sa route.

Alors le couturier, tirant son fils par la jellâba, lui dit : « Lève-toi, il est parti. »

Mais l'enfant ne bougea pas et le père s'aperçut qu'il était mort et déjà mangé des vers. Il se mit à courir derrière Sidi bel 'Abbès en l'appelant de toutes ses forces et en lui demandant de rendre la vie à son enfant. Mais le Saint, cette deuxième fois, exigea cent meṭqal et se les fit payer sur l'heure. Ensuite, il rendit la vie à l'enfant et s'en alla. Mais, à partir de ce jour, le commerce du tailleur périclita ; les clients, les uns après les autres, allèrent dans les boutiques voisines et le tailleur se lamentait du matin au soir. Ce que voyant, sa femme lui dit : « Tu n'as de recours qu'en Sidi bel 'Abbès, celui qui procure tous les gains aux commerçants. Va lui faire une offrande et il t'aidera. » Le tailleur, trouvant le conseil de sa femme plein de sagesse, se mit à la recherche de Sidi bel 'Abbès, mais il ne le trouva dans aucun quartier de la ville. Alors il quitta la ville et se rendit au Gueliz, où le Saint aimait à se retirer dans sa kheloua. Lorsqu'il arriva au lieu de retraite du Saint, il trouva qu'il y avait une grande réunion de gens et qu'on offrait au Saint un grand repas de ma 'rouf, auquel il prit part comme tous les assistants. Il mangea comme il n'avait jamais mangé de sa vie et se remplit le ventre tant et tant que, tout à coup, il entendit des bruits sinistres de « gr, gr » dans son intestin et des mouvements comme s'il contenait dans son corps une armée de petits soldats. Et puis, le besoin le prit de courir se cacher. Mais, tout à coup, il entendit au-dessous de lui un bruit métallique de douros et en aperçut une grande quantité au fond d'un trou, mêlés à d'autres choses nauséabondes. Il essaya de les attraper en plongeant la main dans le trou. Mais, au fur et à mesure qu'il croyait les atteindre, le trou devenait plus profond, si bien que pour réussir il dut entrer son bras jusqu'à l'épaule.

Alors il se mit à crier : « Pouah ! Pouah ! » et à laver l'argent avant de l'engloutir au fond de son sac, après l'avoir compté. Il y avait tout juste cent meṭqal. Alors il vit Sidi bel 'Abbès et le Saint lui dit : « Tu ne me remercies pas du profit que je t'ai fait faire ? » Mais le couturier, se pinçant le nez, se récria : « Te dire merci pour m'en être mis jusque là, (et il montrait le haut de son bras) ah non ! Pouah ! Pouah ! … »

Alors le Saint, éclatant de rire, répondit : « Tu m'as donné cent meṭqal pour la guérison et la résurrection de ton fils avec tant de mauvaise grâce que, moi aussi, j'ai voulu te donner un profit avec « Pouah ! Pouah ! », pour que tu n'oublies pas, à l'avenir, qu'on doit tenir sa promesse et respecter le serment. »

(Raconté par un conteur anonyme sur la place
JÂMA ' EL-FNÂ, à Marrakech.)

LXXXII

LÉGENDE DE SIDI BEL 'ABBÈS
(SUITE)

Sidi bel 'Abbès, de son vivant, avait coutume de distribuer aux pauvres les offrandes qu'il recevait.

Un jour, une femme, veuve et chargée d'enfants, alla lui demander de lui venir en aide : « Assieds-toi, lui dit-il, ce que je recueillerai aujourd'hui sera pour toi. »

Après la femme, un homme ivre, qui divaguait, vint demander l'aide du Saint qui l'obligea à s'asseoir. Puis un pèlerin vint à son tour et remit au Saint un don de cent meṭqal[1]. Le Saint prit les cent meṭqal et les mit dans les mains de l'ivrogne, qui partit en dansant finir de s'enivrer.

La pauvre femme mourait d'envie.

Un second pèlerin vint ensuite et remit au Saint quatre mouzoûna[2].

Alors le Saint, tout joyeux, alla vers la pauvre mère et lui donna ces quatre mouzoûna. Mais celle-ci s'écria : « O mon Seigneur, comment nourrir mes nombreux enfants avec ces quatre mouzoûna ? – Va, dit le Saint, et achète-leur de la graisse de mouton pour quatre mouzoûna. »

La femme s'en alla bien tristement, mais le pouvoir du Saint était tel que, lui obéissant fidèlement, elle acheta quatre mouzoûna de graisse de mouton, qu'elle noua dans un vieux chiffon et posa sur sa tête pour aller rejoindre ses enfants.

---

1. Le meṭqal valait quarante centimes.
2. La mouzoûna valait environ un centime

Au même moment, sur mer, un bateau à voile était en détresse. Il faisait eau de toute part et les voyageurs allaient sombrer faute d'un peu de suif pour boucher les voies d'eau.

Dans leur désespoir, ils implorèrent Sidi bel 'Abbès. Celui-ci entendit leur appel, se changea en oiseau et prit son vol. Il aperçut la pauvresse qui regagnait son logis, il prit au passage, avec ses serres, le paquet qu'elle portait sur sa tête et, fendant l'air d'un vol rapide, il arriva au-dessus du bateau, sur lequel il lâcha son paquet de graisse.

Les marins se sentirent sauvés. Ils se mirent rapidement au travail, réparèrent les avaries et firent le serment d'envoyer une grosse offrande à Sidi bel 'Abbès, qui était miraculeusement intervenu.

Quelques jours après, la pauvresse retourna en pèlerinage à l'ermitage du Saint.

Elle était depuis un moment accroupie, attendant une aumône, lorsque des marins arrivèrent et remirent au Saint une splendide offrande.

C'était un coffret merveilleux rempli d'or. Ce coffret était enveloppé dans un vieux chiffon très sale. L'un des marins dit au Saint : « Tu nous as sauvés au moment où, sur notre navire en détresse, nous n'avions qu'à dire notre prière et mourir, et nous nous sommes tous réunis pour t'offrir ce coffret et te remercier. »

Alors la pauvresse s'écria : « Mais ce coffret est dans le mouchoir qui contenait mes quatre mouzoûna de graisse de mouton. »

Alors elle invectiva le Saint et lui dit : « Tu as été si généreux pour moi ce jour-là ! Quatre mouzoûna de suif pour des enfants qui n'ont pas de père ! Et, ce même jour, tu remis cent metqal à un homme ivre. Quelle charité est la tienne ! – C'est vrai, dit le Saint, j'ai, en effet, ce même jour, donné cent metqal à un ivrogne et quatre mouzoûna à une pauvre mère, mais ces cent metqal étaient le don d'un voleur, c'était du mauvais argent qui ne devait servir qu'au mal. Tandis qu'un homme de bien m'avait donné ces quatre mouzoûna et c'est à toi, pauvre femme, que je les ai donnés, sachant qu'ils produiraient du bien. Or, ils ont produit ce coffret d'or que je te donne, à toi et à tes petits. Va donc en paix maintenant. »

(Conté par LALLA 'ABBOUCH,
vieille pauvresse aveugle.)

LXXXIII

HISTOIRE DE SIDI BEL 'ABBÈS ET DE SIDI 'ALLÂL
EL KÉRWÂNÎ

Le père de Sidi 'Allâl el-Kérwânî, qui vivait à Marrakech, était un homme pieux qui faisait beaucoup d'aumônes.

Il avait une grande vénération pour Sidi bel 'Abbès.

A l'heure de sa mort, il appela son fils Si 'Allâl et lui dit : « Tu devras suivre l'exemple que je t'ai donné et ne pas oublier Sidi bel 'Abbès, qui protège les aveugles et les pauvres. »

Si 'Allâl suivit donc la tradition paternelle, si bien qu'un jour arriva où il avait tout donné et où il ne lui restait plus rien pour nourrir sa femme et ses deux enfants.

Alors il partit vers le Gharb et s'engagea comme fqîh dans une école. L'année écoulée, on lui paya ce qui lui était dû et il continua sa route, longeant la mer, vers Moulay Bouselham du Gharb.

Un jour qu'il faisait la sieste, étendu sur le rivage, avec sa femme et ses enfants, il passa au large un bateau appartenant à un Juif.

Le Juif aperçut les corps étendus, fit mettre une embarcation et envoya des rameurs avec l'ordre de ligoter les dormeurs et de les amener à son bord. Ce qui fut fait aussitôt.

Lorsque le fqîh Si 'Allâl fut sur le bateau, il demanda où on le menait. Le raîs juif répondit : « A Tanger. » Mais il dépassa Tanger, continua de naviguer et arriva à Alexandrie, où il le vendit comme esclave. Il vendit également la femme et les enfants de Si 'Allâl, mais chacun d'eux fut vendu séparément.

Puis les acheteurs montèrent sur le bateau pour se rendre à Maṣr (Le Caire).

Alors le fqîh Si ʿAllâl se mit à invoquer Sidi bel ʿAbbès et lui demanda sa protection. Il avait à peine fini sa prière qu'une violente tempête éclata. Le bateau fut brisé en miettes. Tous les passagers furent noyés, sauf Si ʿAllâl, sa femme et ses deux enfants, qui réussirent à s'accrocher à des épaves. Mais la mer en fureur les sépara cependant.

Les enfants furent amenés par les flots jusqu'à Maṣr et, comme ils étaient déjà « ṭolbâʾ », ils suivirent les leçons de la medersa.

La femme du fqîh fut jetée sur le rivage même où la tempête avait éclaté et recueillie par un vieil homme pieux qui lui donna asile.

Quant à Si ʿAllâl, après avoir longtemps été ballotté par les flots, il fut jeté sur une côte déserte où ne se trouvait nul être humain.

Il explora ce pays, vécut de racines et de fruits sauvages pendant longtemps. Puis il découvrit une mine de rubis et de diamants. Alors, chaque jour, il descendit sur le rivage pour voir s'il apercevait un bateau à l'horizon.

Enfin, un jour qu'il désespérait de jamais revoir de fils d'Adam, il vit un grand navire qui côtoyait la plage. Il fit des signaux qui furent aperçus du bord.

Le capitaine, qui n'avait jamais vu d'être vivant sur cette côte déserte, mit une barque à la mer et alla lui-même voir ce que c'était que cet homme qui l'avait appelé.

Alors Si ʿAllâl lui dit : « Si tu veux gagner une grande fortune, ramène-moi des ouvriers de toute sorte : bûcherons, maçons, menuisiers, etc. Assure-les aussi d'un bon salaire. » Et il donna quelques pierres précieuses au raîs pour lui donner confiance. A son retour, le bateau débarqua une quantité d'ouvriers et Si ʿAllâl leur fit bâtir la ville de Kérouan. Et le bruit se répandit dans le monde que cette ville était une des plus belles. Mais Si ʿAllâl n'était pas heureux, il ne cessait de penser à sa femme et à ses enfants. Une nuit, Sidi bel 'Abbès lui apparut en rêve et lui dit : « Tu vas être réuni aux tiens. »

De leur côté les jeunes gens, ses fils, se promenant à Maṣr, entendirent un dellâl qui criait que le bateau pour Kérouan, la nouvelle ville, allait partir. Ils se dirent : « Il doit y avoir besoin de ṭolbâ' », et ils s'embarquèrent. Lorsque le bateau passa à Alexandrie, la femme de Si 'Allâl dit au vieillard qui l'avait recueillie : « Je voudrais aller à Kérouan, cette nouvelle ville, et je me rapprocherai ainsi de mon pays. » Et le vieillard lui paya aussitôt son voyage, la recommandant au raîs en lui racontant ses malheurs.

Pendant la traversée, elle eut aussi un rêve qui lui disait qu'elle allait retrouver ses enfants et son mari. En effet, elle entendit, pendant ce voyage, les deux ṭolbâ' qui racontaient leur histoire et reconnut en eux les fils qu'elle avait perdus. Aussi sa joie fut grande et elle ne douta plus qu'elle allait retrouver son mari.

Le raîs, en débarquant à Kérouan, trouva Si 'Allâl qui se promenait sur le rivage ; il lui raconta l'histoire émouvante des voyageurs qu'il avait amenés, et Si 'Allâl reconnut en eux sa femme et ses enfants, que Sidi bel 'Abbès ramenait ainsi auprès de lui.

Si 'Allâl porta, par la suite, le nom de la ville qu'il avait fondée et s'appela Si 'Allâl el-Kérwânî.

(Raconté par un conteur anonyme sur la place JÂMA ' EL-FNÂ, à Marrakech.)

LXXXIV

LÉGENDE DE SIDI BEL ʻABBÈS

(SIDI BEL ʻABBÈS ET SIDI MESAʻOUD)

Un jour, Sidi Mesaʻoud, l'esclave de Sidi bel ʻAbbès, n'ayant plus de chaussures, demanda au Saint de l'argent pour en acheter.

Mais le Saint n'avait plus d'argent. Il permit donc à Sidi Mesaʻoud d'aller, dans le quartier du Mouqef, s'engager comme manœuvre, pour gagner de quoi acheter des belghas.

Un maçon le prit et l'employa à une construction qu'il bâtissait pour le Sultan. On s'aperçut vite que Sidi Mesaʻoud était un excellent ouvrier et, pour l'obliger à revenir travailler, on ne lui paya pas ses journées.

Quand la construction fut terminée, il réclama son salaire au Sultan ; mais celui-ci, qui était mauvais payeur, le renvoya à plusieurs jours.

Alors Sidi Mesaʻoud alla se plaindre à Sidi bel ʻAbbès, qui lui conseilla de retourner réclamer son argent au Sultan et de lui dire : « Si tu ne me paies pas, ta maison va s'effondrer. » Ce que fit Sidi Mesaʻoud. En l'entendant proférer cette menace, le Sultan se moqua de lui et lui dit : « Cogne donc le mur avec ta tête pour me faire voir cela. »

Alors Sidi Mesaʻoud s'en alla sans rien répondre, mais il était à peine parti depuis un instant que la maison s'ébranla et s'abattit.

Alors le Sultan se mit à trembler et fit chercher Sidi Mesaʻoud de tous côtés.

On le chercha jusqu'au vendredi. Quand on l'eut retrouvé, on l'emmena devant le Sultan qui se jeta dans ses bras, se mit à pleurer et lui remit une grosse somme d'argent.

Sidi Mesaʻoud refusa de prendre tout cet argent sans la permission de son maître.

« Quel est donc ton maître, dit le Sultan, et où est-il ? – C'est le saint Sidi bel ʻAbbès, qui vit dans son ermitage du Guéliz. »

Alors le Sultan partit au Guéliz avec Sidi Mesaʻoud et demanda pardon au Saint de sa mauvaise action. Puis il voulut donner mille dinars d'or à l'esclave.

« Non, dit alors le Saint, tu lui donneras son salaire et c'est tout, donne le reste aux pauvres et rappelle-toi que Dieu voit nos actions et les juge. »

Sidi Mesaʻoud toucha l'argent nécessaire pour s'acheter des belghas et le Sultan donna mille dinars aux pauvres, et aussitôt la maison se reconstruisit toute seule.

(Conté par Sidi ʻAbdallâh ben Embarek.)

LXXXV

LÉGENDE DE SIDI BEL ʿABBÈS
(SUITE)

Un jour, Sidi Mesaʿoud dit à son maître Sidi bel ʿAbbès :
« Je veux me marier avec la fille de notre Sultan, Lalla Châfiya.
Je ne sais si le Sultan voudra d'un nègre. Cependant, c'est mon
désir. – C'est bien, répondit le Saint, va faire ta demande. »

Sidi Mesaʿoud alla donc au Dâr el-Makhzen et demanda à
parler au Sultan. Lorsqu'il fut en présence du Sultan, celui-ci
lui dit : « Expose ta requête et sois bref. »

Alors Si Mesaʿoud exprima au Sultan le désir qu'il avait
d'épouser sa fille, mais il n'eut pas plutôt commencé sa requête
que le Sultan entra dans une violente colère, l'insulta et lui fit
donner la bastonnade. Mais Sidi bel ʿAbbès, de sa caverne,
étendit une main invisible au-dessus du dos de Sidi Mesaʿoud
qui ne sentait pas les coups, riait et causait avec les fourmis
qui marchaient sur la terre, près de lui. Il leur disait : « Chères
petites fourmis, le jour de mon mariage, je vous distribuerai
du couscous, car je vous aime beaucoup. »

Le Sultan, surpris de ne pas l'entendre crier, alla auprès
des esclaves qui donnaient la bastonnade et constata que Sidi
Mesaʿoud, couché à plat ventre, non seulement ne se plaignait
pas, mais continuait sa conversation avec les fourmis.

Il fit cesser la bastonnade et rentra au harem raconter
l'aventure à sa femme et lui demander conseil sur cette chose
étonnante.

Alors sa femme, après l'avoir écouté avec attention, prit dans son coffret un rubis magnifique qui n'avait pas son pareil et lui dit : « S'il m'apporte le pendant, nous lui donnerons notre fille. »

Le Sultan se rendit donc auprès de l'esclave et lui fit part du désir de sa femme. Sidi Mesaʿoud, qui n'avait de recours qu'en Sidi bel ʿAbbès, partit lui raconter la chose et le Saint lui dit : « Va à l'oued Isil, remplis ton manteau de galets de l'oued et porte-les au Sultan. »

Ce que fit aussitôt Sidi Mesaʿoud et, quand enfin il ouvrit son manteau devant le Sultan, il en sortit autant de merveilleux rubis qu'il y avait mis de pierres, et le Sultan et sa femme consentirent à lui accorder leur fille en mariage.

Le soir du septième jour, Sidi Mesaʿoud venait enfin de pénétrer dans la chambre nuptiale où Lalla Châfiya l'attendait, quand soudain le mur de cette chambre s'ouvrit pour laisser passer Sidi bel ʿAbbès lui-même, qui s'écria : « Je ne veux pas que tu te maries, car si tu te maries tu m'abandonnes. » Sidi Mesaʿoud lui répondit : « O mon maître, cette femme est belle et je la veux. »

Alors Sidi bel ʿAbbès, entrouvrant son manteau, fit apparaître, aux yeux éblouis de Sidi Mesaʿoud, une merveilleuse adolescente et ajouta : « Laquelle est la plus belle ? – Celle que tu tiens dans ton bras, dit l'esclave. – Eh bien, elle est à toi, viens donc avec moi. » Et tous deux s'envolèrent par la brèche du mur, qui se referma aussitôt.

Le matin, les esclaves vinrent aux nouvelles et trouvèrent Lalla Châfiya profondément humiliée et furieuse. Le Sultan, averti, vint aussi et, ne voyant pas le marié, s'écria : « Mais où est donc le marié ? » Lalla Châfiya raconta ce qui était advenu pendant la nuit et se mit à se moquer de son père, lui disant : « Tu te crois le véritable Sultan. Eh bien, le vrai Sultan ce n'est pas toi, c'est Sidi bel ʿAbbès. »

Le Sultan, se sentant ridicule, abdiqua en faveur de son fils, puis il se fit porteur d'eau et, jusqu'à la fin de sa vie, il donna gratuitement à boire à tous les pauvres de sa route.

Un jour, qui était le vingt-septième jour du carême, une femme veuve donna à son jeune fils dix metqal pour aller au marché faire des provisions. Or, c'était tout ce qu'elle possédait. L'enfant se rendit au souk. Il y rencontra Sidi bel 'Abbès qui lui dit : « Si tu me donnes une offrande, cela te rapportera le soir même. »

L'enfant, subjugué, donna au Saint ses dix metqal, puis, n'ayant plus rien pour faire les commissions de sa mère, il erra jusqu'au soir et enfin alla se coucher dans une mosquée, car il n'osait plus rentrer chez lui.

Or, cette mosquée était précisément celle où priait le Vizir du Sultan. A l'heure de l' 'achâ, l'heure de la prière du soir, le Vizir vint, comme chaque jour, faire sa prière.

Mais l'Imâm était en retard.

Alors Sidi bel 'Abbès apparut, prit l'enfant, le mit à la place du prêtre et lui dit : « Fais la prière. »

L'enfant n'avait jamais été à l'école et ne savait pas le Qoran ; cependant, inspiré par le Saint, il fit si bien la prière que le Vizir, émerveillé, l'appela, l'interrogea et le combla de présents, gâteaux, beaux vêtements, auxquels il ajouta une bourse de cent dinars d'or, car ce qu'on donne à Sidi bel 'Abbès se multiplie toujours par dix fois pour nous revenir. L'enfant, qui n'avait plus peur d'être grondé par sa mère, retourna alors chez lui et lui donna la bourse d'or du Vizir.

Un commerçant, établi à Marrakech, vit un jour venir chez lui un Arabe qui lui demanda de lui confier des marchandises pour aller commercer à l'étranger. Le commerçant y consentit à la condition que l'Arabe lui donnerait une caution, car il n'avait aucun bien à lui dans le pays. Alors l'Arabe lui dit : « Je te donne la garantie de Sidi bel 'Abbès. »

Le commerçant accepta la caution du Saint et confia à l'Arabe une quantité considérable de soieries, de tissus de laine, de belghas brodées, etc.

Le voyageur chargea ses chameaux et promit de revenir bientôt avec un gros bénéfice ; mais les mois et les mois s'écoulèrent et il ne revint pas. Le commerçant devint la risée des autres commerçants du souk.

Il ne se passait pas de jour sans que l'un ou l'autre vînt lui demander des nouvelles de ses marchandises. Certains, plus irrespectueux que les autres, ajoutaient même : « Pourquoi ne te fais-tu pas rembourser par Sidi bel 'Abbès ? » Un jour, ne pouvant plus supporter toutes ces railleries, le commerçant sortit de la ville, acheta quarante jarres de la plus grande contenance qu'il put trouver, les remplit de sable à la rivière, les boucha avec soin avec du plâtre, comme on fait d'habitude pour les jarres de beurre, les chargea sur des chameaux et les fit porter chez lui. A tous ceux qui, voyant cet important chargement, lui demandaient ce que contenaient les jarres, il répondait : « C'est mon voyageur qui m'a envoyé, en à compte, ces quarante jarres de beurre. »

Il dit la même chose à sa femme, qui l'aida à mettre les jarres dans une réserve qu'elle ferma soigneusement à clef. Et aussitôt les rires cessèrent et le bruit se répandit que l'Arabe tenait ses engagements.

Un jour, que notre commerçant était à sa boutique et que sa femme se trouvait seule à la maison, un homme vint la trouver, lui tendant un pot, et lui dit : « Il n'y a plus de beurre dans la ville, sauf chez vous. Or, je marie ma fille et j'en ai grand besoin ; je viens donc te prier de me vendre du beurre de l'étranger. »

La femme prit donc le pot, ouvrit une des quarante jarres et, la trouvant pleine de beurre, en remplit le pot.

A ce moment, son mari, qui revenait de ses affaires, vit le miracle qui s'était opéré dans ses jarres et, mentalement, en remercia le Saint. Mais les mois et les mois continuèrent à passer sans que revînt le voyageur. Enfin, un soir, alors qu'on y pensait le moins, il se présenta devant le marchand et, déposant devant lui une somme considérable, il lui dit : « Voici ta part. J'ai tant travaillé et tant prospéré, que je ne me suis pas arrêté d'acheter et de vendre depuis que je t'ai quitté et tu vas voir combien tu as bien placé ta confiance en acceptant la garantie de Sidi bel 'Abbès. »

Mais le commerçant lui répondit : « Je suis déjà remboursé par Sidi bel 'Abbès lui-même. Garde donc tout ce bien, que tu as gagné par ton travail et ton intelligence ; il est à toi. »

Un commerçant de Marrakech fit de mauvaises affaires et, après avoir payé tous ses créanciers, il ne lui resta plus que trois mille meṭqal qu'il alla offrir à Sidi bel 'Abbès.

Et il ne lui resta pour tout bien que la clémence de Dieu. Cependant, chaque matin, à l'heure du fejer, qui est l'heure de la première prière du jour, il se rendait à la zâwîya de Sidi bel 'Abbès pour faire ses dévotions. Un matin, il trouva, près de Bâb Taghzout[1], une superbe mule chargée d'un chouari rempli d'un côté de pièces d'or et de l'autre de rubis. Il reconnut là la protection du Saint, emmena la mule et reconstitua sa fortune, et il redevint le plus notable des commerçants de la ville.

De son vivant, Sidi bel 'Abbès se trouvait, à Fès, avec son esclave Sidi Mesa'oud. Ils allèrent faire leur prière à la mosquée de Qarawiyin et, après la prière, ils restèrent en contemplation. Le fqîh Sidi Soûda, gardien de la mosquée, pensant que c'étaient des gens très pieux, étrangers au pays, les invita à dîner et les emmena chez lui. Or, ils étaient tous deux très mal vêtus et très sales. En les voyant, la femme du fqîh devint furieuse contre son mari qui lui amenait des hôtes d'aussi basse qualité et, lorsqu'il fut endormi, dans sa fureur elle le tua et plaça le couteau sous la tête de Sidi Mesa'oud endormi.

Vers le matin, elle se mit à crier : « On a tué mon mari ! » Les gens du voisinage et les gardiens du quartier arrivèrent nombreux, fouillèrent la maison et trouvèrent le couteau, encore taché de sang, sous la tête du dormeur. Ils le réveillèrent et l'emmenèrent en prison avec Sidi bel 'Abbès, puis ils allèrent

---

1. C'est la porte qui donne accès à la zâwîya

rendre compte de toute l'affaire au Sultan qui envoya son bourreau pour tuer Sidi Mesa'oud.

Au moment où le siyyâf (bourreau) s'apprêtait à exécuter le condamné, Sidi Mesa'oud fit le geste de lui relever la main, sans du reste le toucher, et le bourreau resta la main en l'air, tenant le sabre, sans plus pouvoir ni la lever ni l'abaisser.

Il retourna ainsi, le bras en l'air, chez le Sultan qui, le voyant dans cet état anormal, comprit que Sidi Mesa'oud et Sidi bel 'Abbès étaient des saints et les envoya chercher aussitôt.

Lorsqu'ils arrivèrent en sa présence, il leur dit : « Comment, vous qui êtes des saints, avez-vous été assez fous pour tuer le fqîh de Qarawiyin ? » Alors Sidi bel 'Abbès répondit : « O Monseigneur, ni Sidi Mesa'oud, ni moi, n'avons tué cet homme. Fais apporter son cadavre devant toi et je te ferai dire, par lui-même, quel est le coupable. »

On alla donc chercher le cadavre, on le déposa devant le Sultan et Sidi bel 'Abbès lui dit : « O fqîh, dis-nous qui t'a tué ? » Le cadavre s'assit sur son séant et répondit : « Ce ne sont pas ces saints qui m'ont tué, c'est ma méchante femme. »

Puis il retomba sur sa couche mortuaire, prêt à être enseveli.

Alors le Sultan fit des excuses aux saints, voulut les combler d'honneurs, qu'ils refusèrent, et emprisonna l'épouse criminelle.

(Raconté par la Chérîfa Lalla OURQIYA.)

LXXXVI

HISTOIRE DE LA JEUNE FILLE, DU VOLEUR ET DU JUIF AVEC SIDI BEL 'ABBÈS

Il y avait un Juif, fournisseur de bijoux du Sultan, qui avait élevé une jeune fille musulmane pour l'épouser.

Mais cette jeune fille n'avait pas oublié sa foi et priait souvent le patron de la ville de Marrakech de la protéger.

Quelques jours avant le mariage, le saint Sidi bel 'Abbès apparut en rêve à un voleur et lui dit : « Telle nuit, ton gain sera au Mellâḥ. » Puis il amena le voleur à suivre un jeune homme qui venait d'hériter d'une grande maison, composée de quarante chambres, et qui portait toujours sur lui ses quarante clefs. Le soir du mariage du Juif, avant d'aller au Mellâḥ, le voleur réussit à pénétrer dans la maison du jeune homme aux quarante clefs. Il se cacha et, quand celui-ci fut endormi, il lui vola ses quarante clefs et visita avec soin les quarante chambres, qu'il trouva absolument vides. Alors, inspiré par le Saint, il s'écria : « Je jure que, cette nuit, tout ce que je volerai sera pour ce pauvre jeune homme propriétaire de quarante clefs qui ferment quarante chambres vides. »

Et, laissant le jeune homme endormi, il partit au Mellâḥ.

Il fut attiré par le bruit de la fête, monta par les terrasses et arriva dans une chambre où se trouvait la jeune mariée, attendant son époux.

En le voyant, elle s'écria : « O voleur, tu m'es envoyé par mon patron, Sidi bel 'Abbès, pour me sauver. Emmène-moi. »

Le voleur fit d'abord main basse sur toutes les richesses du Juif, enleva la jeune fille et l'emmena dans la maison du jeune homme aux quarante clefs.

Il lui dit : « Je te laisse ici avec l'argent du Juif. » Et il s'en alla.

Mais, les fumées de l'ivresse dispersée, le Juif monta à l'appartement de sa jeune épouse. Il trouva la chambre vide et son trésor volé. Alors il alla chez le Sultan se plaindre et demander l'autorisation de fouiller toutes les maisons de la ville pour retrouver sa femme et son argent.

Le Sultan lui donna l'autorisation demandée, et la première maison fouillée fut celle où le voleur avait conduit la jeune fille. Le jeune homme aux quarante clefs dormait encore. En entendant les gardes du Sultan frapper à sa porte et pénétrer dans sa maison, il se réveilla et trouva devant lui la jeune fille et l'or du voleur.

En même temps, les gardes se saisirent de lui, de la jeune fille et de l'or, et retournèrent chez le Sultan. Le Juif dit : « O Sultan, voici mon voleur et mon épouse retrouvée. » Le Sultan condamna immédiatement le jeune homme aux quarante chambres vides à avoir la tête tranchée.

Alors, le voleur, qui avait suivi la foule, intervint : « Ce Juif te trompe, ô mon maître, dit-il. C'est moi qui ai fait tout cela. Je suis un voleur de profession. Mon saint patron, Sidi bel 'Abbès, m'est apparu en rêve et m'a dit : « Tel jour, ton gain sera au Mellâḥ. » Mais avant d'aller au Mellâḥ, j'avais fouillé la maison de ce jeune homme aux quarante clefs et n'avais rien trouvé dans les quarante chambres de sa maison vide. Le trouvant plus pauvre que moi, j'avais juré de lui donner tout mon gain de cette nuit. Or, mon gain a été cette jeune musulmane, que ce Juif puant avait volée pour l'épouser, et cet or du Juif. Ce jeune homme n'est pour rien dans l'affaire. Je suis le seul coupable. »

Alors le Sultan fit voler la tête du Juif d'un coup de sabre, lui prit tous ses biens et maria la jeune fille, protégée de Sidi bel 'Abbès, avec l'homme aux quarante clefs, qu'il prit pour grand Vizir.

Quant au voleur, il l'enrichit d'un coup et il n'eut plus besoin de voler.

(Raconté par ḤALÎMA, petite esclave.)

LXXXVII

UNE LÉGENDE DE SIDI RAḤAL

Sidi Raḥal voulut un jour voyager et se rendre compte de la foi des gens du peuple.

Il quitta sa zâwîya sous l'apparence d'un mendiant, ses longs cheveux cachés sous un turban très sale et vêtu de la derbala, manteau composé de vieux chiffons de toutes les couleurs, rapiécé et plein de vermine. Son bâton à la main, il cheminait sur les pistes quand il rencontra une femme qui lui dit : « Qui es-tu, ô voyageur ? As-tu des parents ? Et où vas-tu ? – Je suis seul au monde, lui répondit le Saint, et je cherche à me louer comme berger chez un fellâḥ. – Eh bien moi, dit la femme, j'ai deux cents moutons et je suis seule pour les garder. Veux-tu être mon berger ? »

Sidi Raḥal accepta et tous deux se rendirent au douâr. La femme réunit le Conseil des vieux du douâr et leur dit qu'elle engageait ce mendiant pour garder ses moutons.

Les vieux débattirent les conditions. Alors le Saint refusa d'être payé en argent ; il demanda, pour sa part, tous les agneaux qui naîtraient dans l'année avec des taches sur la tête, laissant pour la part de la femme tous ceux qui auraient la tête d'une seule couleur. Cette condition parut si extraordinaire aux vieux qu'ils dirent à la femme : « Cet homme est fou et veut te garder tes moutons pour rien, car sur cent agneaux il y en a peut-être deux tachés ainsi ; accepte donc la condition. »

Et la femme accepta et prit le Saint à son service.

Alors elle lui demanda son nom et il répondit : « Je m'appelle « Ellî dâr chî, dâr lhi » (Celui qui fait une mauvaise action la fait contre lui-même). Puis il emmena le troupeau et le conduisit dans les Chiadma[1], et garda ses moutons à l'ombre d'un pistachier.

Chaque fois que la femme venait le surveiller, elle le trouvait occupé à rapiécer sa derbala, et tous les moutons dormaient, couchés autour de lui. Elle ne les voyait jamais brouter et cependant, quand le soir venait, ils avaient le ventre plein, étaient tout ronds et tout joyeux.

Vint le printemps : toutes les brebis mirent au monde des agneaux avec la tête tachée de plusieurs couleurs. Ne voulant pas les donner au berger, ainsi que cela était convenu entre eux, la femme se dit : « Je vais m'en débarrasser en l'empoisonnant. »

Elle lui prépara, comme de coutume, le repas du milieu du jour, y mit un poison subtil et se rendit auprès du Saint qui, comme toujours, cousait sa derbala, entouré de ses brebis endormies. Elle déposa le plat près du berger mais comme il n'avait pas faim, il n'y toucha pas.

Or, cette femme avait un fils unique qu'elle adorait ; il était justement à la chasse avec ses slougguis et, après avoir tué des lièvres, des gazelles et des chacals, il s'en revenait au douâr quand il eut l'idée d'aller lui-même voir les nouveaux agneaux nés dans le troupeau. En arrivant il vit, posé à terre, le repas du berger ; il lui demanda : « Pourquoi ne manges-tu pas ? – Je n'ai pas faim, dit le Saint. – Eh bien, ce n'est pas comme moi, je meurs de faim et je vais me régaler. » Et, aussitôt dit, il mit pied à terre et dévora le repas préparé par sa mère, puis il se disposa à remonter à cheval, mais il tomba foudroyé.

Les gens de sa suite se précipitèrent sur le berger et l'entraînèrent au douâr en l'invectivant et en l'accusant d'avoir tué le fils de sa maîtresse, mais lui se contentait de répéter le proverbe dont il avait fait son nom : « Ellî dâr chî, dâr lhi. »

---

1. Région de Mogador. (aujourd'hui, Essaouira)

Quand ils arrivèrent au douâr, ils racontèrent à la mère la mort de son fils en accusant le berger de cette mort, mais le Saint répondait : « Ce n'est pas moi qui l'ai tué, c'est cette femme. »

Et la femme, toute tremblante, avoua qu'elle avait voulu empoisonner son berger pour garder ses agneaux.

Alors Sidi Raḥal, arrachant sa rezza et rejetant ses longs cheveux sur ses épaules, prit sa derbala dans les mains et la fit tourner en l'air en criant : « Je suis Sidi Raḥal. Que mes moutons se séparent de ceux de cette femme et me suivent. » Et il partit dans le bled Zemran[2], suivi de tous les agneaux qu'il distribua aux pauvres rencontrés sur sa route. Il mourut en arrivant à Sidi Raḥal, où se trouve son tombeau. (L'arbre sous lequel il raccommodait sa derbala, en gardant les troupeaux, lui a été consacré, et les femmes stériles y vont en pèlerinage. Elles dénouent leur ceinture, dont elles entourent le tronc de l'arbre, et mangent de ses feuilles pour devenir enceintes.)

(Raconté par un homme des OULED SIDI RAḤAL,descendant du Saint, sur la place JÂMA ' EL-FNÂ, à Marrakech.)

---

2. Région où se trouve sa zâwîya

LXXXVIII

LÉGENDE DE SIDI MOULAY 'ALÎ CHÉRIF
MOUL EDDERGA OU SIF
(MAÎTRE DU POIGNARD ET DU SABRE)

Sidi Moulay 'Alî Chérif, dont le sanctuaire est à Marrakech, à Bab Aïlen, étant Sultan du Maroc, voulut un jour se rendre compte de la façon dont les qâḍî rendaient la justice dans son royaume. Il monta sur sa jument et partit dans le bled. Il trouva un paysan, qui labourait avec une vache attelée à sa charrue. Il l'interpella et lui dit : « O un tel, rends-moi ma vache. — Mais cette vache n'est pas à toi, dit le paysan. — Si, elle est à moi, et même c'est cette jument-ci que je monte qui l'a enfantée. »

Le fellâḥ et le Sultan se mirent à se disputer, puis, d'un commun accord, se rendirent chez le qâḍî du douâr. Le paysan exposa sa plainte, mais le qâḍî, impressionné favorablement par la bonne mine du riche, monté sur sa jument, lui donna raison et lui attribua la vache.

Le fellâḥ n'accepta pas le jugement rendu par le qâḍî du douâr et amena Moulay 'Alî Chérif devant un autre qâḍî qui rendit un jugement identique.

Le fellâḥ, furieux, refusa de donner sa vache à Moulay 'Alî Chérif et tous deux se rendirent devant un troisième qâḍî, le qâḍî 'Ayâd.

Pour la troisième fois, le fellâḥ exposa sa plainte ; le qâḍî 'Ayâd l'écouta, puis, tournant la tête vers le mur, se cacha le visage de ses deux mains et leur dit : « Voilà que j'ai mes règles et suis impur. Je ne puis vous juger avant qu'elles soient terminées. »

Le Sultan s'écria : « O menteur. Ceci est une chose réservée aux femmes ; juge-nous donc sur l'heure. »

Alors le qâḍî 'Ayâd, le regardant bien en face, lui répondit : « O homme de peu de foi, tu admets que ta jument ait enfanté cette vache et tu n'admets pas que je sois dans une période d'impureté. Rends sa vache à ce fellâḥ, qui en est le vrai propriétaire. »

Moulay 'Alî Chérif rendit la vache à l'homme, puis il se fit connaître du qâḍî 'Ayâd, qu'il nomma Grand qâḍî, et fit trancher la tête des deux mauvais juges.

Ensuite, il dit au qâḍî 'Ayâd : « Et si, par crainte d'un Grand, tu avais rendu un jugement injuste, je t'aurais aussi châtié. »

Mais le qâḍî 'Ayâd était aussi un saint.

Il se contenta de soulever le tapis sur lequel il était assis, montrant au Sultan que la terre s'entrouvrait et se refermait sous le tapis, et il lui répondit : « Si tu avais fait quelque pression sur moi, cette terre t'aurait englouti et nul n'aurait jamais su ce que tu étais devenu. »

(Conté par Sidi 'Abdallâh ben Embarek.)

LXXXIX

HISTOIRE DE L'ESCLAVE BLAL ET DE LALLA ṢAFIYA, FILLE DU SULTAN MOULAY YA ʿQOUB BEN MANṢOUR

Il y avait un esclave du nom de Blal qui allait chaque jour, dans la forêt, ramasser du bois pour chauffer l'eau des ablutions du saint Moulay ʿAbdelqâder, son maître.

Un jour, il rencontra Iblîs qui lui dit : « Pourquoi, ô Blal, te fatiguer à travailler ainsi sans aucun profit pour ce Moulay ʿAbdeqâder ? »

Blal ne répondit pas, mais rentra triste et avec une figure de mauvais augure.

Le saint Moulay ʿAbdelqâder lui en fit la remarque et lui dit : « O mon esclave, si tu as besoin de quelque chose, si tu es malade, dis-le moi. »

Blal dit qu'il ne manquait de rien.

Le matin suivant, il retourna dans la forêt chercher le bois et y rencontra encore Iblîs qui s'écria : « Eh quoi, ô Blal, tu travailles encore pour lui ?...- Et que veux-tu donc que je fasse, dit Blal, je ne suis que son esclave. – Eh bien, quand il te dira, comme hier : « Pourquoi ce visage attristé ? » tu lui diras : « C'est que je veux épouser Lalla Ṣafiya, fille de Moulay Ya ʿqoub ben Manṣour. » Iblîs lui avait mis la folie dans le cerveau. Le soir, Blal revint de la forêt avec sa charge de bois et son visage de mauvais augure et, aux questions posées par le Saint, il répondit : « C'est que je veux épouser Lalla Ṣafiya, fille de Moulay Ya ʿqoub ben Manṣour. »

Alors Moulay 'Abdelqâder s'écria : « Quoi, un pauvre esclave, tu veux épouser la fille du Sultan. Mais tu n'as pas de raison. – Oui, dit Blal, je veux l'épouser. – Eh bien, répondit le Saint, va la demander en mariage ; quoi qu'il arrive, je t'aiderai. Je serai devant toi et derrière toi, et peut-être la raison te reviendra. »

Blal se rendit donc chez le Sultan Moulay Ya 'qoub ben Manṣour et fit sa demande en mariage.

Le Sultan ne s'étonna pas et ne le fit pas jeter en prison. Il dit simplement : « Avant que je te réponde oui ou non, je veux que tu me bâtisses une tour pendant le temps qui sépare le jour de la nuit. »

Tout honteux, Blal alla raconter le désir du Sultan à son maître, qui lui dit : « C'est bien, il n'y a pas d'inconvénient. Va lui dire de préparer les matériaux. »

Blal partit furieux, car il pensait que le Saint se moquait de lui.

Il rencontra de nouveau Iblîs, qui lui dit à son tour : « Ne crois pas le Sultan, ni Moulay 'Abdelqâder, car l'un ne te donnera pas sa fille et l'autre ne t'aidera pas à bâtir la tour. »

Le soir, Blal revint de la forêt sans sa charge de bois, mais avec un visage de mauvais augure, et ne prépara pas l'eau pour les ablutions de son maître.

Alors, Moulay 'Abdelqâder, qui savait les rencontres de Blal avec Iblîs, lui dit : « Tu n'as donc pas trouvé de bois dans la forêt pour chauffer mon eau ? Allons, je ne te punirai pas. Dis plutôt avec moi : « Éloigné soit le Malin. » – Non, dit Blal, je ne le dirai pas. Du reste, il n'y a pas de Malin. Le Malin n'est qu'un homme comme toi et moi. » Alors le Saint répondit : « Va donc me chauffer mon eau et apporte-la moi. »

Quand Blal eut obéi, le Saint lui dit : « Voici l'heure de bâtir la tour. Prends ce bâton et, quand l'emplacement de cette tour sera choisi, jette-le en disant : « Je jette ce bâton par la puissance d'Allâh. Que les maîtres de ce lieu sortent par la puissance d'Allâh. »

Blal partit, choisit l'endroit, jeta le bâton et, aussitôt, sortirent de terre des multitudes d'ouvriers qui bâtirent la tour en un clin d'œil.

La tour bâtie, Blal se rendit chez le Sultan, Moulay Ya 'qoub, pour le lui annoncer. Alors Moulay Ya 'qoub alla chez sa fille et lui dit : « O ma fille, je te marie avec Blal, l'esclave de Moulay 'Abdelqâder. » Mais Lalla Ṣafiya se mit à pleurer d'abondantes larmes et jura qu'elle préférait la mort à cette union avec l'esclave. En voyant pleurer sa fille, le Sultan retira sa parole. Il renvoya Blal en se moquant de lui et en lui disant : « Ce n'est pas toi qui as bâti la tour, c'est mon argent qui a fait le miracle. »

Blal retourna chez son maître lui rapporter la réponse du Sultan. Alors le Saint, qui avait promis de l'aider quoi qu'il arrive, lui dit : « Frappe la tour avec le bâton en disant : « Que ce qui a surgi par la puissance d'Allâh, tombe par la puissance d'Allâh. »

Blal obéit et la tour s'effondra. Mais les gardes du Sultan, qui l'avaient vu frapper la tour de son bâton, se saisirent de lui et informèrent le Sultan de ce qu'ils venaient de voir. Moulay Ya 'qoub mit Blal en prison. Le Saint, qui le protégeait, traversa, invisible, toutes les prisons, dont les portes s'ouvrirent seules pour le laisser passer ; il réveilla Blal, qui s'était endormi, et lui dit : « As-tu enfin recouvré la raison et comprends-tu que Lalla Ṣafiya n'est pas destinée à un vil esclave ? – Non, dit Blal, je l'épouserai. »

Moulay 'Abdelqâder, tenu par sa promesse d'aider Blal, se disposait à l'accompagner auprès de la fille du Sultan ; mais Blal, jaloux d'avance, s'écria : « Je ne veux pas que tu la voies et que d'un regard tu profanes sa beauté ; j'irai seul auprès d'elle. »

Alors Moulay 'Abdelqâder enleva le prisonnier, lui mit au doigt un anneau magique et lui dit : « Tu vas être transporté dans sa chambre et tu la trouveras en train de pleurer. Comme c'est une sainte, deux anges sont auprès d'elle pour la protéger contre toi. En te voyant, ils la prendront et s'envoleront avec elle. – Je volerai moi aussi et je les suivrai, s'écria Blal. – Va donc, esclave, tu n'es qu'un 'afrît sourd. »

Blal fut donc, par le pouvoir de sa bague, transporté dans la chambre de la sainte, qui avait tant pleuré depuis que le Sultan lui avait annoncé son mariage avec l'esclave, que cette chambre était devenue un grand bassin plein de larmes. (On y va en pèlerinage.)

En voyant entrer Blal, les anges enlevèrent la sainte, qui mourut de saisissement, et l'emportèrent près de Meknès (aux sources de Moulay Ya 'qoub), où ils l'enterrèrent.

Quant à Blal, la protection de Moulay 'Abdelqâder s'arrêta là. Il devint un 'afrît sourd, transporté comme il l'avait voulu en même temps que la sainte ; il alimente les sources d'eau chaude, qu'il chauffe avec le bois qu'il ramasse dans la forêt. Il est toujours là. Il ne sait pas que Moulay Ya 'qoub est mort, ainsi que Lalla Ṣafiya, et croit toujours qu'il va épouser la fille du Sultan.

(Raconté par JEMA 'A, ancienne esclave
du Sultan MOULAY ḤASAN.)

XC

HISTOIRE DE LALLA ḤALÎMA ET DE LALLA ZÂZIYA

Lalla Ḥalîma et Lalla Zâziya étaient deux sœurs. En mourant, leur père leur avait laissé en héritage un champ et une maison. Elles se partagèrent la maison et en habitèrent chacune une partie. Du produit du champ elles auraient pu vivre tranquillement toutes deux, mais Lalla Zâziya eut vite fait de gaspiller sa part, tandis que sa sœur, économe et n'ayant que peu de besoins, savait s'en contenter. Lalla Ḥalîma menait, en effet, une vie de prière et d'austérité. Retirée dans la partie de la maison qui était son bien, elle voyait très peu sa sœur qui, elle, ne tarda pas à tomber dans la débauche. Un jour, cependant, Lalla Ḥalîma la pieuse, avait prié sa sœur, la prostituée, à dîner. Elle avait confectionné un excellent plat de poulets dont l'odeur embaumait le voisinage. Après la prière de l' 'acha, que Lalla Ḥalîma avait faite avec recueillement et piété, elles allaient dîner quand une pauvresse, enceinte sûrement de deux jumeaux, tant elle était lourde et grosse, frappa à la porte de la maison et leur demanda l'aumône d'un peu de charbon. Lalla Ḥalîma, en maugréant, lui en donna un peu, et la pauvresse fit mine de s'en aller. Mais elle revint sur ses pas, presque aussitôt, demander des allumettes et un peu de bois mort pour allumer son charbon. La pieuse femme lui donna encore ce qu'elle demandait, mais en l'invitant brutalement à déguerpir au plus vite. Néanmoins, la malheureuse femme, qui mourait de faim, revint une troisième fois, malgré le mauvais accueil, au moment où, se mettant enfin à table pour manger avec sa sœur, Lalla Ḥalîma prononçait la formule traditionnelle : « Bismillâh. »

Alors Zâziya, qui était jusque là restée silencieuse, s'écria : « O ma sœur, ne vois-tu pas que ce n'est ni du charbon, ni des allumettes que veut cette pauvre ? Elle est enceinte, près d'accoucher, elle tremble de froid et elle a faim. Donnons-lui à manger. – Non, répondit la femme confite en dévotion. Je n'ai pas passé ma journée à cuisiner pour elle. – Eh bien ! Donne-moi ma part, je vais la lui donner, et même donne-moi tout le plat, je te donne en échange ma part dans notre maison. – C'est bien, je t'achète ta part de maison pour ce plat de poulet, dont tu feras ce que bon te semblera. Écris-moi l'achat et, à la première heure, demain matin, cherche-toi une autre demeure. »

Et comme le marché était conclu, elle lui remit le plat de poulet, le pain, le thé et le sucre.

Lalla Zâziya prit le tout et le porta à la mendiante en lui disant : « O ma sœur la pauvre, régale-toi et réchauffe-toi. Je te donne mon dîner et ma part de maison pour la figure d'Allâh. » Puis elle se retira dans sa chambre et se mit à pleurer, et pria Dieu ainsi : « O mon Dieu ! Je suis maintenant une de tes plus pauvres servantes. Donne-moi une maison, à moi, qui demain n'aurai plus de toit ? » Et Dieu envoya son ange lui porter la mort. L'ange brûla, dans la chambre, les parfums du Paradis, lava la morte avec l'eau parfumée des parfums du Paradis, l'enveloppa dans un lambeau de ciel et emporta son âme vers le Rétributeur.

Le matin, Lalla Ḥâlima, après avoir fait ses prières et roulé les grains de son chapelet pendant des heures, alla frapper à la porte de sa sœur, lui disant : « O prostituée, tu dors encore et le soleil est déjà au milieu de sa course. Lève-toi et va te chercher une autre maison, car celle-ci est mienne maintenant que tu me l'as vendue pour ta part de poulet. » Mais elle ne reçut aucune réponse. Elle ouvrit alors la porte de la chambre de Lalla Zâziya et, avec une émotion sans pareille, elle vit sa sœur morte enroulée dans le lambeau de ciel, elle vit l'eau du Paradis qui inondait la chambre, elle respira les parfums divins. Alors elle s'écria : « O ma sœur la prostituée, tu m'as devancée auprès de Dieu le Juste, le Miséricordieux », et s'affaissa subitement, car Allâh venait de lui ravir l'âme. Mais elle n'alla pas droit au Paradis, comme Lalla Zâziya.

Son âme erra pendant trois jours et chaque nuit, bien que les croyants lui eussent fait des funérailles solennelles, l'ange 'Azrâïl vint la tourmenter et la punir de son mauvais cœur. Enfin, au bout de trois jours de supplice, la pauvre âme d'Ḥalîma se présenta à Dieu, qui lui dit : « Ah sainte et pieuse femme, je t'ai punie, car ta vie, tout entière de piété et de prière, ne m'a pas été agréable comme l'élan de charité de ta sœur Zâziya, la prostituée. »

(Conté par ZAHRA, ancienne esclave
du Sultan MOULAY ḤASAN.)

XCI

LA FEMME DU SULTAN ET LE DIADÈME

Il y avait un Sultan qui était comblé de richesses et ses femmes étaient les plus belles de la terre. Mais il en avait une qu'il préférait aux autres et à qui il donnait les plus beaux bijoux. Il lui avait fait faire un merveilleux diadème d'or, serti de pierres précieuses et, chaque fois qu'elle allait vers lui, elle mettait ce diadème.

Un jour, elle entendit un pauvre qui implorait la charité au nom de l'Envoyé de Dieu. Elle n'avait rien d'autre sous la main que son diadème. Elle l'enveloppa dans un mouchoir et le lui fit porter.

Or, ce pauvre était un ancien marchand qui s'était ruiné en faisant la charité à ses semblables. Quand il reçut le diadème, il le serra soigneusement après en avoir arraché un rubis, qu'il vendit. Il monta, avec le produit de la vente, une petite boutique, dans les souq, et fit chaque jour de grands gains, si bien qu'il redevint un des plus gros commerçants de la cité, possédant plusieurs boutiques, plusieurs fondouq, des maisons et des animaux, des jardins et des champs.

Un jour, le Sultan fit appeler son épouse préférée pour lui tenir compagnie. Elle arriva, belle et parée, mais il s'aperçut aussitôt qu'elle n'avait pas son diadème. « Où est ton diadème ? dit-il. Pourquoi ne t'en es-tu pas parée ? – Je ne l'ai plus ; je l'ai donné à un pauvre qui mendiait au nom de l'Envoyé de Dieu… »

Alors, n'écoutant que sa fureur, le Sultan lui fit trancher les deux mains, arracha ses vêtements somptueux, lui jeta un khent bleu d'esclave sur la tête et les épaules, et la fit conduire, sans ressources, hors de son palais.

Elle se mit à mendier à son tour. Un jour, elle fut surprise par le riche marchand, à la porte de son fondouq, alors qu'elle ramassait sa nourriture dans les ordures.

Le marchand lui dit : « Entre dans ma maison te rassasier. – Je ne le puis, dit-elle. – Et si je te prenais pour épouse ? – Je te suivrai aussitôt. – Eh bien ! Je te prends pour épouse. Viens avec moi. »

Il l'emmena chez lui, la confia à ses femmes et leur dit : « Voici mon épouse ; demain, vous la mènerez au ḥammâm et lui appliquerez le henné aux mains. »

Or, la pauvre femme tenait ses bras cachés sous ses haillons. Elle était si fatiguée qu'elle demanda à se coucher tout de suite sans manger et, quand elle fut seule, elle se mit à pleurer car elle se demandait si le lendemain, en voyant ses mains coupées, l'homme riche la voudrait encore. Enfin, elle s'endormit.

Pendant son sommeil, le Prophète de Dieu vint la visiter, caressa ses mains comme si elle en avait encore et disparut. À son réveil, elle croyait qu'elle avait rêvé quand elle s'aperçut que ses mains avaient repoussé.

Alors elle alla au bain, se maria et vécut heureuse.

Un jour, un mendiant vint à passer. Il était très misérable et demandait du pain. Le riche mari se leva, ouvrit son coffre où étaient enfermées ses richesses, en sortit le diadème et le remettant à sa femme, lui dit : « Donne-lui ce diadème qui m'a été donné à moi-même quand j'étais malheureux. » Mais elle s'écria : « C'était donc toi le pauvre à qui j'avais donné mon diadème. Car, avant d'être à toi, j'étais la femme du Sultan ; et, pour me punir de te l'avoir donné, il m'a fait couper les deux mains et jeter à la rue où, à mon tour, j'ai mendié. Et mes mains ont repoussé par une caresse de l'Envoyé de Dieu, la veille du jour où tu m'as épousée. » Il répondit : « J'étais ce pauvre. Je n'ai pris du diadème qu'un rubis, je l'ai vendu et je suis, de nouveau, devenu riche. Donne donc ce diadème au pauvre qui mendie à notre porte. » Elle enveloppa alors le diadème d'un mouchoir et l'envoya au pauvre.

Celui-ci le refusa, disant qu'un pain ferait bien mieux son affaire. La femme dit alors à son mari : « Fais-le entrer et qu'il soit l'hôte de Dieu. » On introduisit ce pauvre, on le fit manger. Pendant qu'il était à table, la femme, qui regardait par une fente de la porte, reconnut en lui le Sultan, son ancien mari. Elle fit appeler son mari et le lui dit. Alors, quand on servit le thé, le mari fit venir sa femme et lui offrit de prendre une tasse de thé avec eux.

Le Sultan déchu s'écria : « Quelle étrange ressemblance. Mais cette femme a des mains, tandis que j'ai enterré, moi-même, les mains de ma femme, après les avoir coupées. J'étais alors le jouet d'Iblîs, qu'ai-je donc fait ? »

Le riche dit alors toute l'histoire du diadème et dit à sa femme : « Suis ce Sultan si tu veux. » Mais elle refusa et déclara qu'elle était la femme du marchand et non du Sultan.

Alors ils donnèrent au Sultan déchu le diadème, auquel il ne manquait qu'un rubis, ils l'engagèrent à suivre la route d'Allâh et ils vécurent dans la joie et la félicité.

(Raconté par la Chérîfa LALLA OURQIYA.)

XCII

HISTOIRE DU QÂḌÎ ET DE LA SAINTE

Il y avait une fois un homme, habitant une ville, qui avait un frère qâḍî dans la même ville.

Cet homme décida un jour de faire le saint pèlerinage et, avant de partir, il confia sa femme à son frère le qâḍî. Celui-ci lui rendit d'abord des devoirs respectueux, mais, poussé par le Chîtân, il en arriva à oublier qu'il était le beau-frère de cette femme et lui demanda la chose illicite.

Or, cette femme était fidèle à son mari, qu'elle aimait. Elle repoussa avec horreur les propositions déshonnêtes du qâḍî et celui-ci en conçut une profonde rancune, et tout son amour se transforma aussitôt en haine violente.

Il convoqua des gens chez lui et leur fit faire une « beyyina », c'est-à-dire un serment écrit reconnaissant que cette femme était adultère et, ouvertement, se livrait à ses mauvaises passions.

Et ces douze hommes de mauvaise foi signèrent la beyyina. Alors le qâḍî envoya au Sultan cet acte faux et mensonger ; se faisant humble, il demanda à son maître de punir lui-même la coupable, disant que les liens qui l'attachaient à elle l'empêchaient de le faire lui-même.

Le Sultan, quelque temps après, lui répondit : « Es-tu qâḍî, oui ou non ? Si tu es qâḍî, tu dois juger. »

Alors le qâḍî prononça le jugement et condamna la femme adultère à être lapidée.

Des hommes en armes vinrent à sa maison où, tranquillement, elle filait de la laine, l'arrachèrent brutalement des mains de ses esclaves qui, toutes, pleuraient et juraient que leur maîtresse n'avait commis aucune faute, et l'entraînèrent hors de la ville en proclamant la sentence.

Arrivés au lieu de l'exécution, ils la dépouillèrent de ses vêtements et l'ensevelirent jusqu'à la ceinture, laissant son torse nu exposé aux pierres de la populace. Et la lapidation commença.

Chacun jeta sa pierre sur la malheureuse femme et, bientôt, elle fut complètement recouverte de pierres.

Quand le supplice fut terminé, la foule méchante se retira assouvie.

Le soir, passa un voyageur attardé suivi de son esclave ; tous deux étaient à cheval. Ils virent ce kerkour nouvellement élevé. Le voyageur s'en approcha et il lui sembla entendre de faibles gémissements. Ils retirèrent les pierres une à une et bientôt apparut la tête de la pauvre femme, puis son dos, ses bras... Aidé de son esclave, il creusa le sol et dégagea complètement son corps. Il la ranima, lui donna un manteau et lui dit : « Puisque tu as été lapidée, tu ne tiens pas à rester ici ; je t'emmène comme esclave. »

Il arriva dans son pays sain et sauf avec ses deux esclaves, l'homme et la femme.

Bientôt, l'histoire de la femme lapidée se répandit et une malade dit à son mari : « Une femme qui a été lapidée et qui a survécu est purifiée de tout péché : c'est une sainte. Or, je voudrais demander ma guérison à cette sainte-là avec ta permission. »

Le mari permit la chose et la malade se rendit chez l'esclave et fut aussitôt guérie d'un mal que chacun croyait incurable. Dès que le miracle fut connu, les malades arrivèrent en foule chez la guérisseuse. Il en vint de tous côtés, et la réputation de la femme lapidée devint telle que son maître généreux lui fit bâtir une maison spéciale pour recevoir des pèlerins.

Or, un jour, arrivèrent deux pèlerins qui venaient de pays très lointains. L'un était un homme jeune encore, l'autre n'avait plus d'âge, tant son corps était couvert d'une affreuse lèpre qui en faisait un objet d'horreur.

La Sainte les reconnut aussitôt : le lépreux était le qâḍî qui l'avait fait lapider, et l'autre son mari ; mais eux ne la reconnurent pas.

Alors le mari prit la parole et dit : « O Sainte guérisseuse, ta renommée est venue jusqu'à nous. Au retour d'un pénible voyage de plusieurs années, que j'avais entrepris, en revenant de La Mekke, je trouvais mon frère, le qâḍî, dans le triste état que tu vois et je n'hésitais pas à entreprendre ce nouveau et pénible voyage pour venir te demander de guérir le malade, auquel je tiens plus qu'à tout au monde, car il est mon seul parent. »

Alors la Sainte, ne répondant pas à son mari, dont elle se détournait pour ne pas être reconnue, dit : « Certes oui, je peux te guérir, ô lépreux, mais, avant que j'opère, il faut que tu fasses de tes fautes une confession publique à ce frère qui est avec toi et que tu lui en demandes pardon. »

Mais le qâḍî, tremblant, s'écria : « Je n'ai commis aucune faute ; j'ai toujours jugé justement et je n'ai rien à dire. »

« Eh bien, dit à son tour la Sainte, moi je ne peux te guérir si tu n'avoues pas à ton frère la faute que tu as commise pendant qu'il était à La Mekke. »

Alors le frère intervint et dit : « O mon frère, avoue et demande le pardon qui t'est accordé d'avance, quoi que tu aies fait. Il n'y a que moi qui entendrai ton péché et cette femme que tu ne reverras jamais, et puisqu'elle met cette condition à cette guérison, dis ce péché pour être guéri. » Convaincu que s'il n'avouait pas son péché il allait repartir avec sa répugnante lèpre, le qâḍî malheureux s'écria : « O mon frère, pardonne-moi. C'est contre toi que j'ai commis le péché. Le Chîtân m'a poussé à désirer l'acte défendu avec ta femme fidèle et comme elle m'a repoussé, en me disant que tu l'avais confiée à moi pour la protéger, j'ai eu peur qu'elle ne te raconte tout cela à ton retour et je l'ai fait lapider. Je proclame que j'ai commis un grand péché et qu'elle était une femme vertueuse. » A ces mots, le frère se mit à pleurer et pardonna. Alors la Sainte ajouta : « Il te faut maintenant le pardon de la femme lapidée, car, sans ce pardon, je ne peux te guérir. » Et les deux frères se mirent à se lamenter, car tous deux pensaient que la femme lapidée était morte depuis longtemps.

Quand ils eurent bien pleuré, elle leur dit alors : O hommes ! Vous ne me reconnaissez donc pas ? C'est moi ton épouse, ô mon mari, que tu confias à ce frère qâḍî et c'est ce qâḍî-là qui me fit lapider ; mais mon maître actuel, dont je ne suis que l'esclave, me délivra et m'emmena ici où je soigne les malades depuis cette époque. Eh bien, moi aussi je te pardonne et je te guéris, car je comprends que c'est le Chîtân qui t'a obligé à agir ainsi. » A ces mots, son mari la reconnut aussitôt, il la racheta à son maître et la garda avec lui toute sa vie.

Quant au qâḍî, une fois guéri, il retourna dans le pays d'où il était venu ; il donna tous ses biens aux pauvres et alla vivre, dans une khelwa, une vie de prières et de retraite, jusqu'à l'heure de sa mort.

(Recueilli d'un conteur anonyme sur la place
JÂMA ' EL-FNÀ, à Marrakech.)

XCIII

HISTOIRE DU VOYAGEUR, DE LA CROYANTE ET DU PAUVRE DE DIEU

Un jour, un homme revenait d'un long voyage. Il avait laissé sa femme à la maison et avait grande hâte de la retrouver, mais il ne put arriver à la ville avant le moghreb et, les portes étant fermées, il dut passer la nuit à la belle étoile.

Comme il y avait un cimetière près de la porte de la ville, il y entra en prononçant les paroles rituelles : « Je suis l'hôte de Dieu. »

Il attacha sa mule à un arbre et, après avoir bien enroulé sa jellâba autour de lui, il s'étendit sur son tapis de selle et attendit le sommeil. Mais il ne put s'endormir.

Il pensait à sa femme qui l'attendait impatiemment, à ses amis qu'il était heureux de revoir.

Soudain, il entendit des voix qui sortaient de terre : c'était deux mortes qui causaient. L'une disait à l'autre : « Demain, nous aurons pour voisine Flâna bent flâna[1]. C'est pour elle qu'on creusera la prochaine tombe. Son mari est en voyage, il revient et, comme ses vêtements sont salis par la longue route qu'il a faite, il va lui demander de les laver. Elle le fera aussitôt, montera à la terrasse pour les étendre ; mais le mur est cassé, il s'écroulera, l'entraînant avec lui, et elle se tuera. »

Tout cela ; et l'homme entendait qu'on parlait de sa femme et tremblait de peur.

---

1. Une telle fille d'une telle.

Lorsque l'aube apparut, les voix se turent.

Le voyageur monta vite sur sa mule et regagna en hâte sa maison. Il trouva sa femme en bonne santé et toute contente de le revoir.

Celle-ci lui prépara d'abord un repas pour le restaurer et vint ensuite lui demander ses vêtements pour les laver. Mais il refusa de les lui donner. Et comme sa femme insistait, il se dit : « Je l'empêcherai de monter sur la terrasse, je vais l'obliger à les étendre dans la cour », et il les lui donna.

La femme se mit à laver et lui servit ensuite un repas excellent, cuit à point et dont le fumet embaumait la maison.

Quand il eut mangé, elle mit sa part de côté, se disant : « Je vais d'abord étendre mon linge et je mangerai ensuite, car il faut profiter de ce beau soleil. »

Son mari, harassé de fatigue, s'était endormi. Comme elle montait à la terrasse, un pauvre, presque nu, les pieds enflés et déchirés par la fatigue, se mit à mendier devant sa porte, au nom d'Allâh.

L'entendant, elle se pencha au bord de la terrasse et, le voyant si misérable, elle se dit : « Moi, je mange tous les jours à ma faim, grâce à Dieu, mais ce pauvre de Dieu a froid et faim. Il est tout nu et un bon plat bien chaud lui sera plus utile qu'à moi. »

Elle redescendit rapidement son escalier, prit son plat tout fumant de bonne viande et de bons légumes, sortit une table dans le vestibule de sa maison, posa le plat dessus, appela le pauvre, lui donna une des bonnes galettes qu'elle avait préparées et lui dit : « O pauvre de Dieu, mange à ta faim et réchauffe-toi. »

Puis elle remonta sur la terrasse, étendit son linge, le fit sécher et, quand son mari se réveilla de son lourd sommeil, il trouva auprès de lui du linge propre et sentant bon pour se changer.

Il s'étonna fort de tout cela. Il se vêtit et, quand pour l' 'aṣer (prière de l'après-midi), le mou' eddin appela les fidèles pour la prière, il dit à sa femme : « O femme, j'ai oublié de te dire que, ce soir, je suis invité par des amis. Je passerai la nuit dehors, ne t'inquiète donc pas de mon absence. Je reviendrai demain matin. » Et il s'en fut.

Mais il n'alla pas chez un ami. Il se rendit au cimetière, où il voulait trouver le mot de cette énigme. Il se coucha donc sur la même tombe que la veille et écouta les conversations des morts, et il entendit ce qui suit : « O voisine, tu m'avais annoncé hier la mort d'une telle, et sa place est toujours vide à côté de nous ? – C'est que, dit l'autre, quand son mari est rentré et, pendant qu'il dormait, elle a fait, au pauvre, l'aumône. » Et elle dit toute l'histoire en détail, ajoutant : « Cette croyante a fait l'aumône qui plaît à Dieu et Dieu a allongé ses jours et réparé les murs de la terrasse. »

Le mari, édifié, revint chez lui et mit sa femme au courant de tout ce qu'il avait entendu et qu'elle confirma de sa bouche.

Pour ce qui est du pauvre, il lui dit : « Femme croyante, tu m'as montré la voie. A partir de ce jour, tu donneras, de ma part, l'offrande aux pauvres, pour que Dieu allonge mes jours et nous comble de bienfaits… »

(Recueilli d'un conteur anonyme sur la place JÂMA ' EL-FNÂ, à Marrakech.)

REMERCIEMENTS

Nous souhaitons remercier Mme Monique Ouazzani qui, en nous le faisant connaître et en mettant à notre disposition un exemplaire de l'édition de 1926, est à l'origine de la réédition de ce recueil de Contes & Légendes.

Nous tenons également à remercier M. Mohammed Habib Samrakandi, directeur de la publication *Horizons Maghrébins – Le droit à la mémoire*, et M. Jean-François Clément, Agrégé de Philosophie, Histoire sociale et culturelle du Maroc (Nancy), pour leur aide précieuse et leurs encouragements, non moins précieux.

La Fondation du Roi Abdul Aziz à Casablanca nous a permis l'accès à sa bibliothèque et a ainsi facilité nos recherches sur le Conte, nous l'en remercions vivement.

GLOSSAIRE DES MOTS ARABES

La transcription de l'auteur, de l'arabe en caractères latins, a été conservée, même s'il arrive qu'elle soit différente pour un même terme. Nous donnons pour certains la transcription la plus courante aujourd'hui, aussi la plus proche de la phonétique.

Les points sous les quatre lettres ḍ, ḥ, ṣ, ṭ, indiquent une prononciation emphatisée, le ṭ ou le ḍ sont proches de la prononciation du th anglais. L'apostrophe marque la lettre gutturale 'ayn. L'accent circonflexe indique une voyelle longue.

'Achâ : cinquième des cinq prières quotidienne, à la nuit tombée
'Afarît (pl.); 'afrît(a) : 'ifrît ; génie
'Ahd : 'uhda : garantie, caution
'Akel : celui qui comprend
'Ammâriya : palanquin dans lequel on transporte la fiancée la nuit du mariage
'Ar : Honte, déshonneur
'Arâr : bois de thuya
'Aref : celui qui sait
'Ârifa : duègne, experte
'Aser : troisième des cinq prières quotidiennes dans la religion musulmane, l'après-midi
'Asîda : grains de blé cuits en bouillie et arrosés de miel et de beurre
'Izar : voile
Adoul ; 'udul (pl.) de 'adil : notaire
Aîsawa   ; Aïssaouas : confrérie religieuse fondée par Sidi Mohammed Ben Aïssa, célèbre par ses transes
Amîn : chef de corps de métier
Ammti : ma tante (paternelle)

Bartal : petit moineau
Belgha : babouche
Bendîr : tambourin
Benj : narcotique
Bent : Fille de
Beyyina : témoignage, serment écrit
Bismillâh : au nom de Dieu
Bit-el-mâl : chambre du trésor
Bled : campagne

Cadi ; Qâd'î : juge dont la compétence s'étend au droit pénal et civil ;
s'applique surtout au droit familial
Caftan ; Cafetan : long vêtement brodé porté par les femmes
Caïd ; Qâ'id : chef d'une tribu, commandant d'une armée
Cha'riya : petit vermicelle
Chéchia : bonnet de feutre
Cheikh : ancien, prépondérant, chef de groupe, maître de confrérie
Chérîfâ(t) ; Charif (sing.), chorfa (pl.) : noble, descendant du Prophète,
jouissant d'un statut social et religieux particulier
Chîkha(t) : musicienne(s) et danseuse(s)
Chîtan : Diable, satan
Chleuh : berbère
Chouari ; Chouar (sing.) : sac double en feuilles de palmier utilisé
pour charger âne ou mulet
Chouiter : petit dégourdi, avisé
Chouwwâf : voyant

Dâr ech-Chérifât : maison des Chérifas
Dâr el-Makhzen : palais du sultan, siège du gouvernement
Dechra : hameau
Dellâl : vendeur ambulant ; crieur public
Derbâla : manteau rapiécé ; haillons
Douâr : cercle de tentes ; groupe de maisons, village ou hameau
Douros : monnaie

Fâsi ; Fassi : habitant de Fès
Fâtîa ; Fâtiha : l'ouverture, le liminaire, le prologue du Coran
Fejer ; fjer ; fejr : aube

Fellâh : agriculteur, paysan
Flâna : une telle
Fondouq : caravansérail
Fqîh ; Faqîh : interprète de la loi religieuse, jurisconsulte, mais aussi petit lettré de campagne

Galloucha : jarre
Gembri : mandoline à deux ou trois cordes
Ghoûl(e) ; Ghûl : esprit malfaisant, démon, ogre
Gueddid : viande séchée et boucanée
Guerba ; Guebra : outre en peau de chèvre

Haïk : grande pièce d'étoffe blanche dans laquelle les femmes s'enveloppent avant de sortir
Hâjj ; Hajj : pèlerinage à La Mecque
Harâm : faute, péché, interdit
Harîra : soupe
Harka : corps de troupe en mouvement, expédition militaire punitive ; armée
Hartaniya ; H'artanî : descendant d'esclaves, population noire des oasis
Hediyya ; hadiya : présent obligatoire offert au sultan pour renouveler l'allégeance lors des fêtes religieuses

Iblîs : nom propre du diable
Imâm : personne dirigeant le prêche
Imân : idem Imâm

Ja'ba : tube de roseau
Jâriya ; Jarya : concubine
Jebîra : outre en peau de chèvre
Jellâba ; Djellaba : longue robe droite, généralement à capuchon
Jenn ; Jenniya ; Jenoûn : Djinn, Djenoun (pl.) : génies
Jerâda : sauterelle

Kaïma ; Khaïma : tente de poils de chameau ou de chèvre, par extension feu, famille
Keskâs : passoire en terre dans laquelle on cuit les conserves à la vapeur
Khalifat ; Khâlifa : calife ; titre pris après la mort du Prophète par le chef de la communauté musulmane

357

Kheloua : sanctuaire du marabout
Khent : tissu
Khîma : hutte
Koura : balle dont se servent les enfants pour jouer

Lalla : marque de respect dont on fait précéder le nom d'une dame
Lben : lait aigre ou petit lait
Litâm ; Lithâm : pièce d'étoffe dont on se couvre le bas du visage

Ma'allem ; Mâalem : ouvrier ; maître artisan
Ma'rouf : ma'arîf : bonnes œuvres, bienfait
Mahalla ; Mehalla : l'armée qui gardait le roi ; camp du sultan ; expédition armée ; bataillons
Masr : Misr ; nom arabe de l'Egypte, désigne ici Le Caire
Méchouar : grande cour d'un palais
Medersa : école coranique
Mekebb : couvercle de sparterie en forme de cône dont on recouvre les plats
Mellâh : quartier réservé aux juifs dans les grandes villes au Maroc
Metkal, Metqâl ; Mithqâl : monnaie ; le metqâl valait quarante centimes
Mezwed : musette
Mîda : table basse
Mim ; Mîm : lettre de l'alphabet arabe correspondant à la lettre m latine
Moghreb : prière du coucher du soleil
Mokhazni : agent local du makhzen
Moqaddem : assure le maintien de l'ordre dans un quartier
Mou'eddin ; Muedden , par déformation Muezzin : personne qui appelle à la prière du haut du minaret
Moul ksour : maître du palais
Mouna   : provisions de bouche, offertes en offrande par les tribus croisées en chemin, ou exigées d'elles
Mouqef : marché aux esclaves
Mouzoûna : monnaie, valait environ un centime

Na'am : oui ; formule d'obéissance
Noun : lettre de l'alphabet arabe correspondant à la lettre n latine

Oued : cours d'eau
Oulama ; Oulémas : les détenteurs du savoir religieux, les docteurs de la loi
Ouled : fils (pl.) de

Qâbla : sage-femme
Qâdî : Voir Cadi
Qaf : lettre de l'alphabet arabe correspondant à la lettre q latine
Qbîla ; Qebila ; Qabîla : tribu
Qoran : Coran
Qoubba ; Koubba : coupole. Par extension : mausolée surmonté d'une coupole

Raîs ; Ra'îs ; raïs : chef (de corporation, d'orchestre…)
Rekkas ; Rakkas : membre d'une corporation de Fès, chargée du transport du courrier
Rezza : turban
Roûhânî : non humain ; esprit, bon ou mauvais
Roum ; Rûm : nom donné par les Arabes aux chrétiens de Byzance d'après la nouvelle Rome, Constantinople

Selham   : burnous ; long manteau de laine à capuchon porté par les hommes
Seyid : marabout
Si (sidi) : marque de respect dont on fait précéder le nom d'un homme
Sidi (contraction de sayyidi) : monsieur, monseigneur
Siyyâf : bourreau
Sloûguiya ; Slougui : lévrier d'Afrique du Nord
Souq ; Souk : marché
Souq du tlâta : marché du mardi

Tahdira : après minuit
Tajer : commerçant
Tajine : plat de terre fermé d'un couvercle conique qui sert à cuire les ragoûts ; par ext. le mets lui-même
Tâleb ; Tâlib ; Tolbâ' (pl.) : celui qui cherche (la science), étudiant, secrétaire, érudit, maître d'école

Tarbouch : aussi appelé fez ; bonnet pointu en laine
Tarîja : tambourin
Tehlil ; Tahlil : boîte de métal précieux ouvragé que les femmes portent sur elles à la ceinture, qui renferme le Coran
Tellîs : bât

Zâwiya   ; Zaouïa : tombeau d'un saint initiateur d'une confrérie, établissement religieux
Zîn el kôdra : d'une grande beauté
Zerwâta : bâton terminé par une extrémité cloutée qui en fait une arme dangereuse
Zohor ; Douhour : deuxième des cinq prières quotidiennes dans la religion musulmane
Zrîba ; Zeriba : enclos à bétail

Une BIBLIOGRAPHIE du Conte

Aarne Antti, Thompson Stith, *The Types of the Folktale. A Classification and Bibliography.* 2nd rev. F.F.C. n°184, Helsinki, 1961

Nicole Belmont, *Poétique du conte, Essai sur le conte de tradition orale*, Paris, Gallimard, 2001

Bruno Bettelheim, *Psychanalyse des contes de fées*, Paris, Pocket, 1999

Abdelwahab Boudhiba, *L'imaginaire maghrébin. Étude de dix contes pour enfants*, Tunis, Cérès Éditions, 1994

Vladimir Propp, *Morphologie du conte*, Paris, Le Seuil, coll. Points Essais, 1970

Tayeb Saddiki, *Les sept grains de beauté. Contes et légendes en dix huit voyages*, théâtre, Casablanca, Éditions Eddif, 1991

Najima Thay Thay Rhozali, *L'ogre entre le réel et l'imaginaire dans le conte populaire du Maroc*, Paris, l'Harmattan, 2000

Les Mille et Une Nuits (4 tomes), Édition présentée, établie et traduite par Jamel Eddine Bencheikh et André Miquel (collaboration de Touhami Bencheikh), Paris, Gallimard, coll. Folio classique, 2005

Revue : Horizons Maghrébins – Le droit à la mémoire
Presses Universitaires du Mirail, Université de Toulouse-Le-Mirail :

N° 39 : *Place Jema' el Fna : Patrimoine Oral de l'Humanité. Héritage commun en Méditerranée*, 1999

N° 49 : *Conte, conteurs et néo-conteurs…entre les deux rives de la Méditerranée*, 2003

TABLE DES MATIÈRES

Achevé d'imprimer en décembre 2016
(3ème tirage)
sur les presses de directprint
casablanca
pour le compte des Éditions du Sirocco

Dépôt légal 2007/1977
imprimé au Maroc